中國學術思想 研究輯刊

九 編

林 慶 彰 主編

第 8 冊

熊十力易學思想之研究

王 汝 華 著

花木蘭文化出版社

國家圖書館出版品預行編目資料

熊十力易學思想之研究／王汝華 著 — 初版 — 台北縣永和市：
花木蘭文化出版社，2010〔民99〕
序 2+ 目 6+250 面；19×26 公分
（中國學術思想研究輯刊 九編；第 8 冊）
ISBN：978-986-254-272-9（精裝）
1.熊十力 2.易學 3.學術思想 4.研究考訂
121.17   99014264

中國學術思想研究輯刊
九 編 第 八 冊   ISBN：978-986-254-272-9

熊十力易學思想之研究

作　　者　王汝華
主　　編　林慶彰
總 編 輯　杜潔祥
出　　版　花木蘭文化出版社
發 行 所　花木蘭文化出版社
發 行 人　高小娟
聯 絡 地 址　台北縣永和市中正路五九五號七樓之三
　　　　　　電話：02-2923-1455／傳真：02-2923-1452
網　　址　http://www.huamulan.tw 信箱 sut81518@ms59.hinet.net
印　　刷　普羅文化出版廣告事業
封面設計　劉開工作室
初　　版　2010 年 9 月
定　　價　九編 20 冊（精裝）新台幣 33,000 元

熊十力易學思想之研究

王汝華　著

作者簡介

王汝華，祖籍山東‧安邱，1963 年生於台灣‧台南。1982 年台南師專畢，1991 年台灣師範大學國文研究所畢。曾任小學教師，現任台南科技大學副教授，研究方向為《易經》及當代新儒家哲學。著有《宋明儒學的當代三詮──兼及梁漱溟、熊十力、馬一浮的交游尋繹》、《熊十力學術思想中的一聖二王》、《十力齋論學集》、《易學索玩》、《易札二種》，及單篇論文〈孔學的現代重光──由梁漱溟「新孔學」的五個向度入探〉、〈「結交澹若水 履道直如弦」──熊十力與梁漱溟之間的四點觀察〉、〈「樂是樂此學 學是學此樂」──梁漱溟對泰州學派的現代繼承與改造〉、〈宏觀視野與細緻考證的交奏──余英時《朱熹的歷史世界──宋代士大夫的政治世界》的五個面向〉、〈析異觀通靈活出入──以熊十力二對學術資源之運用為例〉等二十餘篇。

提　　要

　　熊十力治學，神解獨特、氣魄雄偉、規模宏闊，發三百萬恢弘之言，作《讀經示要》傳其心脈，撰《新唯識論》以振斯文，並以《易》為抒機根本，創明體用之學。本文即措意於其易學，別為八章，凡二十餘萬言。

　　首章略觀其生平行事及著作大要；次章窺其思想之淵源；第三章則紹述熊十力對歷代易學、易家之批評；第四章藉《讀經示要》析論其釋易方式；第五章陳其體用之學；第六章推闡其天人觀、知識論與治化論；第七章綜言其易學之要目、迴響及若干猶待商榷之處；末章則試作總結。篇後附以參考書目，凡文中援引之著作及其頁次，悉依參考書目所列版本為據，而凡引及《新唯識論》者，如未另標以「文言本」，則均指謂語體本。

　　透過熊十力易學，得以啟益吾人者有三：一、知融會之要：熊十力融中西、會群經、攝諸學，澡淪疏通、博而有要，推原於《易》而不必以《易》為囿也。其二、明揀擇之要：熊十力於《易》，固然工夫厚足、慧見周透，然疏漏亦在所難免，至於若干異說亦不必強求其同，當揀擇其要以用力也。其三、識推擴之要：由熊十力易學得以照見船山、焦循、王弼……等，識知諸家易學皆有可觀，索易脈絡，探易玄旨，其徑可謂多方也。

目
次

重刊自序

　　黃岡熊十力先生（1885～1968），在其八十餘載歲月中，專力於中國哲學體系的重建，闢拓精深完整的體用理論，並成爲當代新儒學的奠基者與開山者。在關鍵時刻上，他勇於承擔知識份子的歷史使命，以其博採多方卻又自樹一幟的學術根柢，爲儒家哲學重立大本、重開大用，並爲途窮的傳統文化開鑿出一條新徑，就此而言，他確乎演出精湛、值得喝采。而其所發三百餘萬恢弘之言、近三十種專著，亦殊值仔細覽閱、深入探勘。

　　本書原係1991年筆者就讀於國立台灣師範大學國研所的碩士論文，企圖透過熊十力原典的歸納、整理、分析及釐辨，以窺探熊十力易學的風貌及內涵。唯其時《熊十力全集》既尚未問世，對當代新儒家及熊十力學術之研究，亦尚屬起步階段，況受限於兩岸文獻流通之未便，因之罅漏與侷限難免，然究其內容，尚可提供同好作爲參稽之用。至於近二十年來，研究熊十力學術者日盛，海峽兩岸旁及於韓、日、香港等，接踵以繼的研究者，多方位的研究視域，已然匯集出不容小覷的研究成績：除遺著之出版外，倘就專著與學位論文言，方向約略有六：一是傳記、各界追憶或生平事蹟的詳實編纂；二是以《新唯識論》爲軸，並及儒、佛、道之比較、爭論、融攝等相關課題釐探：三則著重體用系統的理論分析與內容詮釋；四是側重其經學等傳統文化的考察、梳理與詮解，或及內聖外王之學的探勘；五則關乎現代新儒學的建置或與其他新儒家學者比較；六爲專力於其著作及思想的多面性介紹。除專著外，發表於期刊、學報或輯入書籍、論文集之單篇文章，亦態勢蓬勃，方向多元，由此既彰顯出熊十力哲學的時代意義與價值，而豐富的研究成果，亦堪爲新進的探路者鋪墊基石、開展方向。

　　治學常是一種不容自已的歷程，在循徑索探之際，逢遇山水勝境，便自然駐足留觀，貪溺難已，而我的留步，係因熊十力衍伸而出的景致：先因探研易學而結緣於熊十力；2005 年則因熊十力的君師帖——中書孔子、左右各書船山與陽明的觸啓，而有《熊十力學術思想中的一聖二王》之作；2009 年復因熊十力而造訪其論學之友梁漱溟與馬一浮，並由熊、梁、馬進而溯見陽明、船山，乃至朱子、泰州學派等，因乃通會之而有《宋明儒學的當代三詮——兼及梁漱溟、熊十力、馬一浮的交游尋繹》茲作。長年來熊十力已成爲書齋中的主角，亦牽繫出別有一番況味的潛研之樂，雖則人事遞嬗、境況屢遷，然而在難得圓滿的生命歷程中，浸身儒林、玩味學術，似乎別具安頓身心的力量。

　　本書幸底於成者，端賴黃師慶萱的點化裁成，自擇題、選材、擬綱、撰作，無不愷切指導，殷切斧正。自畢業後由北部轉徙向南，生命始終擺盪不定，甚至偏離常軌，因乃憂懼時存，及至吾師來訊鼓勵，始卸下瑣務，打開熊十力、親向王船山，重新穩立學術步伐，值茲重刊之際，特爲申致謝忱，以聊表對杏壇良師的無限尊崇與銘感。

王汝華謹識於台南永康
2010 年 3 月

第一章 引 論

　　黃岡熊先生十力，一代儒宗也。觀其人，眞誠惻怛，不沾士習之卑瑣俗套；驗其學，博厚篤實，不染末學之虛薄浮蕩。以八十餘載有限之年，處乎世變，遍歷險難，然不移其平生之志，不減其衛道之誠。發三百萬恢弘之言，陶鑄百家，鉗錘中外，作《讀經示要》以傳心脈，撰《新唯識論》以振斯文。古今聖賢之慧命之光顯，華族生命之大流因乃通暢。今讀其書、仰其德、究其學，首紹述者，乃其生平行誼及學術著作之大要也：

第一節　生平簡譜

　　熊十力於西元 1885 年生，西元 1968 年卒，享年八十有四。其少貧而肆，繼乃發革命之志，後棄政研佛，繼由佛轉儒，專致學術，以竟其生。今人於其生平行事或發短文而涉其一隅；或博採旁搜而彙整其全。中以李霜青之《熊十力》〔註1〕、郭齊勇之《熊十力與中國傳統文化》〔註2〕、蔡仁厚之《熊十力先生學行年表》〔註3〕最稱詳實。下製熊十力生平簡譜，即主稽蔡表，佐以郭、李二表，抉摘其要而成。

〔註1〕李霜青所著之《熊十力》與胡平生所著之《梁啓超》合刊，收入《中國歷代思想家》五二。李著頁 1～17 爲熊十力之傳略。

〔註2〕郭齊勇之《熊十力與中國傳統文化》，是書第一章〈熊十力先生傳略〉、第十章〈熊十力學行編年〉，於熊十力生平行事述載至詳。

〔註3〕蔡仁厚《熊十力先生學行年表》，篇幅較郭表約增三倍。於熊十力卒後十八年內之相關行事均列載之，爲今見熊十力生平記事之最詳者。

熊十力生平簡譜

紀　元	歲次	西元	年齡	行　　實	備　記
清光緒十一年	乙酉	1885	一	◎正月初四生於湖北省黃岡縣上巴河北之張家灣故宅。〔註4〕初名子貞，後改名繼智，字子眞，中年以後著書，則署名熊十力，自號逸翁，晚年又號漆園老人。 ◎曾祖光東公，曾祖母華太夫人；祖父敏容公，祖母賈太夫人；父其相公，母陳太夫人，長兄仲甫，熊十力排行第三。華太夫人及其相公影響熊十力甚鉅。〔註5〕	蔡元培年十八。歐陽漸年十五。林宰平六歲。馬一浮三歲。
十八年	壬辰	1892	八	◎爲鄰家放牛，歲得穀若干，其相公授徒於鄉校，偶回家，則教其識字，爲其講述歷史故事。	去年，胡適生。明年，梁漱溟、湯錫予生。
二十年	甲午	1894	十	◎父攜其入鄉校，習四書五經，次及史，日夜手不釋卷，乃其少年時期最暢快之一年。	中日甲午戰爭爆發。孫中山於檀香山成立興中會。
二十二年	丙申	1896	十二	◎父其相公患肺癆，於秋冬之際不治棄世，臨終勉其曰：「孝之道，在繼志。」未幾，母亦卒，熊十力復爲人牧牛。	呂澂生。
二十五年	己亥	1899	十五	◎長兄仲甫使熊十力從學於父執何聖木門下，熊十力從遊近半載，後以成績冠群及家貧未致束脩而招忌見譏，乃憤而歸家。	去年，戊戌政變。
二十六年	庚子	1900	十六	◎讀陳白沙〈禽獸說〉感受至深，謂：「頓悟血氣之軀，非我也，只此心此理，方是眞我。」〔註6〕	

〔註4〕熊十力唯知己之生年，月日則不確知，門生欲爲之祝壽，熊十力乃姑定生日爲正月初四，以避大年新春前三日。又其出生地李霜青載爲「黃岡縣但店鄉大木橋村西邊靠河沿之熊家沖。」

〔註5〕華太夫人勤勞持家，壽過九十，德行時在鄉黨口碑；父其相公，有才識，掌教鄉校，輕八股，不以科名爲意，二人事蹟詳參《先世述要》。

〔註6〕語出《十力語要初續》〈陳白沙先生紀念〉。

二十七年	辛丑	1901	十七	◎讀晚明船山、亭林、梨洲、習齋諸賢之書感發遂深，因興救國之志。	八國聯軍之役，訂立辛丑條約。
二十八年	壬寅	1902	十八	◎與同縣何自新、圻水王漢共遊江漢，聯絡有識之士同謀革命，並投入武昌凱字營第三十一標爲兵卒。	明年，門人徐復觀生。
三十年	甲辰	1904	二十	◎參加科學補習所，繼續推動革命。	華興會、光復會成立。
三十一年	乙巳	1905	二十一	◎冬，考入湖北新軍特別學堂，於學堂中繼續活動以傳播革命。	同盟會成立。志友王漢刺清戶部侍郎鐵良於河南彰德火車站，不中，遂破顏面投井而死，年方二十二。〔註7〕
三十二年	丙午	1906	二十二	◎二月，由何自新介紹加入日知會，並與同縣有識者於武昌成立黃岡軍學界講習社。 ◎十月萍醴起義，熊十力響應之，起事失敗，乃逃亡於鄂西恩施一帶山中，統制張彪下令通緝。	
三十三年	丁未	1907	二十三	◎一月，日知會遭破壞，何自新出逃，與熊十力俱走江西德安，投奔長兄仲甫。	
清宣統元 年	己酉	1909	二十五	◎讀《列子》觸悟天地萬物本吾一體，須向天地萬物同體處，即萬化大源處識本心。	弟子牟宗三生。去年，門人唐君毅生。明年，志友何自新病逝黃崗，年二十九。〔註8〕
三 年	辛亥	1911	二十七	◎十月黃岡光復，熊十力參與其事，光復後任秘書，旋赴武昌任湖北都督府參謀。 ◎臘月，與吳崑、劉子通、李四	三月二十九日，廣州黃花岡之役。十月十日，武昌

〔註7〕王漢事蹟參稽《十力語要》卷一〈王漢傳〉。
〔註8〕何自新事蹟詳參《十力語要》卷一〈何自新傳〉。

				光等聚會武昌雄楚樓，各揮毫以明己志，熊十力書曰：「天上地下，唯我獨尊。」〔註9〕	起義成功。
民 國 元 年	壬子	1912	二十八	◎秋冬，日知會舊人設武昌日知會調查記錄所，創修日知會誌，熊十力任編輯。	中華民國開國。蔡元培任教育總長。
二 年	癸丑	1913	二十九	◎日知會編纂事務停頓，返德安，爲昆仲置田築屋，獨居九仙嶺陽居寺及敷陽山積慶寺，遍讀先秦諸子典籍及西方哲學譯本。指斥佛家談空致人流蕩失守，發表筆札於《庸言》雜誌。	袁世凱解散國民黨，二次革命爆發，討袁失敗。
三 年	甲寅	1914	三十	◎與韓樾之幼女韓既光結褵於黃岡。	明年，長女幼光生。
五 年	丙辰	1916	三十二	◎夏，作〈船山學自記〉。	袁世凱歿 梁漱溟於《東方雜誌》連續發表〈究元決疑論〉，對熊十力三年前發表之闢佛文有所批評。
六 年	丁巳	1917	三十三	◎一月，蔡元培任北大校長，創進德會，熊十力貽書贊助。 ◎十月，護法運動發生，熊十力參預湖南民軍，支持桂軍抗擊北洋軍閥，隨即赴粵，佐孫中山幕。	
七 年	戊午	1918	三十四	◎居廣州半年，慨革命同志絕無於身心上用工夫者，復自度非事功才，乃決志於學術研究。 ◎赴江蘇某中學任教。 ◎處女作《熊子眞心書》自印行世，蔡元培爲之序。	
八 年	己未	1919	三十五	◎於天津南開中學任教。 ◎暑假，與梁漱溟會晤於北平廣濟寺，暢論佛學。	五四運動爆發。杜威來華講學。

〔註9〕 《十力語要》卷三〈答陳亞三〉：「唯我獨尊者，不自暴棄之謂也。」

九　年	庚申	1920	三十六	◎暑假，梁漱溟訪南京支那內學院，向歐陽漸請益佛學並推介熊十力，熊十力乃於是秋辭卻南開中學教職，從遊於歐陽大師。	羅素來華講學。
十　年	辛酉	1921	三十七	◎於內學院草撰《唯識學概論》初稿。	子世培生。
十一年	壬戌	1922	三十八	◎與呂澂，陳眞如等俱在內學院，歐陽大師講授《唯識抉擇談》。 ◎秋，蔡元培聘之爲北大特約講師。 ◎臘月，《唯識學概論》由北大出版，是爲第一種講義本，所論多據佛家本義，忠實於內院所學。	
十二年	癸亥	1923	三十九	◎忽盛疑舊學，於所宗信極不自安，乃舉舊稿盡毀之，開始構思《新唯識論》。 ◎與梁漱溟同往北京西郊永安觀，始與林宰平交遊，〔註10〕與梁任公晤談。	
十三年	甲子	1924	四十	◎夏，赴梁漱溟所辦荷澤重華書院講學。 ◎秋，高贊非謁之於曹州，後乃隨侍左右。	
十四年	乙丑	1925	四十一	◎春，應邀往武漢大學哲學系講學。 ◎秋，重返北大，爲講授因明學之需，乃刪節窺基《因明入正理論疏》六卷爲《因明大疏刪注》，由北大印爲講義。 ◎十二月，於南京內院年刊《內學》發表〈境相章〉。	幼女再光生。
十五年	丙寅	1926	四十二	◎春，北大再印《唯識學概論》第二種講義本，爲《新唯識論》之濫觴，然書中仍持輪迴說，後乃疑而棄絕之。	◎七月，《因明大疏刪注》由上海商務印書館出版。

〔註10〕由《十力語要初續》〈紀念北京大學五十年並爲林宰平祝嘏〉一文，知其二人相交至篤。

十六年	丁卯	1927	四十三	◎移南京中央大學休養近月，與湯錫予、李石岑及內院師友相遊處。 ◎春，至杭州西湖養疴。	
十七年	戊辰	1928	四十四	◎應湯錫予之邀，赴南京中央大學哲學系作短期講學，適唐君毅就讀該系，乃得列門牆。	七月，北伐成功，全國統一。
十九年	庚午	1930	四十六	◎公孚印刷所出版其《唯識論稿》。 ◎十一月，《尊聞錄》線裝本印存一百五十部。	
二十年	辛未	1931	四十七	◎多，上書國民政府主席林森，指陳救國大計。	九月十八日，瀋陽事變，日寇強佔東三省。
二十一年	壬申	1932	四十八	◎十月，《新唯識論》文言本，由浙江省立圖書館出版印行。此書定稿之初，熊十力郵寄馬一浮，然近月無訊。一日，忽有客訪，即馬氏也。馬氏盛讚此書，熊十力即請其題簽作序。 ◎多，熊十力返北大，時牟宗三就讀北大哲學系，始從遊於熊十力。	十二月，內院劉定權發表〈破新唯識論〉，於《內學》第六輯，歐陽漸爲之作序。
二十二年	癸酉	1933	四十九	◎二月，北大出版其《破破新唯識論》。 ◎五月於《獨立評論》發表〈要在根本處注意〉，八月於《大公報》發表〈循環與進化〉。 ◎移住北京二道橋，與錢穆、蒙文通、湯錫予、張孟劬、張東蓀常相過從。	春，太虛法師於《海潮音》發表〈略評新唯識論〉。
二十三年	甲戌	1934	五十	◎四月、六月於《獨立評論》發表〈無吃無教〉、〈英雄造時勢〉。 ◎九月、十一月於《大公報》發表〈易佛儒〉、〈答謝石麟〉。	
二十四年	乙亥	1935	五十一	◎四月，於天津《大公報》發表〈文化與哲學——爲哲學年會進一言〉。十月，北大出版其《十力論學語輯略》。 ◎仍住二道橋，取齋名爲莽蒼室，與俄鋼和泰、德李華德等學者相往來。	

二十五年	丙子	1936	五十二	◎夏，始撰《佛家名相通釋》，秋完稿。 ◎冬，作長函酬答義大利米蘭大學教授馬格里尼，專論老子。	
二十六年	丁丑	1937	五十三	◎二月，北大出版社出版其《佛家名相通釋》。 ◎七月七日，蘆溝橋事變，抗日戰爭爆發，熊十力於八月逃離北平，歷盡艱辛，始返黃岡。	
二十七年	戊寅	1938	五十四	◎春，入川。先居重慶，後依門人鍾芳銘於璧山縣來鳳驛。爲鄧子琴、錢學熙、劉公純、陳亞三、劉冰若、王紹常等講述民族精神、種族推原及通史。是夏撰成《中國歷史講話》。 ◎八月，《文哲月刊》發表〈科學眞理與玄學眞理〉。 ◎冬，指導錢學熙譯《新唯識論》文言本爲語體，僅譯〈明宗〉、〈唯識〉上下及〈轉變章〉首節。	
二十八年	己卯	1939	五十五	◎夏，教育部於樂山籌資創設復性書院，聘馬一浮爲山長，馬邀熊十力共爲主講，八月十九日遇寇機轟炸，左膝傷，寓舍盡毀，積稿遭焚，幸部分筆札於陳仲陸處錄有副本，鄧子琴等乃請輯爲《十力語要》卷二，九月十七日，撰〈復性書院開講示諸生〉。〔註 11〕未幾，因與馬氏意見不合而辭退。時武漢大學遷至樂山，乃至武大作短期講學。 ◎冬，囑韓裕文續成《新唯識論》〈轉變章〉之語譯，至是語體本上卷脫稿。	十二月，歐陽漸作〈與熊子眞書〉，仍評斥《新唯識論》。
二十九年	庚辰	1940	五十六	◎夏，《新唯識論》語體本上卷由呂漢財資印二百部，《十力語要》卷二由周封岐資印四百部。	

〔註11〕講詞見《十力語要》卷二。

				◎梁漱溟創辦勉仁中學與勉仁書院於北碚金剛碑，約其至書院講學。	
三十年	辛巳	1941	五十七	◎居北碚，改寫《新唯識論》中卷爲語體文本，孟秋脫稿。 ◎冬臘，牟宗三自大理來北碚隨侍之，至次年秋止。	
三十一年	壬午	1942	五十八	◎正月，《新唯識論》語體本上中兩卷，由勉仁書院哲學組出版。 ◎於《思想與時代》發表〈體相論〉、〈儒家與墨法〉、〈談生滅〉等文。	謝幼偉於《思想與時代》第十三期發表〈評述熊十力新唯識論〉。
三十二年	癸未	1943	五十九年	◎春，《新唯識論》語體本下卷改寫完稿。 ◎七月，徐復觀始通書問學。 ◎與侯外廬通信辯論船山哲學。	二月，歐陽漸病逝江津內學院。
三十三年	甲申	1944	六十	◎三月，《新唯識論》語體本全書三卷，由中國哲學會列爲「中國哲學叢書」甲集之第一部著作，並交重慶商務印書館出版。 ◎發表〈哲學評易〉、〈說易〉、〈論性〉、〈論文〉、〈答友人書〉、〈情感與理智〉、〈談郭象注〉諸文於《哲學評論》。 ◎正月起草《讀經示要》，迄秋冬之際而畢。	
三十四年	乙酉	1945	六十一	◎於《圖書集刊》發表〈重印周易變通解序〉，於《三民主義半月刊》發表〈說食〉等文。 ◎十二月，《讀經示要》由中國哲學會列爲「中國哲學叢書」甲集之三，交重慶南方印書館出版。	八月，日寇投降，八年抗戰終獲勝利。
三十五年	丙戌	1946	六十二	◎夏初，至重慶黃海化學社主持哲學研究部，於《黃海化學社附設哲學研究部特輯》發表開講詞二萬言。 ◎《十力語要》全稿四卷本編輯完成，共三十三萬言。 ◎當選爲「辛亥首義同志會」名譽監事。	

三十六年	丁亥	1947	六十三	◎二月，返北大，與北大校長胡先驌談學術與養才問題，建議設立哲學研究所，復接受美國康乃耳大學柏特教授之訪問。 ◎三月，《新唯識論》語體本，由上海商務印書館出版。 ◎秋，由北平抵上海，與子世菩及門人徐復觀、牟宗三等合影。 ◎鄉邦湖北省府籌印「十力叢書」，先印《新唯識論》、《十力語要》各一千部。 ◎撰寫《讀智論抄》連載於《世間解雜誌》。	謝幼偉於《浙江學報》發表〈熊著讀經示要〉。
三十七年	戊子	1948	六十四	◎上半年至杭州浙江大學講學，命其居室曰「漆園」。 ◎夏，收安陸池師周遺孤際安爲次女，改名熊池生，字仲光。 ◎七月，南下居廣州郊外黃艮庸家宅。秋，鄧子琴寄來印順法師所撰之〈評熊十力的新唯識論〉，乃命黃艮庸撰述〈新論平章儒佛諸大問題之申述〉一長文以答辯之。〔註12〕另爲仲光講述佛學，仲光寫成學佛札記《困學記》，並經熊十力刪改。〔註13〕	八月，弟子牟宗三亦應聘至浙大任教。
三十八年	己丑	1949	六十五	◎仍居廣州。 ◎十二月，《十力語要初續》由徐復觀送交香港東昇印務局印行。 ◎冬，《韓非子評論》由香港人文出版社印行出版。	十月一日，中共改國號爲「中華人民共和國」。
三十九年	庚寅	1950	六十六	◎二月初，離廣州，葉劍英親往送行，抵武漢，林彪宴款之。三月，抵北平。 ◎《摧惑顯宗記》由上海大眾書店印二百部。 ◎仲秋，撰成《與友人論張江陵》，印二百部。	

〔註12〕此文收入《十力語要初續》，後又以《摧惑顯宗記》爲名，單冊印行。
〔註13〕原文收入《十力語要初續》。

四十年	辛卯	1951	六十七	◎五月作成《論六經》，由大眾書店印二百部。 ◎冬，著手刪削《新唯識論》語體本。	
四十一年	壬辰	1952	六十八	◎秋，《新唯識論》語體本刪改完成，名為「壬辰刪定本」。	陳榮捷以英文撰《現代中國之宗教趨勢》，第六章特列專節介紹熊十力之《新唯識論》。
四十二年	癸巳	1953	六十九	◎次女仲光從齊白石學畫，熊十力與齊氏一見如故。	
四十三年	甲午	1954	七十	◎春起草《原儒》上卷，中秋脫稿。 ◎十月，由北平抵上海，依子世菩寓青雲路寓所，從此定居上海。 ◎十一月，劉靜窗始謁熊十力問學，此後二人常相過從。〔註14〕	七月，牟宗三於《新思潮》發表〈現時中國之宗教趨勢〉，譯介陳榮捷之書，言及熊十力與內院之爭辯。
四十四年	乙未	1955	七十一	◎《原儒》上卷，印存一百部。	
四十五年	丙申	1956	七十二	◎夏初，《原儒》下卷脫稿，印存一百部。初秋，《原儒》上下卷合印二百部。十二月，復由上海龍門書局印五千部。 ◎北大列熊十力為一級教授，月薪增為三百四十五元。 ◎秋，起草《體用論》，因過勞導致心血管病復發。	
四十六年	丁酉	1957	七十三	◎春，為何自新夫人作墓誌。 ◎初冬，《體用論》完稿。	
四十七年	戊戌	1958	七十四	◎春，《體用論》由上海龍門書局影印二百部。 ◎十月，解除北大教授名義，然仍領原薪，並濟助鄉親家人與友朋門生。 ◎十一月，《明心篇》完稿。	

〔註14〕二人通信論學與交遊經過，參劉述先編《熊十力與劉靜窗論學書簡》。

年	干支	西元	歲	事蹟	相關
四十八年	己亥	1959	七十五	◎於《中國哲學史論文初集》發表〈唐世佛學舊派反對玄奘之暗潮〉，《明心篇》由上海龍門書局印行二百部，並開始起草《乾坤衍》。	
四十九年	庚子	1960	七十六	◎五月，《讀經示要》由台北廣文書局重印。	林宰平卒。
五十年	辛丑	1961	七十七	◎《乾坤衍》於立春前完稿，由中國科學院印刷廠影印一百餘部。 ◎十二月《佛家名相通釋》由台北廣文書局重印出版。	夏，梁漱溟編《熊著選釋》一冊。十二月又作《讀熊著各書書後》。
五十一年	壬寅	1962	七十八	◎一月《新唯識論》語體本，由台北廣文書局重印出版。 ◎四月，劉靜窗病亡，熊十力親往弔唁。 ◎六月，《十力語要》由台北廣文書局重印出版。	
五十二年	癸卯	1963	七十九	◎元月，始作《存齋隨筆》，仲冬完稿，擬付影印而不果。	
五十三年	甲辰	1964	八十	◎春夏間大病，住華山醫院。	湯錫予卒。
五十四年	乙巳	1965	八十一	◎八月，作《先世述要》，未完稿，乃其最後之撰著。	霍韜晦於香港《人生雜誌》，發表〈熊十力先生與新唯識論〉。
五十五年	丙午	1966	八十二	◎文化大革命爆發，其「身心俱受摧殘」。	
五十六年	丁未	1967	八十三	◎老病交瘁，晚境悲涼。	馬一浮遭抄家焚書，受摧殘而死。
五十七年	戊申	1968	八十四	◎五月二十三日上午九時，因病辭世。	七月，香港新亞書院與東方人文學會聯合為其舉行追悼會。徐復觀於香港華僑日報發表〈悼念熊十力先生〉。

第二節　著作簡介

　　熊十力著述，專著近三十種，單篇論文約五、六十篇，計三百萬言，可謂量豐而質精，茲就其專著略述如下：

一、《熊子眞心書》

　　△民國7年，自印本。

　　△民國74年2月，北京中華書局印行，熊十力論著集之一。

　　△民國75年10月，台北文津出版社，影印北京中華書局本。

　　此書爲熊十力第一部著作，收錄其民國5年～7年間各種體裁之文章，計讀書筆記十一篇、書信六封、傳記四篇、序文兩篇、雜記兩篇，凡二十五篇，近二萬言。熊十力於是書自序曰：「自惟失學，筆札極稀，又隨手拋置，偶爾檢存，得如干首，實我生卅年心行所存，故曰《心書》，船山有言，唯此心常在天壤間，或有諒者。」得名之由，以是知矣！書前有蔡元培爲之作序，贊曰：「熊子之所得者至深且遠，而非時流之逐於物欲者比也」、「今觀熊子之學，貫通百家，融會儒佛。其究也，乃欲以老氏清淨寡欲之旨，養其至大至剛之氣。……」書末則丁去病爲之作跋，美曰：「子眞《心書》一卷，文辭簡約，獨抒精華，諷世情深，質直而忠厚，識者謂其立言有宗，過〈潛夫論〉，蓋不阿也。」

　　此書雖爲薄冊，然文筆犀利，措辭簡潔，涉題博廣，立論有宗，思想賅遍諸家，復能反映時政。如〈復吳貫因〉、〈罪言〉、〈憂問〉等爲其默觀時事之發言，於滿清之污俗、封建之弊害、袁氏之竊盜及當日上失道揆、下無法守之亂象深發慨詞；〈日知會王劉余何朱諸傳〉、〈熊持危傳〉則述載參與革命致犧牲成仁之志士；〈至言〉、〈箴名士〉、〈思曾〉等爲歷史事實或人物之品評；〈復張君〉、〈問津學會啓〉、〈記梁君說魯滂博士之學說〉、〈與張素武〉則涉及佛家思想；〈張純一存藁序〉則言及西方基督之道；〈船山學自記〉、〈鈞王〉映顯對船山實學、民主思想之宗仰……。要之，此書反映知識份子關懷時政及其孤絕徬徨之苦悶情緒，亦呈顯其早期崇佛抑儒之思想特色。此書保留其早年學術思想之主要原始材料，與其後諸作相較，得見其思想遷變遞嬗之軌跡。

二、《唯識學概論》第一種講義本

　　△民國12年，北京大學印行。

　　熊十力於民國9年夏入南京支那內學院，從歐陽漸研究唯識學，追尋玄

奘、窺基宣揚之業,從護法諸師以上索無著、世親,探其淵源、悉其脈絡、研其體系、綜其綱要,兩年撰成《唯識學概論》書稿。民國 11 年夏,應聘至北大講授唯識學,即以此書爲講稿,民國 12 年復由北大出版。除卷首緒言外,全書計〈唯識〉、〈諸識〉、〈能變〉、〈四分〉、〈功能〉、〈四緣〉、〈境識〉、〈轉識〉八章,就唯識體系予以概要敘述,已漸重理論之探究,多據佛家本義而發,忠實於內院所學。後乃盛疑舊學,甚不自安,遂將此稿盡毀之。〔註 15〕

三、《唯識學概論》第二種講義本

△民國 15 年春月,北京大學印。

此書係熊十力於北大講授唯識學之第二種講義本,書前〈緒言〉曰:「此書凡分二論:曰境論、量論。境論有二:一、法相篇,二、法性篇。量論有二,一、分別篇,二、正智篇。觀境誠妄,率視其量,故此二論,綺互作焉。」唯此書實僅寫出境論〈法相篇〉之局部,餘者闕如,書分〈唯識〉、〈轉變〉、〈功能〉、〈境色〉四章,而以〈轉變〉爲主腦,與 1923 年印本之〈能變〉相較,已有較大發展。如言「誰爲能變」、「如何是變」等問題時,漸採人本主義立場;又關於種現不二、心體「闢而健行,翕而順應,生化萬物」之闡述,亦爲其日後論「體用不二」、「翕闢成變」之萌芽,此書得視爲熊十力改造唯識學之濫觴,爲其由佛歸儒、自創新論跨出重要步伐。

四、《因明大疏刪注》

△民國 15 年 7 月,上海商務印書館印行。

△民國 60 年 4 月,台北廣文書局重印。民國 75 年元月再版。

書前〈揭怡〉一文,詳明著書時地、本書要義、刪注之故。此書乃緣北京大學授課而作,隨講隨書,原分八卷,出書時不分卷數,而總成一本。此書據窺基之《因明入正理論疏》(簡稱《因明大疏》)予以刪注,《因明大疏》一書,乃取陳那之《因明正理門論》及商羯羅主之《因明入正理論》二書,而予疏解發揮。〈揭怡〉申言《因明大疏》之善以三:經緯堪尋,仍殊濫漫,一也;詳徵古義,環列洋灑,今古沿革,略可推原,二也;理門奧旨,抉擇無疑,法戶樞機,舍此莫屬,三也。綜是三者,知《因明大疏》之要,此熊十力所以獨取是

〔註15〕《新唯識論》文言本緒言:「《境論》初稿,實宗護法。民十一授於北庠,纔及半部。翌年,而余忽盛疑舊學,於所宗信極不自安,乃舉前稿盡毀之,而《新論》始草創焉。」

書爲本之故也。然三善雖備，而舛詞碎義，時復錯見，而疏記亦多凌亂無序、不易解了者，熊十力爲求語意貫穿易曉，內容條然有序，乃總成《因明大疏》之要義以三：一曰現量但約五識，二曰比量三術，三曰二喻即因。據此三者以刪繁注要，而作《因明大疏刪注》一書，以利後學有志於研究唯識學者。

五、《唯識論》

△民國 19 年，公孚印刷所印。

此書係熊十力於北大講授唯識學之第三種講義本，其規劃架構同於前兩稿，但仍僅寫出〈辯術〉、〈唯識〉、〈轉變〉、〈功能〉、〈色法〉等五章。書前導言曰：「此書前卷，初稿次稿，以壬戌、丙寅，先後授於北京大學。今此視初稿，則主張根本變異，視次稿，亦易之十之三四云。」內容與前稿相較，其對佛學批評更趨尖銳。要之，則爲：一陸王心學成分加多；二、更尖銳批判護法之種子論等，並首度逕評乃師歐陽竟無之《唯識抉擇談》，認爲其體用各分二重；三、徹底擺脫輪迴說。比觀熊十力自 1923 年以來之三種印本，得見其如何步步揚棄舊論師說，終而形成其《新唯識論》之遞嬗軌跡。

六、《新唯識論》文言本

△民國 21 年 10 月，浙江省圖書館印行，有馬一浮之題簽作序。
△民國 62 年 4 月，台北文景出版社重印。
△民國 64 年 3 月，台北河洛圖書出版社重印。
△民國 72 年 6 月，台北學生書局重印。
△民國 74 年 12 月，北京中華書局印行，爲熊十力論著集之一。
△民國 75 年 10 月，台北文津出版社，影印北京中華書局本。

熊十力於是書〈諸言〉中已概述其內容、行文體例、草創過程等。言其原擬爲二部，部甲曰〈境論〉，即本體論，部乙曰〈量論〉，即認識論，今《新唯識論》文言本即部甲〈境論〉，而〈量論〉則至今尚闕也。此書之作，由民國 12 年、15 年及至 19 年，屢易其稿，歷時十載，始成定本，則其磨礪之久，用心之深，得略窺矣！此書文約八萬，前半成於北都，後半則養病杭州西湖時所作，故自謂文字精麤不一。至若文中所用名詞，有承舊名而變其義者、有採世語而變其義者；行文則本文、注文、附識夾雜，注文以濟行文之困，若辭義過繁，不便爲注者，則出以附識；又文言爲本，間採語體，期使意義明瞭。

此書融儒道佛各家思想，崇儒抑佛，改造佛理，而建立一己之特識。以體用不二、翕闢成變、反求自識爲立論大綱，《十力語要》曰：「《新論》全部旨意，只是即用顯體。易言之，只是談本體之流行。」〔註16〕本書分章，依次爲〈明宗〉、〈唯識〉、〈轉變〉、〈功能〉、〈成色〉上下、〈明心〉上下，馬一浮於序文中，簡賅各章大要曰：「其爲書也，證智體之非外，故示之以〈明宗〉；辨識幻之從緣，故析之以〈唯識〉；抉大法之本始，故攝之以〈轉變〉；顯神用之不測，故寄之以〈功能〉；徵器界之無實，故彰之以〈成色〉；審有情之能反，故約之以〈明心〉。」復以輔嗣之幽贊易道；龍樹之弘闡中觀爲擬，贊其「精察識，善名理，澄鑒冥會，語皆造微」、「深於知化，長於語變。」其評價可謂高矣！

七、《破破新唯識論》

△民國 22 年 2 月，北京大學出版社印行。

△民國 64 年 3 月，台北河洛圖書出版社重印，與《新唯識論》文言本合冊。

△民國 69 年 12 月，台北廣文書局重印。

△民國 75 年 10 月，台北文津出版社重印，與《熊子眞心書》、《新唯識論》文言本、語體本等合冊。

《新唯識論》文言本既出，因崇儒抑佛，批判唯識，故屢遭師友及佛教界之攻訐責難，其中劉定權（衡如）於南京支那內學院年刊《內學》第六輯發表〈破新唯識論〉，以論駁《新唯識論》諸說，目分〈徵宗〉、〈破計〉、〈釋難〉，〈破計〉又分甲一元之體、乙眾生同源、丙宇宙一體、丁反求實證、戊眞如爲體、己種子爲體、庚一翕一闢、辛能習差違等八子項，書前復有歐陽漸爲之作序。熊十力因感劉作於《新唯識論》未求深解，即予橫施斥破，故乃爲之酬正，名曰《破破新唯識論》，依劉著原目而增一字曰〈破徵宗〉、〈破破計〉、〈破釋難〉。〈破徵宗〉以六破分別釋〈破新唯識論〉中所及三性、四智、業報、積集名心、世界緣起之轉變說及集聚說，雜取儒道兩家之義，旁採印度外道之談，以懸揣佛法諸問題；〈破破計〉則約以子丑寅卯辰巳諸目以答破劉著之甲至己項；〈破釋難〉則以十三事酬破。

全書約四萬五千言，藉答〈破新唯識論〉以申述原意、補述要義，而於「體用」、「翕闢」諸義闡之尤精，於了解《新唯識論》文言本，確具佐輔之功。

〔註16〕語出《十力語要》卷一，〈答某君〉，頁31。

八、《佛家名相通釋》

△民國26年2月，北京大學出版社印行。（民國25年，此書曾以《佛家名
　詞釋要》爲名，先印一次。）

△民國50年12月，台北廣文書局重印，徐復觀作重印序言。

△民國74年7月，中國大百科全書出版社，中國學術叢書之一。

　　熊十力以「逸翁」爲名，於書前作序，並有〈撰述大意〉一文，由此得
明其撰述之所緣、所本及其體例。究其著述之由乃以熊十力弟子劉錫嘏、閻
悌徐有志研佛，而苦名詞難解；又適授課北大，實用《新唯識論》，欲學子參
稽佛籍，然諸生仍以名詞爲苦，乃應其生黃艮庸請著疏釋名相之書，而於民
國25年起草，同年秋完成此十四萬言之著作。

　　書分二卷，卷上依據《大乘五蘊論》等以綜述法相體系，卷下則依《百
法名門論》等，綜述唯識體系。至若疏釋名相，僅取唯識法相之故，〈撰述大
意〉中已詳爲申解。若其撰作體例，則不分篇章、不立標題，以一名詞爲一
條目，上卷之條目三十有四，下卷之條目一十有二，於分釋各名相條目時，
亦兼重其整體性、連貫性，故能知統系、明脈絡。其疏釋佛學名相，持守「根
柢無易其故，裁斷必出於己」之原則，力圖以哲學觀點詮解佛學玄奧，使之
明白易曉，故爲研究佛學之入門典籍，亦爲簡明之佛學辭典。又書中於要領
所在，亦時下批評，得與《新唯識論》對照並觀，以窺其思想之所由遷變。

九、《中國歷史講話》

△民國27年夏月，四川中央軍校，石印本。

△民國68年7月，台北智仁出版社重印，牟宗三作重印前記。

△民國73年12月，台北明文書局重排出版。

　　本書原屬講稿，乃爲四川中央陸軍軍官學校之學生講演而作。時抗日戰
爭爆發，熊十力避寇入川，寄居璧山，因感發揚民族精神莫切於史，乃爲諸
生授講中國歷史，而後彙聚成著。此書要點有二：一爲中華種族之推原，主
張漢滿蒙回藏五族乃同源同根，治史不宜華夏夷狄對稱。二爲修中國通史諸
議，以爲今之修國史者，當以忠於國家民族爲其根本精神。書中復劃分中國
通史爲上古、中古、近古、近代、現代五期，於前二期則申之較詳。此書非
純爲史著，書中既批判專制制度，亦抒發愛國情懷、發揮民主思想，更呈顯
作者之歷史哲學。

十、《新唯識論》語體本

△民國 29 年夏月，呂漢才資印上卷二百部。

△民國 31 年 1 月，勉仁書院哲學組出版上中兩卷，由居正募資印刷。

△民國 33 年 3 月，重慶商務印書館印行上中下三卷。

△民國 36 年 3 月，上海商務印書館重印。

△民國 36 年冬月，湖北自印本，十力叢書之一。

△民國 51 年 1 月，台北廣文書局重印十力叢書本，惟刪除書前劉虎生等撰
〈印行十力叢書記〉。

△民國 61 年 11 月，台北樂天出版社重印十力叢書本，書前加謝幼偉〈評熊
著新唯識論〉、熊十力〈論玄學方法〉二文。

△民國 74 年 12 月，北京中華書局印行，熊十力論著集之一。

△民國 75 年 10 月，台北文津出版社重印北京中華書局本。

△民國 80 年 1 月，台北明文書局重排出版。

《新唯識論》文言本，乃熊十力於久病之餘，急就成章，殊嫌簡略，熊十
力亦自覺闡明未透，而有改造之意。民國 27 年，熊十力避難入蜀，寓居璧山，
其生錢學熙原擬譯《新唯識論》為英文本，是年冬，乃先譯為語體文，以資熟
練。義有增損，則由熊十力口授指導之，然僅譯至〈轉變章〉首節，即因事離
川。至二十八年秋，由韓裕文續之，完成〈轉變章〉，二子所譯，輯為上卷，於
二十九年交呂漢才印存二百部。至若中卷申明體用，評判佛家空有二宗，而折
中於《易》，由熊十力親自援筆，於三十年孟秋脫稿，次年由勉仁書院合上卷印
成。三十二年春，續成下卷，自是《新唯識論》乃有上中下三卷之語體本。語
體本之改寫，前後歷時六載，文長為文言本之四倍，約三十七萬言。文言本融
《易》入佛，語體本則宗主在《易》；文言本猶存「境論」之名，語體本則去之。
此書內容較文言本廣博，思想亦趨圓熟，為熊十力著作之主要代表。

《新唯識論》語體本之上卷計四章，即〈明宗〉、〈唯識上〉、〈唯識下〉、
〈轉變〉；中卷二章，即〈功能上〉、〈功能下〉；下卷三章分為〈成物〉、〈明
心上〉、〈明心下〉。

〈明宗章〉曰：「今造此論，為欲悟諸究玄學者，令知一切物的本體，非
是離自心外在境界，及非知識所行境界，唯是反求實證相應故。」此《新唯
識論》之大義也。〈明宗章〉主探性智、量智之異；本心、習心之分及心物之
相對。〈唯識上〉主在斥破對彼執離心有實外境之見解，易言之，熊十力視境

非離心而獨在。〈唯識下〉則主在斥破彼執取境之識為實有，易言之，熊十力謂妄執之心無有自體也。〈轉變章〉則：「以翕闢與生滅兩義，曲盡玄微。一方面，隨順俗諦，成立心物萬象，即所謂宇宙；一方面，唯翕闢與生滅，都無暫住的實法，即無實宇宙，只是本體之流行，幻現宇宙萬象而已。」〔註17〕復申本體六義，說本體為能變。至若〈功能〉上下兩章，論體用關係，申闡體用之可分而不可分、即用顯體、即體而言用在體、即用而言體在用、體用不二諸要涵，以駁斥佛家析體用為二之謬誤。〈成物章〉析剖宇宙萬有幻起之理，探究物之現象。蓋本體新新不已而起用，就用勢言，有翕有闢，依翕勢隨俗假立物之現象，依闢勢假立心之現象，復由此涉言恆轉、功能、動圈、形向，並分別空時、有無、數量、同異、因果等五大範疇，以之為物所具之基本法則。末則藉《易》之八卦，以推明翕闢相互之旨。〈明心章〉上下則復言本心、習心，以習心言心所，明心所之總相、別相，明示心宰物之大義。

　　《新唯識論》詳析宇宙人生之根本問題，條理密察，廣大精微。熊十力亦屢言此書要旨，如於〈答問難〉曰：「《新論》根本意思，在遮遣法相而證會實體，超出知解而深窮神化，伏除情識而透悟本心」、「《新論》要義有三：一、剋就法相而談，心物俱在。二、攝相歸體，則一真絕待，物相本空，心相亦泯。三、即相而顯體，則說本心是體，雖復談心未始遺物，然心御物故，即物從心，融為一體」、「《新論》融佛之空，以入《易》之神。」〔註18〕〈答謝幼偉〉中則言：「《新論》主於顯體。」〔註19〕又〈答牟宗三〉一文中亦嘗以「歸本性智，仍申陽明之旨」、「歸於超知而非反知」等以申《新唯識論》要旨，〔註20〕由斯乃得略窺《新唯識論》之旨趣。

十一、《讀經示要》

　　△民國34年12月，重慶南方印書館印行。
　　△民國38年，上海正中書局線裝本，時因情勢緊迫，未及發行海外。
　　△民國49年5月，台北廣文書局重印。
　　△民國62年，台北樂天出版社重印。
　　△民國73年7月，台北明文書局重排印行，附牟宗三〈熊十力先生追念會

〔註17〕語出《十力語要》卷一〈講詞〉，頁54、55。
〔註18〕〈答問難〉一文引語，參《新唯識論》語體本後之附錄，頁652、674。
〔註19〕語出《新唯識論》語體本後之附錄〈答謝幼偉〉，頁678。
〔註20〕參稽《十力語要初續》〈略談新論要旨〉（答牟宗三），頁4～10。

講話〉。

　　此書乃熊十力要著之一，於書前自序中語及成著之故，此乃熊十力於 33
年春於四川北碚中國哲學所爲諸生講解六經時答疑之作。初提筆時，只擬作
一短文，寫後感觸漸多，遂成一書，文長約三十萬言，凡分三講，一講即乃
一卷，深入探究讀經問題，由肯定讀經之價值，繼探究讀經之態度，復提揭
六經之大義，於衰亂之世，士人習於浮淺之際，爲思想界闢拓一新途徑，確
有提振人心之功效及未可泯滅之學術價值。

　　第一講主明「經爲常道不可不讀」。首申「道」，蓋經爲常道，經書乃文
化根柢，爲萬世準繩，無時可離、無地可離、無人可離；次以九義申六經治
術，九義所發，宏闊深遠；復取《大學》之三綱八目，爲六經之總匯與要領，
天人之故，因之明矣！續述〈儒行〉十有五儒，蓋此皆人生之至正至常，不
可不力踐者。

　　第二講主言「讀經應取之態度」。首當「尙志以立基」，爲學之本在乎立
志，心有所存主，始能立乎其大，如是方可讀經。次則應「砭名以固志」，外
競於名，則中藏鮮實，故責志必以務名爲戒。三則當「持以三畏」，蓋始學成
聖，必由三畏——畏天命、畏大人、畏聖人之言是也。讀經希聖，未可專固
自封，故四當「融貫中西」，知西學儒學殊異與所長，二者相融相攝，相需相
成。復有評佛與老莊者，發語切當。五當「平章漢宋」，漢學者，始於清人之
反宋明而上追兩漢考據之業者；宋學者，指兩宋濂洛關閩及明陽明等言心性
或義理之學者。由茲論定上下數千載學術之源流得失，尋晚周之遺跡，闢當
代之弘基，定將來之趨向，如是則經術庶幾可明，大道其昌矣！

　　第三講則「略說六經大義」。特詳《大易》、《春秋》，謂《詩》、《書》、《禮》、
《樂》皆與二經相羽翼，二經通則餘經亦通矣！申《易》則伏羲、文王、孔
孟荀、漢易、宋易、明易、清易均涉之矣！於卦則特詳〈乾〉、〈坤〉，另〈繫
辭傳〉、〈序卦傳〉亦爲之節釋。復於《易》中闡生生、剛健諸義，言治化則
重人各自治自主，相互比輔而不侵。論《春秋》則三傳均涉，復言三世治法，
強調變而不失其常。講《尙書》「據《論》、《孟》、《左傳》、《中庸》，尋出二
帝三王執中心法之傳，以見道統、治統所自。」講《詩經》：「一據孔子之言，
而儒者人生思想，於是可見。」講《三禮》：「須發揮群理，以救知有家屬而
不知有社會之流弊。」〔註21〕

―――――――――――

〔註21〕語出《十力語要初續》〈答謝幼偉〉。

經學者，所以治人心、立人紀、建國本，其要如日月經天、山河行地。熊十力值茲反傳統、重西化、國脈危殆、歷史存廢之際，起而論讀經之要、明讀經態度、說諸經要義，以重覓文化根柢，確有其不凡之意義及價值。

十二、《十力語要》

△《尊聞錄》，民國 19 年 11 月，自印線裝本。（後編爲《十力語要》卷四）

△《十力論學語輯略》，民國 24 年 10 月，北京大學出版部印行。（後編爲《十力語要》卷一）

△民國 29 年夏月，周封岐資印四百部，爲《十力語要》卷二。

△民國 36 年冬月，湖北自印本，十力叢書之一，始有《十力語要》全四卷本。

△民國 51 年 6 月，台北廣文書局重印。全四卷本。

△民國 64 年 2 月，台北洪氏出版社重印。全四卷本。

△《尊聞錄》，民國 72 年 10 月，台北時報出版公司重印 19 年之線裝本，前有杜維明所撰〈重印尊聞錄〉。

△民國 78 年 8 月，台北明文書局重排印行。全四卷本。

此書乃熊十力中年以前爲門人講習記錄及答友人門生之信函、手札匯聚而成，四卷計約三十萬言。其中以卷四最先寫成，初以《尊聞錄》爲名單獨成著。考熊十力初授學時，隨侍其左右之及門弟子高贊非，將四、五年間親炙先生教誨之心得日記加以纂輯，原十萬餘言。民國 15 年，熊十力腦疾忽屬，背脊且虛，心情焦苦殊甚，友人門生，深以先生未及著述爲懼，熊十力乃囑弟子張立民，就高生斯錄而加以揀擇，去其中論時事者、意未達者，留存三萬餘言，復添增高贊非手抄熊十力之論學書簡一萬餘言，彙而刊錄爲《尊聞錄》。《尊》書映顯熊十力思想之本源形貌，尤可貴者，在其留存《新唯識論》運思趨向之第一手資料。而熊十力所言，雖多爲初學而發，然善觀者，藉此得「察曲而見全、聞一而得十、跡邇而會遠。則先生規模宏闊，神解卓特，不輕於信，不輕於疑，不蔽於先入，不搖於外來，不依於天，不依於地，不依於古，不依於今，入乎佛而出乎佛，同情乎儒而未始專守乎儒，卓然獨特，夐然孤往，觀於此錄之所存，亦未嘗不可以得其髣髴於一二也。」〔註22〕《尊聞錄》於民國 36 年，《十力語要》增訂本刊行時，熊十力以其體式無異《十力語要》，且字數無多，毋須單行，遂收入《語要》爲卷之四，然刪除原書張立民之序言。

〔註22〕語出《尊聞錄》張立民所作序，序中於刊錄原委亦詳爲介紹。

卷一原名《十力論學語輯略》，輯熊十力於民國 21 年冬至 24 年秋，三年間之書信合集，由其生雲頌天、謝石麟存錄整理。後編爲《十力語要》卷一，內容稍作異動，既寫出通信者姓名，復增書信、書序數封，且於卷一後附錄傳文六首、誌一首，今四卷本之前附有〈卷一印行記〉。

民國 27 年底，熊十力居四川璧山期間，復將存錄之書信筆記輯成。28 年夏攜赴嘉州，燬於寇彈。後又居北碚勉仁書院，時世事益危，問學者微，手札亦稀。由川返漢後，始復略有酬答。後重入川，乃取積年舊稿重閱之，多爲黃艮庸所選存，遂囑王星賢將積稿彙爲兩卷，編爲卷二、卷三。其中卷二曾由周封岐資印四百部以防空襲。〔註23〕

《十力語要》乃合輯之作，雖信手而寫、信口道出，然其論學範圍廣闊，既有關諸佛學、易學、老莊哲學、宋明理學之研論，亦有闡發《新唯識論》體系，比較東西文化異同，兼及美學、倫理學，另有發語以勵做人爲學者。觀此語要，非徒有益於知識之辨析及歷代學術文化之掌握，而於熊十力爲學規模之宏闊、見解之卓特，交遊之概況，亦得略窺矣！

十三、《十力語要初續》

△民國 38 年 12 月，香港東昇印務局印行。

△民國 64 年 4 月，台北樂天出版社重排刊行，前有謝幼偉〈重刊十力語要初續序〉。

△民國 71 年 10 月，台北洪氏出版社。

△民國 79 年 8 月，台北明文書局重排出版。

書前熊十力以漆園老人爲名發〈卷首語〉，言此書爲《十力語要》之續編，由熊十力次女仲光輯熊十力與友人門生之論學書函、筆札、講詞、雜文而彙爲一卷。其中復收有熊十力學生黃艮庸之〈新論平章儒佛諸大問題之申述〉（黃艮庸答子琴）。書後則附熊仲光之讀書筆記、雜文十三篇，題爲《困學記》，並爲自序一篇，全書計約十八萬言。此書之性質近似《十力語要》，二書合稽之，得窺熊十力此期之行事、交遊及學術思想。

十四、《韓非子評論》

△民國 38 年冬月，香港人文出版社印行，作者題爲胡拙甫。

△民國 61 年 11 月，台北蘭臺書局重印。

〔註23〕主參《十力語要》〈增訂十力語要緣起〉。

△民國 62 年 3 月，台北三信出版社重排出版。

△民國 67 年 10 月，台北學生書局重排出版，前附唐君毅寄與馮愛群之信函。

抗日戰爭前，熊十力於杭州西湖養病，胡哲敷嘗請面授《韓非子》，戰時胡哲敷於入川後乃追述熊十力語，而撰《述熊正韓》，述熊者，述先生熊十力之言也；正韓者，正韓非之謬也。後熊十力命刪述熊二字，題曰《正韓》。此文一直置行篋中，未行發表，至民國 38 年，因《學原》編者索稿，乃以《韓非子評論》為題刊於《學原》第三卷第一期，嗣由人文出版社以單行本印出。此書雖由胡執筆，然所述者為熊十力之韓非思想，故今仍署名熊十力所作。此書言及韓非之學由荀卿轉手，原本道家，參申商之法術，別為霸術之宗；又以韓非之學，為法術家之正統，任術而嚴法，但持極權主義而無民主思想；另言韓非尚力，其人性論承荀卿性惡說；復闡韓非耕戰之一孔政策等。要言之，呈現韓非禁錮人民自由、摧抑人民氣節貞信、重國輕民、毀德反智等批判，得與其《與友人論張江陵》一書之批判精神比觀之。

十五、《摧惑顯宗記》

△民國 39 年，上海大眾書店印行。

△民國 77 年 6 月，台北學生書局重印，前有劉述先撰〈摧惑顯宗記重印序言〉。

此書全名為《申述新論恉要平章儒佛摧惑顯宗記》，是書原即《十力語要初續》中〈新論平章儒佛諸大問題之申述〉（黃艮庸答子琴）一文。蓋《新唯識論》出版後，佛教界輿論大譁，紛紛提筆斥熊，〈破新唯識論〉等作因之而生，時印順法師亦發表〈評熊十力的新唯識論〉一文相責，熊十力乃授意黃艮庸著文批駁，並親予改定，於《學原》發表，並收入《十力語要初續》。民國 39 年，熊十力復重新改定，於書前增文概述《新唯識論》體系，書後則附錄〈與諸生談新唯識論大要〉、〈為諸生授新唯識論開講詞〉二文，其餘則多持黃文原貌，而以《摧惑顯宗記》一名發為單行本，文約八萬。其著文形式則條舉印順原文而後予以審正。此書為學術爭辯之作，與印順法師原文同參並觀，既得窺印順法師之佛學造詣，亦得索熊十力思想之原創力。

十六、《與友人論張江陵》

△民國 39 年仲秋，自印本，二百部。

△民國 77 年 3 月，台北明文書局重排出版，書名爲《論張江陵》。

熊十力於張江陵素懷敬仰，以江陵於明世，扶傾危，救亡滅，居功非常，故向有敍述之志，後偶購得《江陵集》，閱後感懷益深，嘆其湮沒。此書原係熊十力與友人傅治薌論談張江陵之信函，初無意求多，寫後則蔓衍至六萬餘言，乃以單行本出版。

於是書〈卷頭增語〉，熊十力綜其考辨於居正者有四：其一，江陵學術，宗本在儒，而深于佛，資于道與法，以成一家之學。其二，江陵吸收佛氏出世精神，轉成儒家經世精神，以見諸實用。其三，江陵當國，以庇佑貧苦小民爲政本，而以法令裁抑統治者，使不敢肆。其四，姑息之風，易循私而害公，江陵乃矯之以急公而去私。由此乃明熊十力於張江陵之政績多予肯定，然於其禁講學、毀書院則予斥責，謂「學術思想，政府可以提倡一種主流，而不可阻遏學術界自由研究，獨立創造之風氣。」〔註 24〕此書於張江陵之政治立場與學術觀點俱有闡明，而其評騭亦堪稱公允。

十七、《論六經》

△民國 40 年夏月，上海大眾書店印二百部。

△民國 77 年 3 月，台北明文書局重排出版。

書前〈贅語〉，言及成書經過與命名之故，曰：「春初晤友人，欲譚六經，彼適煩冗，吾弗獲言，退而修函，知其鮮暇，亦不欲以繁辭相瀆，及寫至《周官》，念向來疑此經者最多，故今抉擇之較詳。全文約七萬餘言，遂名之曰《與友人論六經》。」復謂此函「於聖人之微言本義，確有所發。」全書未分章節，分論《易》、《春秋》、《樂》、《禮記》、《周官》、《詩》、《尚書》，而於《周官》申之獨詳。於《周官》難讀之故、以均爲旨、民主之治、經濟政策及六官執掌等均詳予論申，其餘諸經則略涉其綱領及旨趣耳！

十八、《新唯識論》壬辰刪定本（刪簡本）

△民國 42 年秋月，自印本。

《新唯識論》語體本之作，熊十力自覺正值戰亂，無力精簡，翻譯痕跡太重。故自民國 40 年底起，耗時一年多，依原本刪其繁蕪，而成此本。大約二十萬言，書前〈贅語〉一文，揭示《新唯識論》綱要，復有〈新唯識論語體文本壬辰定記〉一篇，簡介文言本、語體本、刪簡本之成書背景及特點。

〔註 24〕語出《論張江陵》〈卷頭增語〉，頁 4。

全書仍分九章，思想內涵與語體文近似，然文句則多重新改述，故語氣連貫、文字洗練，已無語體本繁蕪之弊。〔註25〕

十九、《原儒》

　　△民國 44 年，自印上卷一百部。

　　△民國 45 年夏月，自印下卷一百部。

　　△民國 45 年秋月，自印本，合上下兩卷。

　　△民國 45 年 12 月，上海龍門書局重印五千部。

　　△民國 59 年，香港龍門書店重印。

　　△民國 60 年 1 月，台北明倫出版社重印。

　　△民國 64 年，台北大明王氏出版公司，四版。

　　△民國 77 年 12 月，台北明文書局，重排印行。

　　《原儒》分上下二卷，前有署名漆園老人之〈原儒再印記〉、〈原儒序〉，另明文書局版增有林安梧之代序〈熊十力先生的孤懷弘詣及其原儒的義理規模〉，先閱此數文，則《原儒》之發行始末、內容梗概、義理精髓已略窺知，另書後附有〈六經是孔子晚年定論〉、〈答友人〉諸文。此書上卷於 43 年春起草，至中秋脫稿，約十五萬言，印存百部。下卷則於 45 年夏初完稿，約十五萬言，亦印存如前。本欲俟《易經新疏》、《周官經檢論》寫定，匯而公諸於世，後因患重病，慮來日無多，乃先合上下二卷印行成冊，連同附錄之文，約三十二萬言。

　　《原儒》上卷，〈緒言〉列為第一，中言其《新論》作成後，更擬撰《量論》、《大易廣傳》二書，「《大易廣傳》原擬分內聖外王二篇，宗主《大易》，貫穿《春秋》以逮群經，旁通諸子百氏，斟酌飽滿，發揮易道，當為一巨著。遭逢日寇，負疾流亡，《量論》未能起草，遑論此書」、「既不獲脩易傳，因欲寫一極簡略之小冊，為儒學粗具提要，名曰《原儒》。」故《原儒》當為《大易廣傳》之縮減代本。〈原學統〉第二，則約分三段，〈原儒序〉中言此三段之分：「一、上推孔子所承乎泰古以來聖明之緒而集大成，開內聖外王一貫之鴻宗。二、論定晚周諸子百家以逮宋明諸師與佛氏之旨歸，而折中於至聖。三、審定六經真偽，悉舉西漢以來二千餘年間，家法之墨守、今古文之聚訟、漢宋之囂爭，一概摒除弗顧，獨從漢人所傳來之六經，窮治其竄亂，嚴覈其

〔註25〕未曾見及刪簡本，所述內容主參景海峰、王守常所撰之〈熊十力先生論著考略〉。

流變，求復孔子眞面目，而儒學之統始定。」〈原外王〉第三，則融會《大易》、《春秋》、《禮運》、《周官》以探，〈原儒序〉曰：「《春秋》崇仁義，以通三世之變。《周官經》以禮樂爲法制之原。《易》大傳以知物、備物、成物、化裁變通乎萬物，爲大道所由濟。夫物理不明，則無由開物成務。〈禮運〉演《春秋》大道之旨，與《易》大傳知周乎萬物諸義，須合參始得。」《原儒》下卷，惟〈原內聖〉一篇，列諸第四，約分三段：其一，談天人不二之本體論；其二，言心物不二之宇宙論；其三，總論孔子之人生思想與宇宙論，而特詳於《易》。

　　此書於〈原內聖〉闡論最詳，次爲〈原外王〉，而內聖實乃外王之本，然內聖亦必通向外王始可。至若〈原學統〉、〈原外王〉以涉考據之眞僞故，較受爭議，林安梧代序之文則深會熊十力用心，言此巨著：「並不是餖飣考據的去探儒之源，亦不是通過客觀的材料分析去勾勒儒家的原型；他是通過其恢弘的文化願力，穿透歷史社會之表象，而以其眞實的生命去契接吾族華夏的原儒典型的。」此書已屬晚年之作，如與早期作品參較，當可見其經學思想遷變之貌。

二十、《體用論》

　　△民國 47 年春月，上海龍門聯合書局印二百部。

　　△民國 65 年 4 月，台北學生書局重印。

　　書前有其弟子韓元愷爲之作序，另有〈贅語〉言全書提要。此書乃依舊撰《新唯識論》而改作，蓋文言本因成於病中，有簡略之弊；語體本之撰作則逢值國難，文字亦繁冗，熊十力乃改作爲《體用論》。〈贅語〉中曰：「此書既成，《新論》兩本俱毀棄，無保存之必要。」又曰：「此書之作，專以解決宇宙論中之體用問題。」此書約十七萬餘字，雖觀點多符於舊作，然已大力刪除繁蕪枝節，宗主《易經》，而以體用不二立宗。

　　書分五章，然第五章〈明心〉未及書成，即闕章付梓，故實僅四章。第一章〈明變〉言本體諸義，假本體爲能變，復探究如何成功此變，另言翕闢、生滅義。要之，主涉其體用不二之宇宙論思想。第二、三章爲〈佛法上〉、〈佛法下〉，則衡論大乘學，於空宗申之尤詳，另亦語及儒佛之異。第四章〈成物〉則說明本體顯現爲宇宙心物萬象諸問題，屢藉易義以闡。此書敘解扼要、發言精粹，確能賅括《新論》要義。

二十一、《明心篇》

　　△民國48年4月，上海龍門書局印二百部。

　　△民國65年3月，台北學生書局重印。

　　此書原欲擬爲《體用論》之末章，後因病輟筆，《體用論》遂闕〈明心章〉而付梓。民國47年，續執筆成章，乃以《明心篇》爲名單獨印行，故《明心篇》者，乃《體用論》之續作。書前有熊十力之自序，書後附錄收書信六封及〈體用論佛法上下兩章補記〉。至若本文則分爲二篇，上篇〈通義〉，下篇〈要略〉。〈通義〉主申三大義：一曰宇宙實體具複雜性，非單純性；二曰體用不二；三曰心物不可分割。復辨本習二心，主張轉化舊染之惡習，創生善習，以弘擴本心之善端。而於孔門敦仁日新之學，智與知識之別等，均詳予闡論。下篇〈要略〉則未及著成，故有目無文。

二十二、《乾坤衍》

　　△民國50年夏月，科學院印刷廠印百餘部。

　　△民國65年3月，台北學生書局重印。

　　乃其晚年著作，約二十二萬言，熊十力於其書前自序述其稱名之故：「余學《易》而識乾坤，用功在於衍也，故以名吾書。」〈乾〉、〈坤〉者，《易》之蘊也；學《易》通〈乾〉、〈坤〉，餘者亦通。衍者，推演開擴也。由茲引申而長之，觸類而通之，而後方眞爲通之者也。其目有二，第一分曰〈辨僞〉，主在考訂儒學源流，以爲六經均遭小儒改竄變亂，已非原本，故乃以《易》爲本，通諸經而辨其僞亂，以發揮其政治理想。第二分曰〈廣義〉，以爲孔子內聖學之綱要，特詳〈乾〉、〈坤〉二卦，而二卦精髓，見諸〈象傳〉，因乃反覆詳申〈乾〉、〈坤〉二象，弘廣《大易》之義，融以體用不二之說。綜言之，此書乃以其自悟之儒學批判傳統之儒學，復藉之以申闡其本體觀及宇宙觀。

二十三、《存齋隨筆》

　　△民國52年仲冬完稿，未發表。

　　爲未刊手稿，起筆於1963年元月，至年底完成，文約十三萬五千言。1983年湯一介與蕭萐父共倡編輯《熊十力論著集》，次春，由研究生景海峰與郭齊勇赴上海搜求熊十力遺著佚文，會同熊之哲嗣覓得此份經封用存謄抄之佚稿。書前有〈自序〉一篇，係起稿時所寫，釋其命名原委：「存齋者何？諸葛公曰：『使庶幾之志，揭然有所存，惻然有所感』云云。余平生以此自勖，名

吾坐臥之室曰『存齋』。隨筆者何？平居，觀物返己，有時興懷，則信手寫出。初無預立之題目。寫來不論長言與簡說，而都無體系，無組織，隨時隨機所寫，……彙集而名之曰『存齋隨筆』。」除以諸葛亮存志之說自勉外，亦得知其原欲以語錄體行之，不意而蔚爲專著。又此書已完成之內容被編列爲卷一，並加增〈略釋十二緣生〉此一篇名。藉由此作對佛教十二緣生說條分縷析，並系統批判佛家割裂性相，虛構生滅法與不生不滅法等，書後另有附錄，總論佛家戒定慧三學，此書對研究熊十力晚年之佛學思想頗有裨益。

二十四、《先世述要》

△民國 54 年 8 月作，乃未竟之稿。

△民國 69 年 8 月，發表未完稿於香港《明報月刊》176 期。

爲熊十力晚年之最後遺作，以未竟其稿，故文僅約二萬，寫於 54 年夏，時年八十。於文前小序中述其爲文之故：「數千年來號爲國史者，實以帝王家爲主體，其僕臣、或知識分子，交游於貴族、大官、承其歡悅，而薦於朝者，沒後亦得見稱於國史。惟鄉村老嫗，有高德奇行，與窮士有特識樸學者，皆不求聞達於塵俗，其身阨、其志高。其沒也，已與大化同流，何須以文字傳說乎？然爲子孫者，終不忍忘先德。」以其不忍忘，故乃述其先世——曾祖父光束公、曾祖母華太夫人、父其相公之行誼，而熊十力之家庭背景、童年生活，由是略知矣！文中特彰庶民於窮苦中之志節與品德，可爲執撰庶民史者之借鏡。文雖述其先世，然亦映顯其歷史觀、政治觀。

二十五、《熊十力與劉靜窗論學書簡》，劉述先編。

△民國 73 年 6 月，台北時報文化出版公司印行。

此書由劉述先之弟將其尊翁與熊十力於民國 40～51 年間之論學函札依編年次序重抄，並將稿本及原作輾轉交付劉述先，經劉之彙整補充，乃予出版。

由此書得窺熊十力乃融釋入儒，其言佛氏未臻之義；劉靜窗則融儒入佛，且言儒家思想未達究竟。熊十力自信頗堅、眞摯灑落，攻擊孟子以孝治天下，斥秦漢二千年來之學爲奴儒；劉則敬老尊賢、勤於內修，且辨孝弟乃儒家根本。書中既見其思想之論爭，亦見其個性之迥異、情誼之交篤。藉此書得略窺熊十力寫作《原儒》、《體用論》、《明心篇》諸書之背景，亦可見典型相異之學者所激發之智慧，所顯露之特點。

第二章　熊十力學說之思想淵源

　　熊十力治學，神解獨特，而有壁立萬仞之姿；氣魄雄偉，而見沛然莫禦之勢；規模宏闊，故有百川匯歸之貌。然上考洙泗之聖，猶宗本堯舜學脈；韓愈之慧，猶推原尼山之旨，故知水必有源、人必有本、學必有宗，此勢也。則熊十力豈外之乎？熊十力之學，要言之，則宗本儒學、融會佛學、取舍道學而參證西學。析言之，則匯歸孔學、宗慕船山、融渾陽明、兼攝諸子、旁通三玄、參資近賢，取益師友而參佐西學，復秉其神慧特識而予融會通貫、斟酌損益，故得自樹一幟，蔚為一家之言。茲分五節，以溯考其學之源：

第一節　一聖二王之歸嚮暨闡揚

一、孔　子（西元前 551～479 年）

　　孔子乃中國文化之精神象徵。名丘，字仲尼，春秋魯國人。熊十力平生論學，出入諸家，而尤宗嚮孔子。圖振聖學，乃其畢生職志，故《明心篇》曰：「余平生之學，宗主孔子。」熊十力諸作，均以聖人精神之重建暨顯揚為務。其經學系列作品，如《讀經示要》、《論六經》、《原儒》、《乾坤衍》等，所開顯之內聖外王之道，即攝孔子精神為其源泉，而其他論涉體用思想之作，亦均本聖人之志而發。今姑毋論其所圖復者果否為孔子真貌，然熊十力一生孤懷弘詣所持者，實與聖人精神遙相契合。孔子乃熊十力重振華學之理想依託，亦為其學說論著之主源要脈。

　　前賢論述孔子與《周易》關係者，莫不各持論證、各抒所見，說者多端，

不一而足。而熊十力則言卦爻辭及十翼乃孔子所作，並藉孔子易學闡其體用不二與乾元本體之思想，盡傾其力以塑孔子易學之新貌，而其理想之中國文化觀亦寓諸其間，今舉數例明之：

> 儒學以孔子為宗師，孔子哲學之根本大典，首推《易傳》（《讀經示要》卷二，頁 328）。

> 蓋孔子既作卦辭、爻辭，而又為〈彖〉、〈象〉、〈文言〉，以暢其旨（《讀經示要》卷三，頁 522）。

> 《周易》是孔子作。其本體論，則廢除上帝，於心物問題，則主張神與氣不二，而亦有分（《原儒》〈原內聖〉，頁 359）。

> 乾元性海，是孔子所親證而後言之也（《原儒》〈原內聖〉，頁 450）。

> 孔子五十知天命，始作《易》，發明體用不二（《乾坤衍》〈辨偽〉，頁 169）。

孔子立教為學之本，端在一「仁」字。孔子之言，金聲玉振；孔子之道，萬古常新，然莫非「仁」之發也。仁心涵備萬德，乃吾生而固存，非外鑠者也；亦為吾所以立，而不可須臾離者也。熊十力論學，亦以闡孔子仁學為務：於政治，主本仁以立治體，化民以仁，以仁育民，使臻大同之境；於知識問題，則主仁智兼修，以達智周萬物、道濟天下之功；復倡孔門敦仁之學，欲人自識本心，誠敬存之，勿落虛妄，而得返本歸仁。簡錄其說曰：

> 孔子之學，歸本求仁（《讀經示要》卷二，頁 449）。

> 聖人言治，必根於仁。易言之，即仁是治之體也（《讀經示要》卷一，頁 41）。

> 孔子曰：「君子無終食之間違仁。」〔仁者，本心之名。……〕（《明心篇》，頁 77）。

《大易》發揚內聖外王之精神，此乃熊十力反覆申言者。《原儒》一書，分列〈原學統〉、〈原外王〉、〈原內聖〉諸篇，其統蓋統宗於孔子，而外王學以滅統治、達均聯、臻大同為至境；內聖學分探宇宙、人生、心性等要涵，熊十力標舉圖復聖學之旗幟，而實融諸一己新義，以塑造理想聖學之面貌，茲摘其紹述孔子內聖外王之學數則：

> 孔子既發明易道，於是以其舊所習實用之學，與易理相融會，而大倡內聖外王之道（《原儒》〈原學統〉，頁 34）。

> 孔子之外王學，主張廢除統治階級與私有制，而實行天下爲公之大
> 道（《原儒》〈原外王〉，頁 193）。

> 孔子之内聖學，源出詩書禮樂，至五十學《易》而後，始集大成（《原
> 儒》〈原内聖〉，頁 292）。

熊十力於《乾坤衍》，屢言孔子五十學《易》，思想轉化劇變，故有實用與哲
理、人生與宇宙、小康及大道等前後二期思想之殊異。五十之前，祖述堯舜、
憲章文武、維護統治、恪遵傳統禮教；五十之後，述作六經、本諸易義，遵
民主、行革命，以貶天子、退諸侯、滅統治、廢私有。茲引二則以窺：

> 上考孔子之學，其大變，蓋有早晚二期，而六經作於晚年，是其定
> 論。早年思想，脩明古聖王遺教，而光大之，所謂小康禮教是也。
> 晚年思想，則自五十歲，讀伏羲氏之易，神解焕發。其思想界，起
> 根本變化，於是首作《周易》、《春秋》二經，立内聖外王之弘規（《乾
> 坤衍》〈辨僞〉，頁 1、2）。

> 孔子之學，不妨總分爲兩方面。兩方面者，十五至四十，孔子用力
> 處，大概屬人生論方面。從五十學《易》，而知天道，則由人生論，
> 而進入宇宙論（《原儒》〈原内聖〉，頁 402）。

要之，熊十力於孔子之學，有力遵者、有闡揚者、亦有改造者，以孔子五十
之年而分其思想爲前後二期，固不免有斷臆之嫌，然其宗仰孔子之情，則始
終未曾移易。

二、王陽明（西元 1472～1529 年）

　　王守仁，字伯安，諡文成，因曾築室浙江四明山之陽明洞，自號陽明子，
學者稱之陽明先生。浙江餘姚人，年十八，從婁諒問學，授以朱子格物之學。
陽明嘗以草木皆涵至理，故取竹格之，思其理而未得。年二十七，參研道教
養生之說及佛理。三十七，謫赴貴州龍場，日夜端居默坐，澄心靜慮，忽悟
格物致知旨，始知聖人之道，吾性自足，毋須外求。年三十八，於貴陽書院
提知行合一說。年四十三，揭存天理，去人欲語。年五十，於江西南昌始揭
致良知語。年五十七病卒。生平所作，門人輯爲《王文成公全書》。〔註1〕

〔註1〕生平事蹟、儀範學說參稽《明史》卷一九五〈王守仁〉；《明儒學案》卷十〈姚
　　　江學案〉；《王文成公全書》卷三十二至三十六〈年譜〉。

　　黃宗羲嘗語陽明之爲學遷變歷程有三：龍場悟道後，默坐澄心，此其一；江右後，專提致良知三字，二也；居越後，所操益熟，所得益化，三也。〔註2〕陽明之學，以致良知教爲本，而「良知」一詞，淵本《孟子》。〔註3〕蓋人必本諸道德本心，亦即良知良能者，以克制情欲，培養善端，方能日進乎聖賢境域。又象山論學，簡易直截，必求諸心，亦陽明學述之大本。「良知」即是昭明靈覺之天理，〔註4〕亦乃吾人道德實踐之本。「良知」者，即熊十力屢述之「本心」、「性智」、「至善」、「明德」也，今觀熊十力引陽明「良知」而闡義曰：

> 陽明以良知，釋致知之知。其所謂良知者，吾人與天地萬物共有之本體也，在人亦名爲心（《讀經示要》卷一，頁 176）。

> 王陽明《大學問》云：「至善者，明德親民之極則也。天命之性粹然至善，其靈昭不昧者，此其至善之發現，是乃明德之本體，而即所謂良知者也。……」陽明逕指出至善是良知，似較朱子更認識親切（《讀經示要》卷一，頁 153、154）。

> 夫明德與至善，異名同實也。同實者何？皆目本心也。亦即陽明所云良知也（《讀經示要》卷一，頁 157）。

> 陽明子所謂良知，吾《新論》所云性智也（《讀經示要》卷三，頁 607）。

> 陽明言致良知，《易》曰乾知大始，又曰乾以易知，是良知即乾元也（《讀經示要》卷二，頁 450）。

> 陽明以致知之知爲本心。亦即是本體，不獨深得《大學》之旨，而實《六經》宗要所在（《讀經示要》卷一，頁 189）。

前述孔子持己治學，端在「仁」字用心，以開啓人之眞實德性生命，復由踐仁以知天。孟子承之，下至宋儒，無不以闡「仁」爲務，洎乎陽明，則以「良知」賅攝「仁」義，故良知者，實即此天地萬物一體之仁也。熊十力於上遙會聖心，以仁爲歸；於下宗契陽明，闡明良知奧義，並會通曰：

> 逮王陽明作《大學問》，直令人反諸其内在的淵然而寂，惻然而感之仁，而天地萬物一體之實，灼然可見（《新唯識論》〈明心〉上，頁

〔註2〕語出《明儒學案》卷十〈姚江學案〉。

〔註3〕《孟子》〈盡心上〉：「人之所不學而能者，其良能也；所不慮而知者，其良知也。」

〔註4〕《傳習錄》中，〈答歐陽崇一〉：「良知是天理之昭明靈覺處，故良知即是天理。」

568）。

後儒如王陽明，以致良知為學，亦與孔子言仁相類。夫良知即本心，
凡為陽明之學者皆知之，仁即本心（出處同前）。

陽明紹述孔子，推演大學致知義，而倡良知。其所謂良知，正是仁
之流行，非智無以求仁，故陽明致良知，仍是孔子求仁之恉，非有
異於孔子也（《明心篇》，頁 142）。

晚周六國以後，二、三千年間賢儒，求仁而不背於孔子者，惟王陽
明一人耳（《明心篇》，頁 166、167）。

「從軀殼起念」載見《傳習錄》上，〔註5〕吾人囿限於軀殼形骸，遂有喜怒哀
樂愛惡等。隨順軀殼，則染業即起，熊十力因言吾當反己察識，力保本心一
點明幾，不為形軀所役。姑舉其說一例曰：

役於形者，陽明所云「順軀殼起念」也，陽明此語甚深微，人生萬
惡，只是順軀殼起念一語道破。然吾人既有良知在，何至順軀殼起
念？（《讀經示要》卷一，頁 170）。

人人有此「良知」，或為私欲所蔽，則雖有而不露，故當推擴吾人之知，以「致
良知」為工夫入路。「致」者，推擴義。推擴良知，使之充分實現，此即近似
孟子「求放心」；中庸「誠之」、「慎獨」；明道「識仁」；象山「復其本心」；
劉蕺山「誠意」。而致知之要在乎「去人欲，存天理。」《傳習錄》中亦多發
此義。而熊十力亦屢申「致」之之要，復論去人欲、存天理為致知實功，茲
引其說二則曰：

致良知之致字，具有無窮力量。致者，推擴義。吾人雖固有良知，
若不用力將推擴出來，俾其發展盛大，則私欲、私意等雜染，便潛
滋暗長，而良知障蔽，不得顯矣！故不可無致之之功（《原儒》〈原
內聖〉，頁 388、389）。

去人欲、存天理，才是致知實功（《讀經示要》卷一，頁 183）。

良知呈現，則天地萬物皆於此良知明覺之遍潤下而不得外之；天地萬物均於
吾仁之關懷中感通不隔，萬物與我乃融通為一，此即明道所言「仁者渾然與
萬物同體」，象山之「宇宙不在吾心之外」，亦即陽明「心外無物」意也。故

〔註5〕 《傳習錄》上載云：「侃去花間草，因曰：『天地間何善難培，惡難去？』先
　　　　生曰：『未培未去耳。』少間曰：『此等看善惡，皆從軀殼起念，便會錯。』……」

曰「人的良知，就是草木瓦石的良知。」﹝註6﹞熊十力由本心概念推言「心外無物」之理，且覆言心物之冥合，而屢述「心物不二」者，實亦淵本陽明之觸發，姑引其說二則：

> 陽明說無心外之物是也。……「自本心而言，一切物皆同體，言無心外之物是也。若自發用處說，則心本對物而得名，心顯而物與俱顯，不可曰唯獨有心而無物也。」（《讀經示要》卷一，頁 190）。

> 夫陽明固彰然，謂心無自相，以天地萬物感入之相，爲其自相，則心不可絕物而溺於寂靜，更不可離物而馳空想或幻想。……心體物而心存，心絕物而心亦絕，此義昭然著明矣（《原儒》〈原內聖〉，頁 387）。﹝註7﹞

「體用不二」說乃熊十力於其作中，始終一貫、反覆申言者，所謂「即體而言，用在體；即用而言，體在用」、「即工夫即本體」、「盡人合天」皆其體用論之弘闡，凡此，陽明實已述之於先：

> 陽明曰：「心不可以動靜爲體用。動靜，時也。即體而言，用在體；即用而言，體在用。是故體用不二，若說靜時可以見其體，動時可以見其用，卻不妨。」……結以卻不妨三字，最有深意（《讀經示要》卷一，頁 176、177）。﹝註8﹞

> 王陽明有言，即體而言，用在體；即用而言，體在用。此乃證眞之談。所以體用可分，而實不可分（《體用論》〈佛法上〉，頁 105、106）。

> 善夫陽明學派之言曰：「即工夫即本體」，一言而抉天人之蘊（《新唯識論》〈明心上〉，頁 566）。

陽明學說乃熊十力思想之主源，除上列舉良知、致良知、心物、體用諸說，他如「立志說」、「率性」等論亦多承本陽明。﹝註9﹞陽明之學，即知即行、即

﹝註6﹞《傳習錄》下：「人的良知，就是草木瓦石的良知。若草木瓦石無人的良知，不可以爲草木瓦石矣！……蓋天地萬物與人原是一體，其發竅之最精處，是人心一點靈明。」熊十力於《讀經示要》卷一，頁 174 亦申引此段。

﹝註7﹞熊十力主引陽明遊南鎮，其友指巖中花樹而問一段，以明陽明「心外無物」之說，可參《新唯識論》〈唯識上〉，頁 274。

﹝註8﹞陽明原文載諸《傳習錄》上，與熊所引略異：「……是謂體用一源，若說靜可以見其體，動可以見其用，卻不妨。」

﹝註9﹞《讀經示要》卷二：「昔者陽明有〈示弟立志說〉云：『夫學莫先於立志，……』……」此即熊十力承陽明論言爲學之本，在乎立志。另《讀經示要》卷二：「由陽明之說，本心即是性。非心之外別有性也。故自識本心，存

心即物、即動即靜、即體即用、即工夫即本體，故圓通無礙。下及熊十力，亦倡本體現象不二、道器不二、天人不二、心物不二，理欲不二、知行不二、德慧知識不二、成己成物不二。〔註 10〕故熊十力其說多本陽明意旨，並予發展轉化。心性之學，先究陽明，此實熊十力獨到之會心也。

三、王船山（西元 1619～1692 年）

　　王夫之，字而農，別號薑齋，籍隸湖南衡陽。晚年因居湘西石船山，自稱船山老人、船山老農，學者稱之船山先生。先生少具奇才，四歲入家塾從長兄石崖公受讀，七歲畢十三經，十六歲致力四聲音韻之學，遍覽古今詩作。年二十五，得舉人。明天啓後，內亂頻仍，滿族覬覦，先生乃研民族、政治、兵形之學，尤通輿地險要及民情風俗。及至崇禎十七年，清兵入關，先生哀憤不已，嘗舉兵衡山，惜兵敗軍潰，後知大勢已去，遂萌隱志。年三十五至七十四乃其沈潛韜養時期。年七十四卒，自題其墓云：「明朝遺臣王夫之之墓」，復自銘曰：「抱劉越石之孤忠，而命無效；希張橫渠之正學，而力不能企。達全歸於茲邱；因銜恤以永世。」〔註 11〕

　　先生生當鼎革之際，雖自以先世爲明臣，存亡與共，故曾奔走馳驅，矢志圖復，迨及備歷險而事勢終無可爲，乃退而著書立論。然其忠憤之懷、愛國之志猶存，故其立言多以弘揚國魂、砥礪士節爲要。復以遍覽群籍，識見精博，故深於子、通於史、嫻於文，精於辭；且復精《易》、達《書》、明《詩》、審《禮》、嚴《春秋》，於六經大義深得尼山之旨。其易學著作有《周易稗疏》、《周易考異》、《周易外傳》、《周易大象解》、《周易內傳》、《周易內傳發例》等，其中《周易外傳》作於年三十七，藉以「推廣於象數之變通，極酬酢之大用。」〔註 12〕而凡船山實有、主動、尊生等思想，均以此書見其大略，而影響熊十力尤甚。《周易內傳》作於年六十七，乃學思臻於成熟之作，此書依經以立義，熊十力闡釋〈乾〉、〈坤〉二義，多採《內傳》之說，見本文第

　　養勿失。凡生心動念處，皆是順吾本心之明，一直擴充去。即一切情欲之，皆受裁於心，而莫不當理。易言之，即情欲莫非性之發。」此率性以一情欲之思想，乃本諸陽明，以修正船山偏頗處。
〔註 10〕見《原儒》序，頁 2、3。
〔註 11〕船山生平參《清史稿》〈儒林列傳〉中〈王夫之〉本傳；王孝魚《船山學譜》；王夫之《船山遺書全集》。
〔註 12〕句出《周易內傳發例》。

四章。至其易學重要見解，多見諸《內傳發例》，如卷末云：「大略以乾坤並建爲宗；錯綜合一爲象；彖爻一致、四聖一揆爲釋；占學一理、得失吉凶一道爲義；占義不占利，勸戒君子不瀆告小人爲用；畏文周孔子之正訓，闢京房陳摶日者黃冠之圖說爲防……。」船山易學旨要，略可窺矣！而「乾坤並建」，亦多爲熊十力所評。此外，於《尚書》有《書經稗疏》、《尚書引義》；於《詩》有《詩經稗疏》、《詩廣傳》等；於《禮記》有《禮記章句》；於《春秋》有《春秋稗疏》、《春秋家說》、《春秋世論》；於四書有《讀四書大全說》、《四書訓義》等；於佛老莊有《老子衍》、《莊子解》、《相宗絡索》等；於史有《讀通鑑論》、《宋論》等。另有《思問錄》內外篇，棄虛妙之論，主實有之說；又注《正蒙》，此讚張子學之高明；另有文學註釋選評諸作，姑不贅舉。

　　船山處當明末清初實學興盛之際，故其行事特重篤行踐履，疾惡空虛浮妄，究心國史與民生日用，而於地理險要、兵車食貨、典章制度等，皆辨考精詳，頗益經邦濟世。他如顧炎武反對空談性理，而重經世致用，又如顏習齋抨擊宋儒浮妄不實，強調習行習動，三者論學同倡突破道學樊籬、解放思想、發揚理性，以救國救民。及至熊十力，亦慨時人忽思維、輕實測，故哲學、科學並重；內聖、外王並兼，此實乃受啓於諸賢者。又其早年參與革命，即多據船山、宗羲之說，以闡發民族民權思想，今觀其言曰：

> 實德衰，而實學不修，由後漢作俑，以迄於今，而害尤烈。晚明王船山、顧亭林力矯污風，至以講學聚徒爲戒。而船山竄身猺洞以沒世，尤爲卓絕。余少無奇節，然服膺船山，常求所以守拙而淪於孤海，深懼夫力之不勝也（《讀經示要》卷二，頁263、264）。

> 王學末流，不免流於鑿空，故船山、亭林、習齋諸儒之學，皆注重實用。其爲學態度，皆尚經驗。言治化得失，必徵諸當代實情。而復考歷史，以推古今之變。〔如船山《讀通鑑論》、《宋論》等，其政治及社會思想，乃漢唐以來諸儒所不能發。亭林《天下郡國利病書》皆周流各地參訪，而山川險要，每詢諸老卒。〕窮義理之奧妙，必本諸躬行實踐，而力戒逞臆談玄。諸儒注重實用與實測，乃王學之反響（《讀經示要》卷二，頁474）。

> 經世大用，其學宜宗船山、亭林、梨洲諸儒，……民治民族等思想，

王顧諸儒，發明甚透（《讀經示要》卷二，頁 510）。〔註13〕
船山論《易》，於體特彰「實有」，此則深受張橫渠以宇宙為實有之氣之說所影響。〔註14〕言太虛為宇宙本體，太虛為氣，乃實有而非虛空，故《思問錄》內篇云：「太虛一實者也」。太虛含陰陽二氣，二氣體同用異，陰靜陽動，遂有聚散、屈伸、往來等作用。又云常人多以耳目之未覺未察而謂之無，此即如瞽者不見物而曰無物，其愚不可瘳矣！〔註15〕大抵船山生當國亡代變之際，深慨學者空論虛無、不知實用，而其言尤為針砭釋老與姚江之徒而發。〔註16〕

船山復以太虛乃本動者也，不息不滯，此乃絕對之動，而相對之動靜即涵於此絕對之動中，故於《思問錄》內篇云：「太極動而生陽，動之動也；靜而生陰，動之靜也。廢然無動無靜，陰陽惡從生哉？一動一靜，闔闢之謂也，由闔而闢，由闢而闔，皆動也。廢然之靜，則是息矣：至誠無息，況天地乎？維天之命，於穆不已，何靜之有？」動亦動、靜亦動，須善動善靜，使動靜相涵，動乃不息，《周易外傳》卷六乃曰：「動者，道之樞、德之牖也。」此重動之宇宙觀下落則為自強不息、日新不已之人生觀。

船山實有健動之宇宙觀，呈顯宇宙生機之不息；表露天地變化無窮機趣；亦展現生命蓬勃之氣，由此申拓，則為其生生不息之宇宙觀及生命觀。《周易外傳》卷四：「天地之大德曰生。天地生於道，物必有其所生，是道無有不生之德。」一陰一陽之道涵具生生之德，天之好生之德降及人則為「仁」，《周易外傳》卷六乃曰：「是故必盡性而利天下之生」，本天道以立人道；行人道以契天道，此即仁心之充擴與實踐也。船山晚歲歸隱「石船山」，築工地，題之曰：「觀生居」，乃取《易》〈觀卦〉：「觀我生，進退未失道也」、「觀我生，觀民也」之義，由此窺其素重個人生命之修持及關切群體生活之本懷。

〔註13〕除所列三條，他處亦多論及，如《十力語要》卷二，頁 182、242；《明心篇》頁 160……。

〔註14〕如張載《正蒙》卷一〈太和篇〉：「氣之聚散於太虛，猶冰凝釋於水，知太虛即氣，則無無。」船山注云：「人之所見為太虛者，氣也，非虛也。虛涵氣，氣充虛，無有所謂無者。」

〔註15〕王船山於《張子正蒙注》卷一曰：「聚而明得施，人遂謂之有；散而明不可施，人遂謂之無。不知聚者暫聚，客也；散者，返於虛也，非無固有之實，人以見不見而言之，是以滯爾。」

〔註16〕《張子正蒙注》卷七：「老莊之徒，於所不能見聞而決言之曰無，陋甚矣！」卷二：「釋氏以真空為如來藏，謂太虛之中本無一物，……妄欲銷隳世界以為大涅槃。」《思問錄》：「尋求而不得，則將應之曰無，姚江之徒以之，天下之尋求而不得者眾矣！」

　　船山復主張率性以一情欲：人心感物而動則有喜怒哀樂之情，由情乃滋避怒避哀、趨喜趨樂之欲。情欲者，乃人禽之所同，而性為人之所獨持，故當奉性盡心，而人禽之辨乃嚴。船山反對絕欲窒情以存性，當不寵不縱不抑，由盡心知性入，乃得事事合宜合理，並使情欲觸幾轉化以保舒暢。

　　熊十力於《易》特尊船山之說，而其尊生、健動、明有、率性四大易旨，尤為熊十力所崇，既於其書暢論船山四大綱領，復以己平生之學，在此四旨。茲錄熊十力之說二則如下，至於四大要旨之闡發，另見本文第七章。〔註17〕

> 其（指船山）學，尊生，以箴寂滅。〔《易》為《五經》之源。漢人已言之。而易學，不妨名之為生命哲學。……〕明有，以反空無。〔……船山以為，宇宙皆實也，皆有也，不可說空說無。其於佛老空無二詞之本義，雖不免誤會，然以救末流耽空之弊，則為功不淺。……〕主動，以起頹廢。〔此則救宋明儒末流之弊，與習齋同一用意，但習齋理解遠不逮船山。〕率性，以一情欲。〔船山不主張絕欲或過欲，而主張以性帥情，使情從性，則無邪妄，而情欲與性為一矣！……〕論益恢宏。浸與西洋思想接近矣！此所舉四義，實已概括船山哲學思想。學者欲研船山學，不可不知此綱要（《讀經示要》卷二，頁481、482）。

> 吾平生之學，窮探大乘，而通之於《易》。尊生而不可溺寂，彰有而不可耽空，健動而不可頹廢，率性而無事絕欲。此《新唯識論》所以有作，而實根柢《大易》以出也。〔上來所述：尊生、彰有、健動、率性，此四義，於中西哲學思想無不包通，非獨矯佛氏之偏失而已。王船山《易外傳》，頗得此旨。然其言散見，學者或不知綜其綱要。〕……（《讀經示要》卷三，頁605）。

太極乃宇宙最高實體，於其自身之動靜變化中顯發陰陽二氣之妙用，陰陽發用之性情效能雖相對而有異，然二者乃同有不離且不分先後，故船山乃提出其「乾坤並建」說，《內傳》卷一：「《周易》並建乾坤為諸卦之統宗」、「乾坤並建以為首，易之體也。六十二卦錯綜乎三十四象而交列焉，易之用也。」無有獨陰獨陽之存，二者並建，無前後主輔之分，乾健施而不息，坤順行而

〔註17〕熊十力固尊船山「率性以一情欲」之說，然於船山心性論旨，則不無微詞，如言船山性與天道，強分層級，參《讀經示要》卷一，頁20、21。又如評其不悟心即是性，參《讀經示要》卷二，頁484；卷三，頁608。

無間，乾坤知能同功以成生生富有之大業，故易道之廣大，乾坤統之。復由「乾坤並建」引申而曰「陰陽十二位數，隱現各半」。〔註18〕熊十力固崇船山其人其學，然於「乾坤並建」，則時有「落於二元」之評。其發評於「乾坤並建」處頗多，僅舉二例以明：

> 王船山《易內外傳》，不悟乾元、坤元，是以乾坤之本體而言，……
> 乃有乾坤並建之説，頗有二元論之嫌（《原儒》〈原內聖〉，頁452）。

> 晚明王船山，作《周易內外傳》，倡乾坤並建之説，頗近于二元論（《乾
> 坤衍》〈廣義〉，頁260、261）。

綜上所述，知熊十力仰慕船山，於船山守身廉正、忠貞愛國、踐實之風、嚴斥老釋等均多發讚語，而於船山易學，尤宗本之，如於論學時多闡發船山尊生等四大易旨，而釋易義亦多本諸船山。要之，熊十力固有直接承受船山者，亦有反思檢討而予以修正者，然究為褒多貶少。熊十力獨會心於船山，船山學脈，及至熊十力，益見顯揚。

第二節　諸子各家之擷取與融會

一、孟　子（西元前372～289年）

孟子名軻，戰國時鄒人。以其生當亂世，九流雜出，百家紛陳，天下非楊即墨，而詖辭詭辯之徒，充盈於世，故《孟子》七篇，嚴辨人禽、義利、王霸。而其保民、教民、養民之政治理想暨延續聖脈絕學之文化使命，實均源於其真實深刻之人性體會。其於心性之學，析理精微，上繼洙泗正傳；下開宋明心學。而陸王之學，尤宗本孟子。孟子以人皆有不忍人之心，此心即仁心、本心，乃天理之自然，亦人心之本然也。而惻隱、羞惡、辭讓、是非四心，乃本心活動之四種基本形態，人有此四端之心，乃有仁義禮智之性，故孟子乃即心見性以言。人性本善者，即據此人人均有之本心而發論也。熊十力深明此不忍之心與四端意涵，故曰：

> 陽明直就本心惻隱之端，顯示仁體，最極親切，……然陽明亦自孟
> 子所謂不忍之心，體會得來（《讀經示要》卷三，頁800）。

〔註18〕如《周易外傳》卷六：「夫由乾而知道之必有六陽也；由坤而知道之必有六陰
也，乾坤必有而知數位之十二皆備，居者德而見者撰也。」

> 仁者本心也，即吾人與天地萬物所同具之本體也。至孟子提出四端，
> 只就本心發用處而分説之耳！實則四端統是一個仁體（《新唯識論》
> 〈明心上〉，頁 567）。

君子求諸己，求諸己必俟自反工夫，顏回之克己，曾子之省身，皆自反也。孟子亦言反求諸己，則身正而天下歸之。〔註 19〕自反之道，存乎立誠；不思誠，則無以立身。反身而誠，必得克盡吾所固有之仁體，故為父必慈、為子必孝、夫婦必別、兄弟必愛、朋友必信、君臣必義、而俯仰無愧吾心。故人道當以思誠自反為本，時加省察，強恕而行，則仁體呈露，而上達天德。故孟子之學本諸性善，發心性之微，探天人之奧，而歸於萬物皆備於我。熊十力於孟子「萬物皆備於我」闡義甚精：

> 孔子言反求與默識，孟子言萬物皆備於我，則於反身而誠得之（《十
> 力語要》卷一，頁 78）。

> 孟子也説道：「萬物皆備於我矣！」孟子蓋以為萬物都不是離我底心
> 而獨在的。因此，所謂我者，並不是微小的、孤立的、和萬物對待
> 著，而確是賅備萬物，成為一體的（《新唯識論》〈唯識上〉，頁 274）。

> 「反身而誠，樂莫大焉」者，皆備之實體，我所固有，不從外得。……
> 不勞我之逐物推測，直須反身而自盡其誠。則盡己性，而物性即盡，
> 灼然無疑矣！夫皆備者，仁體也。反身而誠，則本吾所固有皆備之
> 仁體而克盡之謂也（《新唯識論》〈明心上〉，頁 580）。

孟子之心學，乃由內而外，由本至末層層拓展。由盡心而知性、知天，心性天三者，實一理也。不斷充盡其心，使心之德用顯發，無所虧欠，此盡心之謂也，進而存心養性知天，可謂善盡其道矣！熊十力於此亦發論言：

> 孟子言盡心，則知性知天，其於《大易》盡性至命之究竟義，蓋實
> 有闡發（《讀經示要》卷二，頁 347）。

至其《乾坤衍》等，詆孟子為小儒之學，則猶待斟酌也。〔註 20〕

二、程明道（西元 1032～1085 年）

程顥，字伯淳。父珦，曾任太中大夫。明道生而秀爽，資性過人，而充

〔註 19〕《孟子》〈離婁上〉：「行有不得者，皆反求諸己。其身正，而天下歸之。」
〔註 20〕參《乾坤衍》，頁 59、89、92、97、147、356 等。

養有道，和粹之氣，盎于面背。從學弟子，未嘗見其忿厲之容，遇事優爲而不倉促。年十五、六，與弟頤往聞周濂溪論學，乃厭科舉，慨然有求道之志。其學汎濫于諸家，出入于老釋數十載，終乃返求諸經。最病時人厭卑騖高、捨近求遠，故其授受之方，自致知至知止；由誠意至平天下；始灑掃應對至窮理盡性，循循有序。卒後文潞公採擇眾議，題其墓曰「明道先生」，弟頤序曰：「蓋自孟子之後，一人而已。」嘉定十三年，賜諡曰純公。淳祐元年，封河南伯，從祀孔子廟庭。明嘉靖中，祀稱「先儒程子」。〔註21〕

明道詩文語錄載匯於《二程集》中，而多有論及《易》者，另闡發仁體之語亦精微奧妙，《二程遺書》卷二曰：「仁者，以天地萬物爲一體，莫非己也。認得爲己，何所不至」、「仁至難言，故止曰『己欲立而立人，己欲達而達人，能近取譬，可謂仁之方也已。』欲令如是觀仁，可以得仁之體。」故天地一體、物我無間，此仁境也。而此仁心流行無間，自能由己推彼、博施濟眾。至其〈識仁〉、〈定性〉二文，堪稱遺世絕響，黃宗羲於《宋元學案》即曰：「明道之學，以識仁爲主。」而熊十力亦於《十力語要》卷三贊曰：「理學開宗，最重要文字無過〈識仁〉、〈定性〉、〈西銘〉三篇。」要之，仁者之心，體物不遺，而義以全仁、禮以育仁、智以輔仁、信以踐仁，四者實皆仁也。毋須防檢窮索，惟心存誠敬，則仁心自然朗現，無遠弗屆、無微不達，此乃〈識仁〉要旨。〔註22〕而〈定性〉一文亦闡發仁體之用，可合併論觀。茲錄熊十力言明道語數則：

> 明道〈識仁篇〉，證之《大易》、《論語》及群經，孔子之學，歸本求仁，蓋無疑義（《讀經示要》卷二，頁449）。

> 宋明儒無一不言仁。而明道〈識仁篇〉，陽明《大學問》，尤爲群儒所宗（《讀經示要》卷三，頁631）。

> 程伯子〈識仁篇〉云：「仁者渾然與物同體。義禮智信，皆仁也。」此則直演孔子《大易》「元者善之長也」意思。《易》以乾元爲萬物之本體，……元在人而名爲仁，即是本心。」（《新唯識論》〈明心上〉，

〔註21〕明道生平，參稽《宋史》卷四百二十七〈道學列傳〉中之本傳；《宋元學案》卷十三、十四〈明道學案〉；程頤《伊川先生文集》〈明道先生行狀〉；孫奇逢《理學宗傳》卷二。

〔註22〕〈識仁篇〉曰：「學者須先識仁。仁者，渾然與物同體。義、禮、智、信皆仁也。識得此理，以誠敬存之而已。不須防檢，不須窮索……。」

頁 567、568）。

明道論仁，下啓象山本心及陽明致良知之教，而熊十力受其觸悟尤多，由上引明矣！

三、程伊川（西元 1032～1107 年）

程頤，字正叔，明道先生之弟，學者稱之「伊川先生」。幼有高識，年十四、五，與兄明道受學於周敦頤。嘗游太學，胡瑗問諸生以所好何學，頤答學以聖人之道，瑗異其文。哲宗初，詔爲西京國子監教授，力辭，後又任崇正殿說書諸職。大觀元年，卒於舍。嘉定十三年，賜諡曰正公，淳祐元年封伊川伯，從祀孔子廟庭。伊川其人持身謹嚴，爲學本乎至誠，重居敬而尚窮理，故《宋史》卷四百二十七〈道學列傳〉之伊川本傳載：「頤於書無所不讀。其學本於誠。以《大學》、《語》、《孟》、《中庸》爲標旨，而達於六經。動止語默，一以聖人爲師。」其人嚴峻，別於明道之寬厚，二子爲洛學代表，世稱「二程」。伊川著作有《易傳》、《文集》、《經說》、《遺書》、《外書》、《粹言》等，與兄作匯爲《二程集》。〔註23〕

伊川高弟尹和靖曰：「先生踐履盡一部《易》，其作傳，只是因而寫成。」〔註24〕先生說易履易，平生行誼處變得中、進退適時、嚴毅剛正，實即其易學精義之踐履。熊十力於《十力語要》卷一亦曰：「昔儒有言，伊川一部《易傳》，是他平生踐履，此語萬不可忽。」言行渾一，實亦熊十力素所致力者。

船山嘗評伊川《易傳》「純乎理事，固《易》大用之所以行，然有通志成務之理，而無不疾而速，不行而至之神。」〔註25〕考伊川之《易傳》，多措意於闡揚人倫政教之用與修齊治平之方，雖能暢述《大易》通志成務之理，然於天道本體之論述，尚未得深致其意，故熊十力曰：

> 船山議伊川詳於人事，而猶未足語於窮神知化，斯可謂知言已（《讀經示要》卷三，頁 602）。

> 伊川《易傳》，頗詳士夫進退之節。足爲世人貪殘競進之戒，固也（《十力語要》卷二，頁 63）。

〔註23〕伊川之生平、學說、儀範參《宋史》卷四百二十七〈道學列傳〉之伊川本；《宋元學案》卷十五、十六〈伊川學案〉；《二程遺書》附錄〈伊川先生年譜〉。

〔註24〕參朱鑑《文公易說》卷十九引。

〔註25〕語出王船山《周易內傳發例》。

《二程遺書》卷十五：「離了陰陽更無道，所以陰陽者，是道也；陰陽，氣也。氣是形而下者；道是形而上者。」陰陽之氣爲形而下，所以陰陽者之謂形而上，黃百家則曰：「『離了陰陽，更無道。』此語已極直截。又云『所以陰陽者，是道也。』猶云『陰陽之能運行者，是道也。』即《易》『一陰一陽之謂道』之意。『所以』二字要善理會。」〔註26〕《遺書》卷三又謂：「『一陰一陽之謂道』，道非陰陽也，所以一陰一陽，道也。如一闔一闢謂之變。」此指道爲陰陽之所以變化者，亦即陰陽變化之理也。熊十力由伊川之說進而詳加詮釋，以明其道體與發用之別：

> 《易》曰：「一陰一陽之謂道。」陰陽者，道體之發用，而道體不即
> 是陰陽，……程子曰：「陰陽非道也，其所以一陰一陽者，道也。」
> 此爲得之。細玩兩一字，則明道體之成變化，而顯爲一陰一陽，故
> 於此而謂之道。蓋道體渾然絕待，豈是陰陽二物之合？但其成變化，
> 則顯爲一陰一陽。譬如一大海水，其成變化，則顯爲各各漚波也。
> 道體不即是陰陽，然不可離一陰一陽而覓道體，故曰一陰一陽之謂
> 道（《讀經示要》卷一，頁 22、23）。

熊十力於《讀經示要》中言互助暨禮讓之要，多助者存，寡助者亡，此爲物界之公例。以一國之治言，若能施以禮讓，國際乃得相互維繫，蘄進至大同至治之休，若專務爭奪，必招毀亡。互助之本，在一「讓」字，〔註27〕而其論說乃本諸伊川《易傳》〈比卦〉，故云：

> 伊川《易傳》釋〈比卦〉之義曰：「萬物莫不互相比助而生。叔子齊
> 聖，發明斯義，功亦鉅哉！」（《讀經示要》卷一，頁 64）。〔註28〕

伊川以爲天下物可以理照，一物必有一理，而物我復一理也，明此則盡彼。而熊十力則將伊川所言之「理」，與六經之「道」，與己「本體」義融通曰：

> 程子所言理者，乃本體之目，非由意見安立，以爲行爲之規範也。
> 本體元是萬理俱備，其始萬化、肇萬物、成萬事者，自是固有此理，
> 非無能生有也。程子說個理字，與《六經》中道字，可互相發明（《讀
> 經示要》卷一，頁 31）。

〔註26〕參《宋元學案》〈伊川學案〉黃百家語。
〔註27〕參《讀經示要》卷一，頁 64～71。
〔註28〕《讀經示要》卷一，頁 16 亦云「互助論」由伊川首先創發。另檢覈伊川《易傳》〈比卦〉原文，並無《示要》頁 64 之引語，唯確於卦中屢申人類必相親輔之意。

此外，伊川言理在物，陽明言理即心，而熊十力則曰「理即心，亦即物。」
〔註29〕另《原儒》、《乾坤衍》等後期著作中評騭伊川，多與前期著作歧異，
茲不贅敘。〔註30〕

四、朱　熹（西元 1130～1200 年）

　　朱熹，字元晦，一字仲晦，別號晦庵、晦翁，諡曰文，徽州婺源人。年
十九舉進士，年二十八辭官歸里，以事親講學爲務。孝宗即位曾上封事，謂
帝王之學當先致力於格物致知，以窮事理之變，而後可應天下之務。年四十
六，與呂東萊合編《近思錄》，並與陸象山兄弟會辯鵝湖。年四十九，除知南
康軍，勤政救荒，復修葺白鹿洞書院，興學授業。其爲學，大抵窮理以致其
知，反躬以踐其實，而以居敬爲主。復參治諸家、兼綜條貫，膺聖賢道統之
傳，而集北宋五子理學之大成。考其著作，宏富精深，有《易本義》、《詩集
傳》、《四書集注》……等，另有編次之書十餘種。〔註31〕由其浩博著作，乃
知其人資質甚敏、用力極勤，故熊十力贊曰：

> 朱子願力甚宏，氣魄甚大，治學方面頗廣。其眞誠之心，與勇悍之
> 氣，可謂與天地同流。朝野奸邪構書雖烈，初不以死生易慮，宋學
> 蓋完成於朱子（《讀經示要》卷二，頁 470）。

又朱子論著，考據與致用之學亦皆兼重，影響所及，凡其後學及晚明清初諸
子均盛弘之。熊十力於諸書屢讚王、黃、顧等實學之功，而上推其源，朱子
已開此風：

> 朱子本留意考據。……及陽明學昌，學者多以考據工夫爲支離破碎，
> 而不甚注重。末流空疏，不周世用。於是晚明諸子，復尋朱子之緒，
> 而盛弘之，考據學遂大行（《讀經示要》卷二，頁 487）。

《朱子語類》卷九十四曰：「人人有一太極，物物有一太極。」另於《御纂朱
子全書》卷四十九言：「在天地言，則天地中有太極。在萬物言，則萬物中各
有太極。」合萬物之理，一而已矣，太極是也！而太極非孤懸於萬物之外，

〔註29〕見《新唯識論》〈功能下〉，頁 469；《原儒》〈原內聖〉，頁 417。

〔註30〕如言伊川之說以帝制爲據，甚有愚陋之識者，賦評略失公允。如《原儒》，頁
　　　　155、364、417、445、446；《乾坤衍》，頁 196、260、344、405、421、456、
　　　　495……。

〔註31〕參稽《宋史》卷四百二十九〈道學列傳〉中朱熹本傳；《宋元學案》卷四十八、
　　　　四十九〈晦庵學案〉。

故一人一物均具太極之全。伊川復以月落萬川，隨處可見，然不可謂月已分；月在天，一而已矣爲喻，以明此理。〔註32〕朱子此說，實本諸伊川理一而分殊，而輾轉受聞於伊川弟子延平者，故《朱子語類》卷一：「伊川說得好，曰：理一分殊。合天地萬物而言，只是一個理。及在人，則又各自有一個理。」此亦即孔子「吾道一以貫之」之意。熊十力體知此理，故以漚水及萬物皆具道體之全而申之曰：

> 每一漚，皆攬大海水全量，以爲其本體。故可喻物物各具道體之全。
> 朱子所謂一物各具一太極，即此意（《讀經示要》卷一，頁26）。
>
> 「流行曰命」從其賦物而言也。〔流行即是體顯爲用，即起變化，而成萬物也。自其成物言之，則此體，便分賦一一物。但分字不可誤會，謂物物各得道體之一分也，卻是物物皆得道體之全。譬如一月，分印萬川，在萬川固各具月之全。〕（《讀經示要》卷一，頁27、28）。

朱子於語錄、信函、註解中屢論「仁」，而〈仁說〉實爲代表：「吾之所論，以愛理而名仁者也」、「彼謂物我爲一者，可以見仁之無不愛矣」、「故語心之德，雖其總攝貫通，無所不備，然一言以蔽之，則曰仁而已矣！」朱子以「愛之理」、「心之德」詮解仁之義，熊十力贊曰：

> 朱子以愛之理言仁，此義精微（《十力語要》卷二，頁280〈答任繼愈〉）。

朱子持「敬」工夫則上承伊川，〔註33〕修己以敬，則足以直內、足以集義、亦足以方外，故當時時反思注意。熊十力亦承其旨，以言居敬存身，則動靜居處，均得無違仁體：

> 伊川朱子之學，居敬爲先。敬，則徹動靜，而一於仁矣！……敬，
> 只是心不散亂，動時儘自澄明，泛應曲當；靜時炯然，毋有昏昧。
> 動靜一於敬，即動靜皆不違仁體。《論語》及《六經》，大都言敬，
> 此是孔門心法，與禪家習靜工夫迥別（《讀經示要》卷二，頁449）。

朱子言「格物致知」者，在即物窮理以致吾之知，人心之靈莫不有知，天下之物莫不有理，故當由格物入手，以至豁然通貫，如是則物之表裡精粗無有

〔註32〕《朱子語類》卷九十四：「本只是一太極；而萬物各有稟受，又自各全具一太極爾。如月在天，只一而已；及散在江湖，則隨處可見，不可謂月已分也。」

〔註33〕如《御纂朱子全書》卷二：「敬字，前輩都輕說過了，唯程朱看得重。」又曰：「程先生所以有功於後學者，最是敬之一字有力。」而伊川「涵養須用敬」一語，最爲伊川服膺。

不到者，心之全體大用無有不明者。〔註 34〕朱子釋格物為窮理，乃間取伊川之意。《大學章句》之〈格物補傳〉前述曰：「間嘗竊取程子之意以補之」，考伊川言「格物」為「窮其理」，〔註35〕遞嬗之跡確乎歷歷可循。熊十力亦發相關之語曰：

> 《大學》格物，當從朱注。夫立治之體心以仁，而格物則用也。……是故格物之學興，而後人知即物窮理。……王陽明《大學問》發明仁體，……而反對程朱〈大學格物補傳〉，則有體而無用，甚違經旨（《讀經示要》卷一，頁 42、43）。

> 伊川說物在理，朱子採之，而作〈大學格物補傳〉，主張即物窮理，其說實祖《大易》（《原儒》〈原內聖〉，頁 474）。

> 朱子說理在物，陽明說心即理，二者若不可融通。其實，心物同體，本無分於內外，但自其發現而言，則一體而勢用有異。物似外現，而為所知，心若內在，而為能知。能所皆假立之名，實非截然二物，心固即理，而物亦理之顯也（《讀經示要》卷一，頁 191）。〔註36〕

由上所引，知熊十力雖本陽明之旨以闡良知奧義，然於「格物」大義，則多採朱注，且融通二者以為言。

五、陸九淵（西元 1139～1192 年）

　　字子靜，號存齋，別號象山，諡文安，江西金陵人。父賀，先生兄弟六人，九淵為幼。《宋史》〈儒林列傳〉本傳載其幼時讀書，探問宇宙之義，解者答以「四方上下曰宇、往古今來曰宙。」象山悟曰：「宇宙內事乃己分內事，己分內事乃宇宙內事。」至其開設講席，耆老皆扶杖觀聽。或勸九淵著書，曰：「六經註我，我註六經。」復云：「學苟知道，六經皆我註腳」，「六經註我」之精神最為熊十力所承。象山著作，可參稽《象山全集》。〔註37〕

　　象山言「心」，承諸孟子「本心」、「良知」、「良能」之義及明道〈識仁〉

〔註34〕原句參《四書集注》之《大學章句》：「所謂致知在格物者，言欲致吾之知，在即物而窮其理也。蓋人心之靈，莫不有知。……此謂物格，此謂知之至也。」

〔註35〕參《二程遺書》卷二十五。

〔註36〕另參《十力語要》卷一，頁 90〈答張東蓀〉。《讀經示要》卷一，頁 189。

〔註37〕主參《宋史》卷四百三十四〈儒林列傳〉之本傳；《宋元學案》卷五十八〈象山學案〉；《象山全集》卷三十六〈年譜〉。

之旨。《象山全集》卷三十六〈年譜〉載：「（楊敬仲）問：『如何是本心？』先生曰：『惻隱，仁之端也；羞惡，義之端也；辭讓，禮之端也；是非，智之端也，此即是本心。』……先生曰：『……是者知其為是，非者知其為非，此即敬仲本心。』」四端萬善乃吾心本有，行事作為本諸此，則無不合義。而知是知非、知孝知弟亦只是任本心自然發見，隨處感應，毋須窮索。依此本然具足之心，即可體天地而行仁義。謝山〈淳熙四先生祠堂碑文〉乃曰：「其教人以發明本心為始事，此心有主，然後可以應天地萬物之變。」故知象山以本心立說，本心乃吾人價值判斷之準據，向下開啓陽明「良知」之說。

　　除「本心」外，象山復以「心即理」為說，〔註38〕其「心即理」之論，下及陽明，是為一脈；與伊川至朱熹「性即理」一支，各有專擅。至其修養理論，則勉人「先立乎其大者」，此亦淵本孟子。〔註39〕故全祖望曰：「象山之學，先立乎其大者，本乎孟子，足以砭末俗口耳支離之學。」〔註40〕象山主尊德性，謂先立其大，則反身自得，此與朱子道問學，窮理而自致之立教殊異。若夫熊十力亦時以象山為論：

> 然必有象山所謂「先立乎其大」一段工夫，使獨體呈露，自爾隨機通感，智周萬物，畢竟左右逢原，如此，乃為極則（《讀經示要》卷一，頁 39）。

> 陸子之學以先立乎其大為宗。大者，謂本心也，仁體也（《讀經示要》卷二，頁 449）。

> 陽明云：學問須是識得頭腦。象山平生言學，主張先立乎其大。何謂立大？何謂識頭腦？即不喪失其本心而已（《十力語要》卷二，頁 228）。

> 陸象山說：「宇宙不在我的心之外的。」他自謂參透此理時，不覺手舞足蹈。……後來王陽明學問的路向和陸象山相近，王陽明也是昌言「心外無物」的（《新唯識論》語體文本〈唯識上〉，頁 274）。

〔註38〕　參《象山全集》卷十一〈與李宰〉：「……人皆有是心，心皆具是理。心即理也。」一段。

〔註39〕　《象山全集》卷十一〈與朱濟通〉引孟子語闡曰：「孟子曰：先立乎其大者，則其小者不能奪也。人惟不立乎大者，故為小者所奪，以叛乎此理，而與天地不相似。」

〔註40〕　《宋元學案》〈象山學案〉全祖望語。

象山上承孟子、明道，下啓陽明，故居轉樞要鍵也。若其「先立乎大」及闡論「本心」，均爲熊十力所宗，由上引言，得以見知。

六、陳白沙（西元 1428～1500 年）

字公甫，別號石齋。廣東新會之白沙里人。自幼警悟超人，嘗讀《孟子》〈盡心上〉所謂：「有天民者，達可行於天下而後行之。」慨曰：「爲人必當如此」，平生行誼得參稽《明史》〈儒林列傳〉之本傳、《明儒學案》中〈白沙學案〉、《白沙子全集》卷末之〈白沙先生墓表〉、〈白沙先生行狀〉等。先生平生絕意著述，蓋以道之顯在人不在言之故也。其奏疏書序、詩賦贈答等均見《白沙子全集》，乃門徒採輯成集。先生之學，以虛爲本，以靜爲樞；以四方上下、往古今來穿紐湊合爲匡郭；以日用、常行、分殊爲功用；以勿妄、勿助爲體認之則；以未嘗致力而應用不遺爲實得，作聖之功，至先生而始明。〔註41〕

熊十力年十六、七，觀讀白沙〈禽獸說〉，深爲震懾，其後提出「保任本心，即固有性智，而勿失之。」（《新唯識論》，頁 243〈附筆札〉）實可溯本白沙強調此心此理之可貴。白沙〈禽獸說〉曰：「人具七尺之軀，除了此心此理，便無可貴。渾是一包膿血，裏一大塊骨頭，饑能食，渴能飲，能著衣服，能行淫欲，貧賤而思富貴，富貴而貪權勢，忿而爭，憂而悲，窮則濫，樂則淫，凡百所爲，一信血氣老死而後已，則命之曰禽獸可也。」〔註42〕熊十力曰：

> 余乍讀此文，忽起無限興奮，恍如身躍虛空、神遊八極，其驚喜若狂，無可言擬。當時，頓悟血氣之軀，非我也。只此心此理，方是眞我。……若能超脫血氣之藐小物，而自識至大無匹之眞我，則炯然獨靈，脫然離繫，肌食、渴飲、著衣居室，皆有則而不亂，循理而不溺，乃至貧賤不移、富貴不淫、浩然大自在，此乃《易》之所謂大人。大人與天合德，即人即天也。……余因白沙〈禽獸說〉，頓悟吾生之眞，而深惜無始時來，一切眾生，都不自覺，……吾人當認識此無盡寶藏是爲眞我，萬不可迷執血氣之藐小物爲我。因此起惑造業，而喪其可貴之寶藏。此是白沙苦心處，吾人奈何不悟。……有問：無盡寶藏是一人獨有耶？抑萬物共有耶？答曰：一人獨有之無盡寶藏，即是萬物共有之無盡寶藏。譬如一漚獨具之大海水，即

〔註41〕參《明儒學案》卷五、六〈白沙學案〉。
〔註42〕〈禽獸說〉見《白沙子全集》卷四。

是無量眾漚同具之大海水。一爲無量，無量爲一，此非玄談，悟時
自知。黃梨洲〈白沙學案〉云：「有明儒者，不失其矩矱者，亦多有
之，而作聖之功，至先生而始明，至陽明而始大，此實不刊之說⋯⋯。」
（《十力語要初續》頁 203、204）。〔註43〕

「宇宙便是吾心，吾心即是宇宙」乃象山之穎悟；「天地我立，萬化我出，而
宇宙在我矣」爲白沙之氣魄；〔註44〕「良知即天理」此則陽明之慧解，而熊
十力屢申天人合一之旨，強調體用不二之說，力主翕闢成變之主體功能，實
乃出入各家，融釋匯粹之心得。

第三節　佛道哲學之取舍和參贊

一、佛家思想之取舍和參贊

　　熊十力之治學歷程如峰巒疊起，逶迤曲折，歷經數變，而歸宗於《易》，
識達「體用不二」之旨，賅攝中西華梵與傳統近代思想之精蘊。其於佛學之
研探，可謂不遺餘力，故能洞悉佛家思想之妙旨，復能曉悟佛學內涵之良窳，
一則提揭積極性之批評，一則援引以襄助一己哲學體系之建立。其自述治學
過程及研佛始末曰：

　　余平生之學，本從大乘入手。清季義和團事變後，中國文化崩潰之
　　幾兆已至，余深有感。少時參加革命，自度非事功才，遂欲專研中
　　國哲學思想。漢學宋學兩途，余皆不契，求之六經，則當時弗能辨
　　竄亂、屏傳注，竟妄詆六經爲擁護帝制之書。余乃趨向佛法一路，
　　直從大乘有宗《唯識論》入手。未幾捨有宗，深研大乘空宗，投契
　　甚深。久之，又不敢以觀空之學爲歸宿。後乃返求諸己，忽有悟於
　　《大易》，而體用之義，上考之變經益無疑，余自是知所歸矣（《體
　　用論》贅語，頁 6、7）。

觀彼自述，知其初研諸學，莫能相契，惟於佛學獨得曉會。西元 1920 年，熊
十力從歐陽竟無研佛，及至任教北大，乃作《唯識學概論》，此乃其歸佛向佛

〔註43〕《十力語要初續》〈陳白沙先生紀念〉一文，乃熊十力授意，而由其女熊仲光
　　　　代爲寫成。
〔註44〕《白沙子全集》卷四。

研佛時期。而後忽疑舊學，盡毀前稿，草創《新唯識論》。〔註45〕《新唯識論》立名，一以明其承繼唯識宗而來，一以「新」字表述其改造唯識舊說，文言本已融《易》入佛；語體文本更宗主於《易》，此乃其改造佛學、亦佛亦儒時期。及至西元1944年寫作《讀經示要》，繼作《體用論》、《明心篇》、《原儒》、《乾坤衍》諸書，熊十力已由佛向儒，歸本儒家。綜賅其學，要以援佛歸儒，宗本孔子，以《易》為歸。熊十力雖不滿舊學，而予以改造，然若非佛學根柢厚實，何得攝佛入《易》，成其「體用不二」之要論。是以佛學之探研於熊十力之治學歷程中，頗備參贊之功，故自述曰：

> 然余之思想，確受空有二宗啓發之益。倘不由二宗入手，將不知自
> 用思，何從悟入變經乎（《體用論》贅語，頁7）。

熊十力之佛學思想，於《佛家名相通釋》、《新唯識論》、《十力語要》、《破破新唯識論》、《體用論》中載之尤精，而於他書亦間或述及。至若佛學宗派，除原始佛家思想外，則不外空、有二輪，而熊十力於小乘論之較乏，多涉大空、大有，《新論》、《體用論》二書載述至詳。其論大空之學，以「破相顯性」為其樞要，曰「空宗密意唯在顯示一切法的本性，所以，空宗要遮撥一切法相，或宇宙萬象，方乃豁然澈悟，即於一一法相，而見其莫非眞如。」〔註46〕此破相以滌除知見，而悟入法性，固為熊十力所贊同，然復疑空宗未能領會性德之全，惟以寂靜言性體，未知寂靜之中，即乃生機流行，故乃遏絕生生不息之眞機。復以旨在破相顯性，終乃歸諸相空而性亦空、用空而體亦空，此乃其關諸大空之要論。而大有迥異於大空者，在乎領悟法性之異，大空惟見法性空寂，而大有則欲令人識彼法性眞實。然有宗猶不改出世法本旨，以「二宗畢竟共有一個不可變革之基本信念，即以萬法實體是無有生生、無有流動、無有變化。」〔註47〕另者，《新唯識論》復論有宗謬誤在於種、現對立為二界；及將緣起說變為構造論；復以種子為諸行之因，而眞如為萬法實體，故墜入二重本體之過。〔註48〕而《體用論》亦列舉大有「建立賴耶識，含藏種子，為第一緣起。此其說，頗近外道神我論」等五大缺失。〔註49〕

〔註45〕 《新唯識論》印行記：「吾先研佛家唯識論，曾有譔述，漸不滿舊學，遂毀凤作，而欲自抒所見，乃為《新論》。」
〔註46〕 《新唯識論》〈功能上〉，頁377。
〔註47〕 《體用論》〈佛法上〉，頁123。
〔註48〕 《新唯識論》〈功能下〉，頁416～430。
〔註49〕 參《體用論》〈佛法下〉，頁145～157。

　　要之，熊十力以爲佛家於體用問題，則談體遺用，不悟盛化之神而拘泥寂滅，其所證會於本體者，爲無相無爲、無造無作，遂有求體廢用、耽空滯寂之陋。故熊十力乃進而提出即體即用、即用顯體之「體用不二」論，即於現實中識本體，而本體即顯諸現實界中。於心物問題，佛家主攝物歸心，「唯識」者，以境非離心獨在，心能了別境，故曰「唯識」。熊十力進而倡言心境渾融、心物合一。於人生問題，佛家各派均主超脫生死苦海，以人生之終極目的，在求得菩提正果、超脫生死輪迴、悟入涅槃境地。故其思想究竟歸原於趣寂、超生、出生，逆遏宇宙大生廣生之洪流，與吾儒裁成天地、輔相萬物之積極入世精神固不一，而尤不識天道之「健」、「仁」，與吾生之自強不懈。於知識論則以爲佛家本不反知，而畢竟超越理智，復講求邏輯，頗精解析。惜其過任冥思，不免失諸空幻，而其理智活動，終受制於宗教信仰，解析雖精，惜乎不尚徵驗，故不免雜於空想。〔註50〕熊十力一則針砭佛學，辨破謬說；一則救其偏弊，且資佛融佛以證成其論。如其悟入「體用不二」，亦受空宗破相顯性「以空寂顯本體」之啓發；且改造「耽空滯寂」而爲空寂、生化二義雙顯，融般若之空與《易》之健以動於一爐，以救治大空趣寂之弊。另如佛家言刹那生滅，主萬物變化密移、莫守其故，熊十力亦授之以與《易傳》「不疾而速，不行而至」之義相合。〔註51〕惟佛氏見刹那生滅，則言滅滅不住，儒家則曰生生不測，此其異也。凡此，均得以見及熊十力作《新論》、立體系、宗《大易》，多有改造暨取資於佛說者。雖則其評騭佛學，亦多引發異論，甚有爲文詆之正之者。〔註52〕然證成其說者，佛家哲學實居功厥偉。故曰：

　　　　余從宇宙論之觀點，審覈大空、大有，良久而莫能契。終乃近取諸
　　　　身、遠取諸物，忽爾悟得體用不二。回憶《大易》乾坤之義，益嘆
　　　　先聖創明在昔。予初弗省，若非殫精空、有，疑而後通，困而後獲，
　　　　何由達聖意乎（《體用論》〈佛法下〉，頁159）。

二、道家哲學之取舍和參贊

　　道家之學，老莊爲著。老子之言樸質切實，言簡意賅；莊子思想，詼詭

〔註50〕參《讀經示要》卷二，頁410、413、414。
〔註51〕見諸《體用論》〈佛法下〉，頁167、173。
〔註52〕如劉定權〈破新唯識論〉，歐陽竟無爲之序，又如印順之〈評熊十力的新唯識論〉，朱世龍〈評熊十力哲學〉，羅光〈熊十力的哲學思想〉等。

奇變，精微深遠。然儒道學術體系異同為何？道、《易》思想之通會與殊別為何？凡此，熊十力均於其作論之甚詳。〔註53〕就儒道異同言之：於體用論，則道家倡攝用歸體；儒家主於用識體、體用不二，其言曰：

> 故道家之學，在攝用歸體，以主一為究竟。……孔子之學，要在於用而識體，即於萬變萬動而逢其原。夫萬變逢原，即萬變而皆不失其正，是乃稱體起用。此與攝用歸體，意義迥別（《原儒》〈原學統〉，頁45、46）。

於知識論，以道家側重全性保真，故主絕欲去知，使心神不致外馳流蕩。而孔子則主愛智格物、克盡思維、發揮智能，以改造人群。道家反知之論，熊十力以為褊淺不可為訓。其說曰：

> 孔子曰：智周乎萬物，而道濟天下。老氏乃言絕聖棄智，民利百倍。一以濟天下之道本於知，一欲無知而民始利（《原儒》〈原外王〉，頁176）。

於人生論，則言道家歸本虛無，以造實為戒，故落於洞然無象、莽然無際、幽暗玄冥之境，復菲薄仁義、排詆禮樂，未若儒之尊生重生，發揮仁德以參贊天地化育，使萬物皆得其所。故曰：

> 儒家人生論，仁義以原其生。……老氏不達仁義之髓，而妄非之。不通禮樂之原，由妄薄之。不解自強之義，而求復於嬰兒，以嬰兒柔弱，不用智故（《原儒》〈原內聖〉，頁326、327）。

於宇宙論，則言一主健動，一入幽冥。

> 儒家宇宙論，則依健動之勢用而示其原。道家則探原於幽冥，此根本不相容也（《原儒》〈原內聖〉，頁326）。

要之，熊十力以道家耽於虛靜，故雖見高識遠，惜未悟真體流行，其德本健，此乃二家根本異處。由虛靜而發，故凡論治化、談人生者，皆未免失之偏頗。〔註54〕熊十力論佛詆以「耽空滯寂」；評道約以「致虛守靜」，而其發論亦時並及儒道佛三家者，如言三者均見及剎那生滅之理，然發展有別，而以儒家堪稱正而不偏：

> 凡物剎那滅，佛氏與吾儒《大易》都見此理。……儒者以此，明人

〔註53〕熊十力論道家思想，主見於《原儒》〈原內聖〉，餘如《讀經示要》、《十力語要》、《體用論》等，亦散見之。

〔註54〕參《讀經示要》卷二，頁302、378、379。

　　道與群治，當體現天行之健，常去故取新，自強而不息也。佛氏以
　　剎那滅即是無常，而作空觀，卒流於反人生。老莊雖見到剎那生滅，
　　而卒歸本自然，遂至守靜任化，而廢人能。二氏畢竟偏而失正（《體
　　用論》〈明變〉頁 53、54）。

熊十力於道家雖評以歸本虛無、柔弱自守、絕欲去知等，然就其源言，以為
道家者，自《大易》出：

　　《老子》者，《易經》之支庶也。其言道有曰：「有物混成，先天地
　　生，寂兮寥兮，獨立而不改，周行而不殆，可以為天下母。」此演
　　《易》乾元之旨。可謂得其蘊（《讀經示要》卷二，頁 297、298）。

　　道家者流，由《大易》出。《老子》言：「一生二、二生三。」即本
　　《易》之每卦三畫，而疏釋之也。老與莊，皆言陰陽、變化，其同
　　出於《易》甚明。老言常道，莊云：「若有真宰，而特不得其朕耳。」
　　此皆於變易而見不易。乃《易》之根本大義也。）（《讀經示要》卷
　　二，頁 330、331）。

由是見熊十力闡說易旨，亦多引道家語，而於《老子》之「一生二，二生三」，
則與易卦三畫相融互通以為言。

第四節　近人師友之輔翼及切磋

一、嚴　復（西元 1854～1921 年）

　　初名體乾，至入馬江船政學堂，易名宗光，字又陵，又字幾道，登仕時
始改名嚴復，晚號瘉壄老人，別署天演宗哲學家，又別號尊疑尺盦。凡中外
治術學理，靡不細究，以抉擇得失、會通異同。甲午戰後，疾呼開民智、新
民德、鼓民力、興教育、重科學，以為救國治瘼之方。復傾力譯刊西洋哲理
名著，以介紹西方哲學思想、社會組織、政治制度、經濟活動，藉以惕勵民
心、掃蕩惡風。主要譯作為赫胥黎《天演論》、亞當斯密《原富》、斯賓塞《群
學肄言》、穆勒《群己權界論》，孟德斯鳩《法意》、甄克思《社會通詮》、穆
勒《穆勒名學》等。〔註55〕此中影響當代至巨者為《天演論》，其翻譯鵠的主

〔註55〕主參《民國人物小傳》；《中國歷代思想家》第四十六郭正昭著之《嚴復》、周
　　　　振甫《嚴復思想述評》；赫胥黎撰、嚴復譯之《天演論》。

藉「物競天擇，適者生存」之進化理論，以敲醒人民之警覺意識，使知自強保種。此書譯文既出，非特康有爲、梁啓超等著名學者讚譽有加，而於時下青年菁英亦具啓蒙之功。「天演」、「物競」、「淘汰」、「天擇」諸語，風行一時。熊十力嘗論其與嚴復持說之別曰：

> 嚴復天演界說，以無數無盡之天體或萬象，皆由原始物質的存在，及由物質的運動而成。此乃依據自然科學而組成之理論。拙論，綜觀宇宙，會通生命心靈，與物質能力兩方面，而建立一元，以明此兩方面所由成。……其與拙論之翕闢義全不同，無待辨（《明心篇》附錄〈答友人〉，頁 215、216）。

嚴氏《天演論》已涉「闢翕」一詞，熊十力雖陳己說與嚴之翕闢詞義迥別，然熊十力既閱《天演論》，則其與時下諸人同受嚴之啓迪，殆亦不免。

二、康有爲（西元 1858～1927 年）

字廣廈，號更生，原名祖詒，籍隸廣東南海。世稱康南海，或南海先生。光緒二十一年獲進士，世以理學傳家，乃粵中名族。有爲堂廡甚廣，以自幼浸潤傳統古籍，後又研讀經史與當代政治文獻，並及佛典與西書。早年得諸父祖教諭，復從朱次琦遊，示以「洗心絕欲，以聖賢爲可期。」並由張延秋處獲知當代政事，故蘊經營天下之志。後入都上萬言書，議變法，極陳四夷交侵，覆亡無日，非維新變法，不能自強。時上雖親政，然遇事均承太后意旨，久感外侮，亟思變法圖強，因採有爲言，三月維新，中外震仰。唯新進驟起，機事不密，遂致害成，太后盡罷新政而復垂簾，言有爲菤言亂政，褫職逮捕，有爲聞風走避，其弟廣仁等遂乃被執而下獄處斬。有爲出亡十餘年，始謀歸國，復主虛君共和。其天資瑰異，發論時開風氣之先，好公羊家言，初言改制，次論大同，謂太平世必可坐致。著作甚豐，要者如《新學僞經考》、《孔子改制考》、《大同書》、《春秋董氏學》、《春秋筆削大義微言考》、《孟子微》等，可參稽蔣貴麟彙編之《康南海先生遺著彙刊》。〔註 56〕

康之學術主張，與其政治革新相結合，而以三世思想、大同主義、新學僞經、孔子改制等爲著。《公羊傳》中所傳聞、所聞、所見三世，何休衍爲據亂、升平、太平，至康有爲，則結合達爾文之進化論，將三統三世說配以與

〔註 56〕生平事蹟主參《清史稿》列傳二百六十〈康有爲〉，及《中國歷代思想家》四七王壽南所作之《康有爲》。

時推移之進化觀。〔註57〕光緒二十八年，著《大同書》，書分十部，而以平等博愛、去苦求樂爲本，大同世界之實現於太平世也。至其《新學僞經考》，定今文學派於一尊，復言西漢經學，並無古文，凡古文多劉歆所僞，非孔子原典。其作僞之故，乃欲佐莽篡漢，以湮滅孔子之微言大義。《孔子改制考》中以六經皆孔子所作，而孔子改制之義，實乃康氏變法之理論基礎。康之經學見解，多本諸實用立場而予建立，非必詳經考證，故訾者遂多，然其作亦帶動疑古風潮，以儒家經典既遭質疑，儒家傳統權威乃因之動搖，重新予以定位遂蔚爲當時急務。

　　熊十力論評康有爲之思想，多貶少褒，然康說實乃熊論之前驅，同中見異，異中有同。如康有爲曰：「易稱大哉乾元，乃統天，……孔子之道本運於元，以統天地。」〔註58〕熊十力則曰：「《春秋》建元，即本〈易〉旨」、「董子《繁露》〈重政篇〉云：元、猶原也。《春秋》之元，即《易》之乾元。」〔註59〕皆以董子發明元義，以爲萬物之主。康立孔子改制之說，以六經作於孔子；熊亦主「六經爲孔子晚年定論」。二者同主三世義，然立說內容則異，康以古文經學爲劉歆所僞，而肯定今文經學；熊十力駁劉歆諸論爲僞，然六經竄亂，六國小儒已爲肇端。康言孔子因應時需，故有「微言」、「大義」二類思想；而熊十力則言大義微言爲劉歆誣聖之詞。康以《周官》爲劉歆所僞；熊則視《易》、《周官》、《春秋》等皆實。至若熊十力評康處甚多，茲不贅述。〔註60〕要之，熊雖多抨擊康氏，然二者同尊孔子並予以改鑄，重詮其「內聖外王」思想，而於春秋張三世之說亦多予闡揚。雖其立論之目的及內涵有異，然於經學論探之重點與方向則多有同貌，熊十力汲取有爲論說而予轉化，此爲確論。

三、譚嗣同（西元 1865～1898 年）

　　字復生，湖南瀏陽人。少倜儻有大志，爲文奇肆，學重日新。處列強攘奪、國勢岌危、文化解體、經濟崩潰及西學激盪之時，譚氏以其卓越之政治見識，深厚之學術造詣暨眞切之時代關懷，欲圖發揮己長、改造當世。戊戌政變時，梁啓超勸嗣同東遊，嗣同以「不有行者，無以圖將來；不有死者，無以酬聖主」

〔註57〕詳參康有爲《大同書》，列有「大同合國三世表」。
〔註58〕見康有爲《春秋董氏學》卷六上。
〔註59〕見《體用論》〈佛法上〉，頁108。
〔註60〕參《讀經示要》，頁358；《原儒》，頁160、164、169、170；《乾坤衍》，頁8、12、13、16、23、88、89。

答之，卒不去，乃從容就難，爲六君子中英名最著者。譚博覽群籍，俶慕橫渠深思果力，復深研黃宗羲之《宋元學案》、《明儒學案》、《明夷待訪錄》，《明夷待訪錄》中〈原君〉、〈原法〉爲其《仁學》思想源泉之一。而尤嚮往船山，視之爲五百年來學者，眞通天人之故者，復汲船山道器合一、理欲一元說，另亦探研西學、佛學，以爲圖變之資。至其論著，《仁學》最著，冶科學哲學宗教於一爐，使適人生之用，梁啓超讚曰：「僅留此區區一卷，吐萬丈光芒，一瞥而逝，而掃蕩廓清之力莫與京焉！」〔註61〕而錢穆則謂：「《仁學》者，實無異於《大同書》也。大同即仁之境界。」〔註62〕《仁學》起草於光緒二十二年，二十三年脫稿，乃譚氏置身新舊劇變而發之特識，其要蘊端在「衝決網羅」，綜之則爲利祿、俗學、全球群學、君主、倫常、天、佛法等。〔註63〕約言之，括爲學、政、教三類。〔註64〕其中針對君主專制、倫常名教與滿清政權之批判，及愛國情懷、民本精神、民權主義之發揚尤爲樞要。熊十力於譚嗣同亦發讚語曰：

> 清之季世，宋學已稍蘇。戊戌政變，首流血以激天下之動者，譚復生嗣同。復生船山學也。復生精研船山，其精神偉大，實由所感受於船山者甚深。嘗與友人林宰平、梁漱冥言，自清季以來眞人物，唯復生一人足當之而已。……規模甚大，志願極宏，而知見不免失於浮雜。《仁學》之篇，實未足云著作也。然復生如不早喪，其成就必卓然可觀（《讀經示要》卷二，頁508、509）。

熊十力宗仰船山、宗羲，批判君權、發揮仁學、關懷國事，此皆同於嗣同。又贊志大願宏，爲清季以來之眞人物，則其慕仰之情得以見知！

四、章炳麟（西元 1868～1936 年）

章炳麟，字枚叔，號太炎，浙江餘杭人。少時即搜研經學，終生不輟。及長，主張革命，反對康梁保皇主張，加入同盟會。孫中山任臨時大總統時，曾任樞密顧問，亦曾諫袁世凱勿稱帝，年五十七，創「章氏國學講習會」。其

〔註61〕梁啓超《清代學術概論》，頁94。
〔註62〕錢穆《中國近三百年學術史》第十四章〈康長素〉，頁676。
〔註63〕《仁學》自敘中言：「爲流涕哀號，強聒不舍，以速其衝決網羅」、「初當衝決利祿之網羅，次衝決俗學若考據、若詞章之網羅，次衝決全球群學之網羅，次衝決君主之網羅，次衝決倫常之網羅，次衝決天之網羅，終將衝決佛法之網羅。」
〔註64〕參閱《仁學》卷下，頁69。

作收編成集者，爲《章氏叢書》，章氏嘗自述其學術思想之變遷曰：「少時治經，謹守樸學，所疏通明者，在文字器數之間」、「遭世衰微，不忘經國，尋求政術，歷覽前史，獨於荀卿韓非所說，謂不可易」、「繼閱佛藏，涉獵《華嚴》、《法華》、《涅槃》諸經，義解漸深，卒未窺其究竟」、「及因繫上海，三歲不覿，專修慈氏世親之書。此一術也，以分析名相始，以排遣名相終。從入之涂，與平生樸學相似，易於契機。解此以還，乃達大乘深趣。」〔註65〕章氏探研經學，先由文字、聲韻之學入門，而於今文學派如康有爲之說則多持異議，並主六經皆史。又深究佛學，年三十，與宋平子交，平子勸其閱佛典，乃涉《涅槃》、《華嚴》、《法華》、《大乘起信論》；復研《瑜伽師地論》、《因明唯識論》等。宣統三年秋，於東京集沙門三十餘講論佛學，獨倡法相，涉《唯識論》，謂與近世科學相應合，熊十力亦知之，故曰：

> 近人如章炳麟，稍涉唯識，而不得其要（《讀經示要》卷二，頁406）。

> 晚明王船山，首研相宗，……章炳麟於此宗，致力亦勤（《讀經示要》卷二，頁444）。

熊十力初聘北大，亦講「唯識學」，於唯識之旨精通深解，而巨贊法師即言熊十力初學佛學時大都依傍章太炎之說。〔註66〕而其後終乃自樹體系，自爲一家之言。

五、歐陽漸（西元 1871～1943 年）

字竟無，家于江西撫州府宜黃縣嶽前，乃越王句踐八十七世孫，歐陽文忠公修弟侄之後裔。父暉公，官戶部主事。六歲父喪，年二十，入南昌經訓書院，棄制藝而治漢學，復習程朱諸家，博涉經史，兼工天算。年二十四，改治義理，專研陸王，欲以補救時弊。及至年三十五，識沈乙庵，沈氏備談佛事，乃萌致力佛學之願。年三十六，母汪太夫人病逝，大師哀慟逾恆，斷肉食、絕色慾、杜仕進、歸佛門，以求究竟解脫，其後乃專力研佛。民國 7年，年四十八，發起支那內學院，設立籌備處。民國 11 年，支那內學院，正式成立於南京，始講「唯識抉擇談」，學人雲集，梁啓超且來受業，張君勱亦負書問學，梁漱溟等亦入座聽講。時南京支那內學院與太虛大師之武昌佛學院、韓清淨之北平三時學院鼎足三立，探論唯識學，精細入微，掀起佛教界

〔註65〕《章氏叢書》下冊〈菿漢微言〉，頁96。
〔註66〕巨贊〈評熊十力所著書〉，載《法言》，71 年第 2 期。

探研唯識學之熱潮。民國 27 年，南京陷敵，支那內學院改設四川江津，定名「蜀院」，大師講經如故，及至民國 32 年，年七十三，逝於蜀院，國民政府明令襃揚，並特卹，蜀院事務由呂秋逸續主其成。至若大師述作，有《歐陽竟無內外學》、《在家必讀內典》、《竟無小品》、《支那內學院院訓釋》、《內學年刊》、《唯識抉擇談》等。〔註67〕

歐陽竟無之南京內學院，旨在復興唯識宗，並進行系統研究。熊十力於民國 9 年因慕仰大師盛名，乃隨大師鑽研佛學。因唯識學特重名相之分析思辨，熊十力乃習得嚴格客觀之分析法，而親侍從遊於大師，更得體證所學。熊十力入內學院二年，即撰成《唯識學概論》書稿，11 年夏，應聘至北大講授唯識學，即以此爲講稿，隨即因不滿唯識宗大義而提出批判，乃有《新論》之作。然於內學院親聆大師教誨，奠立佛學基礎，開啓研究端緒，則大師之功可謂大矣！今附熊十力之〈與梁漱溟先生論宜黃大師〉一函，〔註68〕

> 竟師（按指歐陽竟無）之學，所得是法相唯識。其後談「般若」與「涅槃」，時亦張孔，只是一種趨向耳，骨子裡恐未甚越過有宗見地。如基師（按即唐窺基法師）之「心經幽贊」然，豈盡契空宗了義耶？竟師願力甚大，惜其原本有宗，從聞熏入手。有宗本主多聞熏習也。從聞熏而入者，雖發大心，而不如反在自心惻隱一機擴充去，無資外鑠也。竟師一生鄙宋明儒，實則宋明諸師所謂學要鞭辟近裡切著己，正竟師所用得著也。竟師亦間談禪家公案，而似未去發見自家寶藏。禪家機鋒神俊，多玄詞妙語，人所愛好。恐竟師談禪，不必真得力於禪也。竟師氣魄其偉，若心地更加拓開，眞亙古罕有之奇傑也，不至以經師終也。竟師爲學踏實，功力深厚。法相唯識，本千載久絕，而師崛起闡明之。其規模宏廓，實出基師上。故承學之士有所資借。如章太炎輩之學，談佛學與諸子，只能養得出一般浮亂頭腦人扯東說西而已，何能開啓得眞正學人來？竟師于佛學，能開辟一代風氣，不在其法相唯識之學而已。蓋師之願力宏，氣魄大，故能如此。若只言學問知解，如何得陶鑄一也？竟師氣魄偉大，最可敬可愛。惜乎以聞熏入乎，內裡有我執與近名許多夾雜，胸懷不

〔註67〕歐陽竟無生平及著作，主參盛成〈歐陽竟無大師漸傳〉，載《中國學人》60 年 6 月，第 3 期；高永霄〈歐陽竟無年譜初稿〉，載《內明》38 期，64 年 5 月。
〔註68〕此函乃民國 32 年 3 月 10 日熊十力致書呂澂，信後附上此函。

得廓然空曠，神智猶有所囿也。因此而氣偏勝，不免稍染霸氣。其
文章，時有雄筆，總有故作姿勢痕跡，不是自然浪漫之致也。其文
章雄奇，而于雄奇中之寬衍，亦是不自然也，凡此皆見霸氣。竟師
文學天才極高，倘專作一文人，韓愈之徒何敢望其項背耶！竟師無
城府，于人無宿嫌。縱有所短，終是表裡洞然，絕無隱曲。此其所
以為大也。吾《新論》一書，根本融通儒佛，而自成體系。其為東
方哲學之結晶，後有識有起，當于此有人處。吾學異於師門之旨，
其猶白沙之于康齋也。雖然，吾師若未講明舊學，吾亦不得了解印
度佛家，此所不敢忘吾師者也。

由中略可見知，熊十力後雖與業師見解殊異，然尊崇之志則未嘗移易。

六、馬一浮（西元 1883～1967 年）

　　馬浮原名福田，字一浮，中年號湛翁，晚號蠲叟、蠲戲老人，浙江紹興
府會稽縣人，故自署「會稽馬浮」，〔註 69〕熊十力則稱其「紹興馬一浮」〔註
70〕其人潛隱含章，不事表暴，唯致力學術，孜矻不懈，於經學、樸學、宋
明理學、佛老哲學均嘗潛心探究，亦曾研德日英法等諸國語言。北大校長嘗
約聘任教，辭以「古聞來學，未聞往教。」民國 28 年，於四川嘉定創「復
性書院」，門風高峻，學規謹嚴，以「講明經術、注重義理，欲使學者知類
通達，深造自得，養成剛大貞固之才」為書院宗旨，復舉「主敬為涵養之要，
窮理為致知之要，博文為立事之要，篤行為進德之要」四目為學規。至 37
年始正式結束書院。〔註 71〕至其學術思想則規模宏闊、融會今古，戴君仁
曾親炙先生門下，言其「謂之現代之朱子可也」，徐復觀則曰馬先生宏博似
朱子，至其學問歸宿則近陽明。〔註 72〕其形上學以理氣不二為主；於心性
論則主心統性情；工夫論則強調性修不二。

　　熊十力、馬一浮二者之交遊始諸民國 16 年，時熊聞馬乃當代博學之士，
慕欲晤之，及《新唯識論》文言本稿成，乃寄以請益馬先生。後馬賞其作，

〔註 69〕參馬浮《蠲戲齋詩全集》中《避寇集》之卷首自署。
〔註 70〕熊十力《新唯識論》文言本緒言。
〔註 71〕生平事蹟主參敬園〈談熊十力與馬一浮〉，載《暢流》半月刊二十一卷 10 期，
　　　　 49 年 7 月；朱淵明〈憶馬一浮先生〉，載《中國學人》第 3 期，60 年 6 月；
　　　　 劉又銘《馬浮研究》，政大 73 年中研碩論。
〔註 72〕徐復觀於馬浮《爾雅臺答問》代序中言。

遂親訪之，並爲之題序，二者遂爲知友。序贊曰：「十力精察識，善名理，澄鑒冥會，語皆造微」、「足使生肇斂手而咨嗟，奘基撟舌而不下。擬諸往哲，其猶輔嗣之幽讚易道、龍樹之弘闡中觀。自吾所遇，世之談者，未能或之先也。」〔註73〕而熊十力亦於緒言中自述《新論》之成，頗有得力於馬一浮者：

> 自來湖上，時與友人紹興馬一浮商榷疑義，〈明心章〉多有資助云。
> 〔〈明心上〉上談意識轉化處，〈明心下〉不放逸數，及結尾一段文字，尤多採納一浮意思。〕

而此期熊十力屢至杭州養病，每至此，必與馬先生朝夕盤桓，朱淵明曾於此時隨二人問學，憶曰：

> 二位先生之淵博謹嚴固相若，而個性氣質有異。熊先生言辭慷慨而有時不免激越，馬先生說話簡鍊而言必有中；熊先生喜罵權貴，馬先生則多論事實而少批判人的長短，……故馬熊兩位先生，亦有時小檯其槓，而稍吵其嘴，但事後熊先生赴馬先生處照樣談笑，二位仍怡然如初。〔註74〕

由此見知二人交篤然性情迥異。抗戰期間，熊十力應馬一浮之邀，至復性書院任講座，熊曾就書院規制、性質、研究旨趣進行開講談話，今《十力語要》卷二中猶存〈復性書院開講示諸生〉一文，後以二人見解不一，熊乃辭卻教職。民國37年，熊欲收安陸池師周之四女池際安爲義女，嘗以際安函示馬一浮，並因「一浮許其有拔俗之資」，乃成就此事。〔註75〕可見前因各執其眞，故行事相左，後仍釋然。

　　熊、馬二者於學術取向實多殊途，如馬以《孝經》爲總持以攝六藝；熊則詆《孝經》乃後世奴儒之作，且力貶「孝治派」。馬以「性德」爲根源；熊則以「性智」爲說；馬通會前儒，批判性較弱；熊則省思舊學，極具批判性。〔註76〕然二者交遊論學既久，相互影響自不免矣！如馬一浮《泰和宜山會語合刻》有「論六藝賅攝一切學術」、「論六藝統攝於一心」、「論西來學術亦統於六藝」諸條，頗與熊十力所論述者切近。

〔註73〕見熊十力《新唯識論》文言本，馬浮序。
〔註74〕朱淵明〈憶馬一浮先生〉，載《中國學人》第3期，60年6月。
〔註75〕熊十力《十力語要初續》，頁29。
〔註76〕參林安梧〈馬一浮心性論初探〉，載《鵝湖月刊》第十卷第8期，74年2月。

七、梁漱溟（西元 1893～1988 年）

名煥鼎，字漱冥，後以「漱溟」行。生平行誼得參稽胡應漢《梁漱溟先生年譜初稿》，載之甚詳，不復贅敘。代表作為《東西文化及其哲學》、《中國民族自救運動之最後覺悟》、《鄉村建設理論》、《中國文化要義》等，其文化哲學與其鄉治主張相映為一，思想與行動、理論與實踐亦力求相合。於《東西文化及其哲學》指出孔子思想要在《易經》「生」字：「這一個『生』字是最重要的觀念，知道這個就可以知道所有孔家的話。孔家沒有別的，就是要順著自然道理，頂活潑頂流暢地去生發。他以為宇宙是向前生發的，萬物欲生即任其生，不加造作，必能與宇宙契合，使全宇宙充滿了生氣春意。」〔註 77〕此與熊十力「尊生以箴寂滅」之思想相合。梁復以敏銳之直覺言仁：「此敏銳的直覺就是孔子所謂仁」、「能使人所行的都對，都恰好，全仗直覺敏銳，而最能發生敏銳直覺的則仁也。仁是體，而敏銳易感則其用。」〔註 78〕而郭齊勇則認為梁漱溟言「直覺」影響熊十力。〔註 79〕

梁與熊十力交篤，嘗謂熊十力乃真人。熊十力與林宰平書云：

> 漱溟願力宏大，思想多獨到處。年來研究鄉村建設問題，不欲問政權，卻慮迂緩難有濟也（《十力語要初續》，頁 101）。

而徐復觀亦曾曰：「熊先生規模宏大，馬先生義理精純，梁先生踐履篤實。」皆代表中國「活的精神」〔註 80〕三者性向各殊，學術領域亦別，然時聚會問學，故能增益聞見、推擴思域，而收切磋之功。

八、林宰平（西元 1879 年～1960 年）

熊十力任教北大期間，亦時與林宰平（志鈞）往來問學，林翁識見精廣，喜於問難，熊十力憶其時交往之密，而宰平堪為其真知己：

> 余與宰平及梁漱冥同寓舊京，無有睽違三日不相晤者。每晤，宰平輒詰難橫生，余亦縱橫酬對，時或嘯聲出戶外。漱溟默然寡言，間解紛難，片語扼要。余嘗衡論古今述作，得失之判，確乎其嚴。宰平戲謂曰：老熊眼在天上。余亦戲曰：我有法眼，一切如量。……

〔註 77〕梁漱溟《東西文化及其哲學》第四章〈西洋中國印度三方哲學之比觀〉，頁 121。
〔註 78〕參梁漱溟《東西文化及其哲學》，頁 126、128。
〔註 79〕見郭齊勇《熊十力與中國傳統文化》第七，頁 177、178。
〔註 80〕徐復觀於馬浮《爾雅臺答問》代序中言。

余與宰平交最篤。知宰平者，宜無過於余；知余者，宜無過宰平。
世或疑余爲浮屠氏之徒，唯宰平知余究心佛法，而實迴異趣寂之
學也；或疑余爲理學家，唯宰平知余敬事宋明諸老先生，而實不
取其拘礙也；或疑余簡脫似老莊，唯宰平知余平生未有變化氣質
之功。……宰平常戒余混亂，謂余每習氣橫發，而不自檢也。世
或目我以儒家，唯宰平知余宗主在儒，而所資者博也；世或疑余
《新論》，外釋而內儒，唯宰平知《新論》，自成體系，入乎眾家，
出乎眾家，圓融無礙也（《十力語要初續》，頁 17、18）。

熊十力復自述其授課北大期間，忽疑舊學，因乃盡焚前稿，而草創《新論》，
而林宰平益之實多：

民十一授於北庠，纔及半部。翌年，而余忽盛疑舊學，於所宗信極
不自安。乃舉前稿盡毀之，而《新論》始草創焉！余於斯學，許多
重大問題，常由友人閩侯林宰平志鈞時相攻詰，使余不得輕忽放過，
其益我爲不淺矣（《新唯識論》文言本，緒言）。

由上二引，知熊十力與林宰平非徒交誼至篤，復時相論學候教，影響可謂深矣！

第五節　西方學說之衝激及開廣

一、柏格森（Bergson, Henvi）（西元 1859～1941 年）

生於法國巴黎，身兼猶太及愛爾蘭血統，初研數學、物理，後轉研自然
科學背後之形上學，主張研究哲理，當循諸現代科學方法，「直覺」乃其最
初哲學著作之基礎。早年就讀於巴黎高等師範學院，西元 1881～1888 年執
教於巴黎郊外安日‧克萊蒙費朗，西元 1897 年回母校任哲學教授，西元 1900
年受聘於法國最高學府法蘭西學院，蜚聲杏壇。其說之影響遍及文學、政治
學、繪畫、音樂、宗教各面，西元 1928 年獲諾貝爾文學獎。柏格森著作宏
富，要者有四：其一，《時間與自由意志：論知覺的直接資料》，於西元 1889
年問世，本諸心理學基礎，討論綿延與可量度之時間之分別，以識真我本性，
解決「自由」問題。其二，於西元 1896 年發表《物質與記憶》，結論爲記憶
及心靈獨立於身體，利於身體達到其目的。其三，西元 1907 年《創化論》
（或譯爲《創造進化論》）問世，於考察生命概念時承認進化是被科學證明

之事實，並視整個進化過程乃是「生命衝動」之綿延，不斷發展、不斷產生新形式。要之，進化具創造性，其發展過程之主線有二：一爲本能，導致昆蟲之生命；另一則通過智力進化而產生人，二者均爲生命衝動之結果。其說乃是繼達爾文、斯賓塞後，提出進化哲學。其四，於西元 1932 年發表《道德與宗教之二源》，爲晚年巨著，論兩種道德或泉源，其一源於智力，導致科學之理想；其一基於直覺，表現爲藝術與哲學之自由創造力。〔註 81〕

　　熊十力不諳外文，其覽閱柏作，乃藉其友張東蓀之譯介《創化論》而輾轉識知。〔註 82〕熊十力曾於《論六經》中採用「創化」一詞。

> 是二氏（指佛、道）宇宙觀，均異吾儒。猶復須知，耽無滯空之人生觀，缺乏創化。《易》曰君子自強不息，曰富有之謂大業，曰日新之謂盛德，是皆創化義也（《論六經》，頁 122、123）。

《大英百科全書》中有哈米頓博士所撰〈熊十力哲學述要〉一文，中言：「他（指熊十力）從西方思想中，則得到分析方法和創化觀念（柏格森）之體會。」〔註 83〕雖則哈米頓指陳熊之創化觀念源自柏格森，而熊亦自承其所採「創化」一詞本諸柏格森，然熊復析其所論與柏實質之異同，故於前引之文後繼曰：

> 創化一詞，用張東蓀譯名。但與柏格森氏本義不必符。吾儒之學，亦不妨說爲生命論，但吾儒剋就性分上言，即將吾所固有生生不息之眞，推出于形骸外，而言其德用。是固至善無染，而亦常在創新捨故，化化不息之進展中，故云創化（《論六經》頁 123）。

考熊十力哲學受啓柏格森之說，始諸謝幼偉去函熊十力，謝謂熊十力識體之法，與柏格森「直覺說」頗似，熊則否認之，且區分己論與柏說涇渭分明：

> 憶昔閱張譯《創化論》，柏格森之直覺似與本能併爲一談，本能相當《新論》所謂習氣。（其發現也則名習心）習心趣境固不待推想，然正是妄相，不得眞實，此與吾所謂本體之認識及性智云者，截然不可相蒙（《新唯識論》附錄，〈答謝幼偉〉，頁 681）。

〔註 81〕所述柏格森生平及諸書大要主參《大不列顛百科全書》中文版第三冊，頁 28、29。《諾貝爾文學獎全集》十五《柏格森》。

〔註 82〕參柏格森著、張東蓀譯《創化論》，另張氏於《新哲學論叢》第九〈層創的進化論〉亦介紹柏氏思想。

〔註 83〕參 1968 年版《大英百科全書》〈熊十力哲學述要〉，曾轉載於《中華雜誌》第七卷第 10 期，58 年 10 月，陳文華譯爲中文。

此外，熊十力亦屢述其《新論》言體，同顯空寂、生化之義，與柏格森徒言「生之衝動」者異：

> 近人柏格森《創化論》的說法，不曾窺到恆性，只妄臆為一種盲動，卻未了生化之真也（《新唯識論》〈功能上〉，頁 397）。

> 西洋叔本華之言意志，與柏格森言綿延，與生之衝動，皆與印度人言明或闇者相近。此皆從有生以來，一切欲取習氣上理會得之。未能克治惑習，而見自本性。故不悟生化大源，本來空寂也（《十力語要》卷三，頁 377）。

> 《新論》談本體，則於空寂而識生化之神，於虛靜而見剛健之德。……若只言生化與剛健，恐如西洋生命論者，其言生之衝動，……直認取習氣為生源者，同一錯誤（《十力語要初續》〈略談新論要旨〉（答牟宗三），頁 4）。

熊十力屢言柏所表達者乃生命盲目之意志力量，而非窮源之說，指柏之「本能」略近其「習心」層次，而非其「本心」義涵，並屢申一己生命哲學與柏之殊異。然熊十力於《原儒》、《明心篇》諸書均主進化論，以宇宙分三層向上發展：由無機物（物質層），至生物（生命層），再至動物及人類（心靈層），此與柏氏論進化之途頗似，故二者立論之旨或異，然熊十力論進化之理論架構、用詞等均有淵本於柏者，此乃無庸置疑！

二、黑格爾（Hegel, Georg Wilhelm Friedrich）（西元 1770～1831 年）

生於德國，乃絕對唯心主義者。西元 1801 年起歷任耶拿大學講師、努連堡中學校長、海德爾堡大學教授、柏林大學教授、校長，曾受康德宗教思想影響。主要論作為《精神現象學》、《邏輯學》、《哲學百科全書》、《法律哲學》、《歷史哲學》、《美學》、《宗教哲學》等。其哲學思想，謹嚴有序，由邏輯至自然科學，乃至精神哲學，一脈相繫，前後通貫，而其貫串主脈則為辯證法，其變化次序為由正而反，由反而合，以此三段論法乃人類心靈用以達至真理之唯一可能工具。詳言之，宇宙間事物，皆可由辯證法推出命題之設立，此為「正」；既有肯定性正題，則必有反此命題之否定主張，是為「反」；於正題、反正題之辯證中，必出現一新綜合命題。當此新綜合命題以正題出現後，復循「反正題」、「綜合正題」演變，而為一無止之變動，圖示如下：

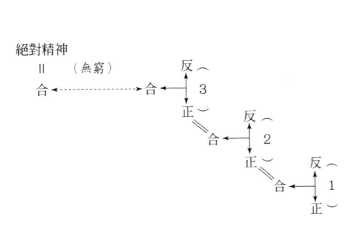

熊十力於架構《新論》時，黑格爾說已傳至中國，熊或間接汲取其說，如曰：

> 如前一剎那，新有所生，就是一。而此新生法，即此剎那頃頓滅，
> 此滅就是二。二是與一相反的。後一剎那頃，又新有所生，此便是
> 三。這三，不即是一，卻是根據一而起的，而與二相反（《新唯識論》
> 〈轉變〉，頁 339）

此種論證格局與黑格爾正反合之辯證法頗似。此外，大陸學者宋志明則言熊十力「極強調心物之整體性，顯然是受了黑格爾"絕對觀念"的影響。」〔註84〕

三、羅　素（Russell, Bertrand）（西元 1872～1970 年）

　　生於英國，乃二十世紀聲譽卓著，影響深遠之思想家，一生完成作品四十餘部，涉哲學、數學、科學、倫理學、社會學、教育、歷史、宗教、政治各面。西元 1914 年於美哈佛大學主持「哲學講座」，講述「符號邏輯」，西元 1920 年訪蘇，回國後繼訪中國，於北大設哲學講座，教授「心的分析」、「物的分析」，西元 1949 年獲頒英喬治六世所授之「榮譽勳章」，翌年獲諾貝爾文學獎。其作品較著者如《萊布尼茲的哲學評論》、《數學原理》、《意義與真理的探究》、《物的分析》、《心的分析》等。

　　《新論》中載謝幼偉函熊十力，以言羅素、杜威、懷黑德等皆否認心物各有自體，心物二元論已成過去，此與熊十力「心物皆無自體，同為一個整體不同之兩方面」之說同。〔註85〕

〔註84〕參宋志明〈試論熊十力新唯識論思想的形成〉，載《學術月刊》第 8 期，76
　　　　年 8 月。本文復提及十力將「矛盾」範疇引入哲學中，亦受黑格爾影響。
〔註85〕見《新論》附錄，頁 680。

他如康德、懷黑德、杜威等亦偶見熊十力之書；〔註86〕然多見於答友人弟子，如謝幼偉、唐君毅等之信函中提及，熊十力所論或與西哲頗具共通處，然熊是否熟知此諸家，是否受其啓迪，實難論斷。

結　語

熊十力嘗曰：

> 學者有志經學，當由宋學，上追孔門。漢學家之書，可備讀經參考而已。宋學入門，心性、則先究陽明之旨，而後探濂洛關閩、象山兄弟，折而考諸船山，參稽《新唯識論》，旁治西洋學術，再上溯孟子，由孟子而上追孔門，得其本矣（《讀經示要》卷二，頁510）。

參稽其說，而熊十力學說之思想淵源，亦略可窺矣！綜上五節所述，歸結其源為五：

其一，歸嚮暨闡揚一聖二王之學：熊十力一生，以圖復聖人之學為志，而其論《易》，亦多托本孔子；心性之學，則多究陽明之旨；而終其生，則實踐船山之孤往精神，而其論《易》解《易》，亦多參稽船山，發揮船山四大易旨。

其二，擷取與融會諸子各家之說：孟子提揭四端，發明本心、以顯仁體；明道〈識仁〉之旨；伊川論《易》說理；朱子論言一物一太極、以愛之理言仁、主居敬、釋「格物」；陸九淵主「先立乎其大」；陳白沙「禽獸說」等均為熊十力所宗。

其三，取舍和參贊於釋道哲學：於空有二宗及老莊之學，或取或舍、或參或贊，有針砭處、救偏處、融通處，而終歸本於《易》。

其四，受近人師友之輔翼及切磋：近人如嚴復之譯《天演論》；康有為三世思想、大同主義、孔子改制諸說；譚嗣同之倡民本、民權，言《仁學》；章炳麟之究佛學，均間或啓迪熊十力；其師歐陽漸則植其佛學根基；復與其友如馬一浮、梁漱溟、林宰平等，時相論學通函，故能開拓識見、觸發思路，而收補益之效。然熊十力交遊甚廣、師友甚夥，本文所舉，乃犖犖大者。〔註87〕

〔註86〕如《新論》附錄，頁679、680。《十力語要》卷二，頁164等。
〔註87〕熊十力交遊，得參郭齊勇著《熊十力與中國傳統文化》，頁23～32，中猶舉郭

　　其五，源於西方學說之衝激同開廣：熊十力論學，猶參證西方柏格森、羅素、黑格爾諸家之說，然以不諳外文，故雖藉友人或譯作，而知西哲概說，並取爲借鏡，然於西方學說之研究，實未若佛學之通透明達。

　　沫若、黃侃等數十家。

第三章　熊十力對易學發展之批評

　　《易》之濫觴可謂由來古矣！易學發展可謂歷時久矣！始於畫卦，繼以卦爻辭，踵以十翼，終則以象數、義理、圖書、史事、占筮、佛老解《易》者接續而出，探賾索隱，乃明極歸。始於古聖先王之開演，繼以孔子之發揚，下歷漢、魏、晉、南北朝、隋、唐、五代、宋、元、明、清，以迄於今，蔚爲浩流，燦然可觀。熊十力於歷代易風，論之或未盡詳備；於各代易家，考之或未盡明察，然亦不乏珠璣之語、獨到之識。故乃循書擷拾、依次檢索，略窺其對歷代易學發展之批評，且依時代先後分爲四節：第一節揣論熊十力對伏羲、文王、周公易學及《連山》、《歸藏》之批評；第二節探索熊十力對漢代象數易學及費直、揚雄及魏王弼易學之批評；第三節研探熊十力對宋周濂溪、張橫渠易學之褒貶；第四節則闡論熊十力對清焦循、胡煦等及民國易家之批評。又熊十力書中，復屢評及孔子、伊川、晦庵、船山諸家易學，然以第二章已述及之故，遂不復論。

第一節　周前易學之抑揚

一、聖王易學之揣論

　　易學發展，代有增衍，派別紛繁，風尚迥別，而聖王易學，導夫先路。〈繫辭下傳〉第二章載伏羲之作八卦：「古者庖犧氏之王天下也，仰則觀象於天，俯則觀法於地，觀鳥獸之文，與地之宜，近取諸身，遠取諸物，於是始作八

卦，以通神明之德，以類萬物之情。」後之倡伏羲畫卦者遂多，如孔穎達《周易正義》序即曰：「孔安國、馬融、王肅、姚信等並云伏羲得河圖而作易」、「復須仰觀俯察以相參正，然後畫卦。」他如《史記》自序、《漢書》〈五行志〉、《風俗通》、《文選》序、《白虎通》及《乾鑿度》皆倡此說。至宋歐陽修〈易童子問〉疑十翼之〈文言〉、〈繫辭〉、〈說卦〉以下非孔子作，已論及伏羲作卦與河圖無涉，後乃有議伏羲為上古傳述人物，故渺茫難信者也。

至若重卦之人，亦多歧說。孔穎達《周易正義》序中舉伏羲、神農、夏禹、文王四說。〔註1〕其中鄭玄之徒言神農重卦，孫盛以夏禹重之，史遷主文王重卦，皆為孔所駁，孔獨以王輔嗣言伏羲重卦一說為是。另朱子《周易本義》亦主伏羲自重，另如虞翻、阮籍、邵康節、陸九淵等皆屬之，而熊十力亦主此說。除上述重卦四說外，間有新說，言八卦、六十四卦非聖人之發明，如張心澂《偽書通考》是也。

關於卦爻辭之作，或云周公、或言孔子、或言周初所作。〔註2〕而十翼之作，說者多端，有清今文學者如廖平、皮錫瑞、康有為等以尊孔故，言乃孔子所作，此說影響熊十力，下略述熊十力所言先古聖王之易說。

熊十力於古聖王特崇伏羲，既言其畫八卦，為中國學術之大源，復重為六十四卦。〔註3〕且言伏羲之易不可忽者三：其一，其出邃古之時，固不能無天帝信念，然其首創易學，即分體用，欲人法天之用。其二，伏羲易體用之分，為中國哲學立以宏規，孔子承之，始明體用不二之義。其三，孔子有範圍天地、化裁萬物之科學理論，此乃受啓於伏羲氏。〔註4〕而於易象分期亦有三：其一，伏羲觀萬物而悟陰陽變化，因作八卦，取天地雷風等象，欲人因象以悟變化之理。其二，上古術數家利用八卦為占卜之經典，設卦以問吉凶，取象漸多，漢易亦受此影響。其三，孔子作《易》掃象數，發明內聖外王之道。〔註5〕要之，熊十力諸書多論及伏羲，《原儒》、《乾坤衍》中尤多，其於《易》窮本溯源，則歸諸羲皇，而多譽美之。

〔註1〕《周易正義》孔穎達序：「然重卦之人，諸儒不同，凡有四說：王輔嗣等以為伏羲畫卦，鄭玄之徒以為神農重卦，孫盛以為夏禹重卦，史遷等以為文王重卦。」

〔註2〕參黃師沛榮〈周易通考〉，彙集古今諸說，此文輯入《周易論著選集》。

〔註3〕參《原儒》〈原內聖〉，頁362；《乾坤衍》〈辨偽〉，頁110。

〔註4〕參《原儒》〈原內聖〉，頁365～369。

〔註5〕原文參《乾坤衍》〈辨偽〉，頁228、229。

西漢以後言《易》者，如司馬遷，揚雄、班固等多以文王重卦，熊十力以為「不必自文王而始重之，但文王占法，當別有發明。即卦爻取義，有異夏殷二易。而其功等於創作，故以重卦歸之文王。」〔註6〕然於《原儒》中又力倡六國小儒以擁君王制度故，遂舉文王為君主之範，乃造文王重卦之謠。熊十力復言漢劉歆等祖述小儒之說，而謂孔子只承文王易學，此乃欲上掩古聖，下沒孔子創《易》之功。另熊十力亦否定周公作爻辭之說，而言卦爻辭均孔子所作。〔註7〕

　　觀上所述，知熊十力於上古聖王，崇伏羲而抑文王、周公，而其論述如主伏羲作八卦復自重之等，固有同於前人之說者，然其闡論則較乏確證，似多揣度之詞。唯本章既述其易學史觀，乃略述以備參考耳。

　　自民國 67 年 12 月，於吉林大學召開古文字學術討論會，會中徐錫台將陝西境內發現之甲骨奇字提出討論，與會張政烺將之視為筮數，謂周原卜甲六個數字一組者為重卦，而金文所見三個數字一組者為單卦後，數字卦之研究即方興未艾。就今出土之卦例以觀，三數之卦其時代約在殷、商，而六數之卦其數量非徒多於三數之卦，其時代亦較之為早，由是知今六畫之卦起源甚古，時在文王之前，則文王重卦諸舊說，實待商榷。數字卦之出土已為卦爻原始真貌之探究，提供一嶄新之契機。

二、《連山》、《歸藏》之探論

　　《周禮》卷二十四〈大卜〉：「大卜掌三《易》之灋，一曰《連山》，二曰《歸藏》，三曰《周易》。其經卦皆八，其別皆六十有四。」又曰：「簪人掌三易，以辨九簪之名，一曰《連山》，二曰《歸藏》，三曰《周易》。」三者並列，均為易類明矣！《周禮》既載之，則三易之法，嘗存之矣，當為可信。然今流傳者，唯《周易》耳！是以後世易學家凡論言《連山》、《歸藏》者，乃異說蠭起，各執其見以發論。今馬國翰《玉函山房輯佚書》經編易類輯列諸家之說《連》、《歸》者，凡五十餘家，朱彝尊《經義考》卷二易一亦載列諸說，而高明師作〈連山歸藏考〉一文，亦歸納綜輯各說，均可供參稽。

　　《連山》、《歸藏》之名義，或謂朝代之稱、或謂以義命名，如孔穎達《周易正義》謂夏曰《連山》、殷曰《歸藏》，此前說也。而賈公彥疏《周禮》〈大

〔註6〕語出《讀經示要》卷三，頁 531。
〔註7〕參《讀經示要》卷三，頁 529、530、540。

－71－

卜）則從鄭玄，謂《連山》者，雲氣出內於山，連連不絕；《歸藏》者，萬物
莫不歸藏于其中，此屬後說也。後之學者，亦各申其說，未爲定論。

至若三易之別，多謂《連山》首艮，《歸藏》首坤，《周易》首乾，今人
高懷民《先秦易學史》、《兩漢易學史》即力主此說。〔註8〕謂《連山》首艮者，
乃以上古氏族部落，倚山丘而聚居，艮爲山，故有首艮之排列。而《歸藏》
首坤，此乃因應商代以前母系社會而生發者，如《禮記》〈禮運〉載孔子於宋
見「坤乾」，即類此也。〔註9〕而《周易》首乾，以適於新興之父系社會，故
乃得流傳之，《連》、《歸》則遭淘汰。然三易之別，亦有他說，如清儒焦循，
謂首艮首坤非言其卦序，循說載見《易圖略》，而熊十力於《讀經示要》亦列
引其說，〔註10〕循之言曰：

> 《連山》以艮爲首，歸藏以坤爲首。婦不可以先夫，則坤不可爲首
> 也。子不可以先父，則艮不可爲首也。伏羲作八卦，重六十四卦，
> 其首皆以乾坤，故曰乾坤定矣！何得又首艮？以余推之：《連山》者，
> 當如于令升之說，即「帝出乎震，齊乎巽，相見乎離，致役乎坤，
> 說言乎兌，戰乎乾，勞乎坎，成言乎艮。」是也。……《歸藏》當
> 如近世徐敬可之說，即子復、丑臨、寅泰、卯大壯、辰夬、巳乾、
> 午姤、未遯、申否、酉觀、戌剝、亥坤，爲十二辟卦是也（焦循《易
> 圖略》〈論連山歸藏〉）。

世又謂《連山》、《歸藏》占法與《周易》異，如孔穎達、賈公彥等皆言前二
者以不變爲占，占七八之爻；而《周易》以變者占之，占九六之爻。至其時
代，則亦一疑案也，或言《連山》、《歸藏》爲伏羲、神農、黃帝時之書，或
言乃夏、殷之作。以《周禮》三易並舉，同掌於「太卜」，則周時三易並存
可知，而其至遲亦應爲周時之書。又東漢桓譚《新論》載云：「《連山》八萬
言，《歸藏》四千三百言，夏易煩而殷易簡。」議者如熊十力等或據此以言
東漢時此二書猶存。而疑之者如清黃宗炎於《周易尋門餘論》卷下，謂桓譚
所見或非眞本：「桓譚謂《連山》八萬言，《歸藏》四千三百言，藏之太卜，

〔註8〕 高懷民論《連山》、《歸藏》，見《先秦易學史》頁 149～154、201～214；《兩
　　　 漢易學史》頁 32～34。
〔註9〕 《禮記》〈禮運〉：「言偃復問曰：夫子之極言禮也，可得而聞與？孔子曰：我
　　　 欲觀夏道，是故之杞，而不足徵也，吾得夏時焉！我欲觀殷道，是故之宋，
　　　 而不足徵也，吾得坤乾焉！坤乾之義，夏時之等，吾以是觀之。」
〔註10〕 熊十力之說見《讀經示要》卷三，頁 530～533。

是殷書與《周易》等夏之文字所載幾二十倍于文王。周公之辭，豈古昔之方冊乎？」又《漢志》不列其目，或以不明其真偽而付諸闕如也。考今《漢志》既不錄《連山》，而《唐志》錄之；不錄《歸藏》，而晉《中經》、《隋、唐志》錄之，則後出者多疑為偽作。又隋文帝時劉炫偽《連山》事，亦載諸正史，《北史》卷八十二〈劉炫列傳〉：「時，牛弘奏購求天下遺逸之書，炫遂偽造書百餘卷，題為《連山易》、《魯史記》等，錄上送官，取賞而去，後有人訟之，經赦免死，坐除名。」由此知劉炫所見《連山》亦已佚，故劉炫乃得造偽之。

綜上略論《連山》、《歸藏》諸問題，而熊十力於《讀經示要》、《原儒》、《乾坤衍》中於上述諸案，亦略發議論。〔註11〕其於《讀經示要》徵引焦循《易圖略》語後，繼曰：

> 按《連山》、《歸藏》，馬國翰《玉函山房輯佚書》，經編易類，尚可略考。《漢·藝文志》雖不著錄，未可便以為偽。《北史》載劉炫偽造書百餘卷，題為《連山易》、《魯史記》等。當是劉炫因古之佚文，有所增竄耳！桓譚《新論》云：「《連山》八萬言。」後漢時此書尚存。……桓譚謂《歸藏》四千三百言。鄭氏〈禮運〉注：「殷陰陽之書，存者有《歸藏》。」阮孝緒《七錄》云：「《歸藏》雜卜筮之書雜事」，此皆可證古有其書。至於首艮首坤之說，或是其時筮法別有取義，或如李過所云：夏商周《易》首卦不同，蓋寓三統之義，今皆無從質定，不妨付諸蓋闕。而焦循必引帝出乎震一節，以言《連山》；必據十二辟卦，以說《歸藏》，此固可備一說，難作斷案。惟夏殷言《易》不外占卜之術，此則可由晚周術數尚盛行，而推知二代之更甚於周也（《讀經示要》卷三，頁532、533）。

以《連山》、《歸藏》為遠古之書，故其發語多見謹慎，未敢遽下斷語。至其晚期之書，如《乾坤衍》所論內容，多異前書，如謂《連山》首艮，有老子守靜篤之意，當是六國時道家之徒所偽，又謂《歸藏》為陰陽之書，乃六國陰陽家或道家之徒所雜集。〔註12〕凡此諸說，未若《讀經示要》發語之謹嚴。

〔註11〕熊十力議《連山》、《歸藏》，參《讀經示要》卷三，頁530～533；《原儒》〈原內聖〉，頁359～361；《乾坤衍》〈辨偽〉，頁198～201。

〔註12〕參《乾坤衍》〈辨偽〉，頁198～201。

第二節　漢魏易學之評騭

一、漢易之論評

（一）漢易論略

通《易》之道，在乎觀象知數以明乎理。蓋《易》辭之本，得諸象數，故〈繫辭上傳〉第八章曰：「聖人有以見天下之賾，而擬諸其形容，象其物宜，是故謂之象。」〔註13〕又〈繫辭上傳〉第九章：「天地之數五十有五。」〔註14〕此乃聖人作《易》觀象取數之驗也。言象論數者，乃漢易之主流，以其去古未遠，故學《易》論《易》者，未可捨漢易而失燭理之機也。然其弊則在間雜陰陽家言，流於機祥占候，且多穿鑿附會者。復有紛陳雜遝之失，入乎小道，迷途而未知反，故乃多見晦冥瑣碎。

熊十力謂漢學以注疏之業為本，蓋釋經之儒也，別異於宋儒之宗經以發明心性義理。漢學得補宋學考覈之不足，故漢宋宜雙脩兼備。〔註15〕復言漢世經師之善四端：一者，存古義也。二者，服膺經訓，確立信條，躬行甚篤。三者，通經致用，非徒侈博聞、事箋注。四者，西漢儒者，尊經義，期見諸實行。〔註16〕

至論漢易，則固非全無褒辭，然實多發疵議。熊十力言漢易之功曰：「漢時去古未遠，間存古義，非有稽古之功，何以為知新之助？」〔註17〕「忽視漢易而全不索其所承於古易之根柢，則孔子以前之來源莫明，又何能真識孔子乎？」〔註18〕「今欲求孔子以前之易，誠苦無文籍可考，不得已而尋繹漢易家相傳之單詞碎義，猶可推見古代易學思想之要略。」〔註19〕熊十力於漢易淵源，則溯本乎伏羲古易，而漢易雜以陰陽五行之家者，乃鑒於呂秦焚坑，故六國易家多改其經義，採戰國術數之說，使呂政不焚《易》也。熊十力於

〔註13〕聖人觀象立象之言另參〈繫辭上傳〉第二章：「聖人設卦，觀象繫辭焉而明吉凶。」「君子居則觀其象而玩其辭，動則觀其變而玩其占。」第十二章：「聖人立象以盡意，設卦以盡情偽。」等。

〔註14〕另〈繫辭上傳〉第九章：「大衍之數五十……」等皆言數也。

〔註15〕熊十力言漢學，見《讀經示要》卷二，頁438～447。

〔註16〕見《讀經示要》卷二，頁442、443。

〔註17〕《讀經示要》卷三，頁560。

〔註18〕《原儒》〈原內聖〉，頁355。

〔註19〕《原儒》〈原內聖〉，頁358。

《示要》引《漢書‧藝文志》曰：

> 漢人言《易》者，大抵依據戰國時術數家言，而各有推演。戰國術
> 數，流派甚盛。《漢書‧藝文志》：陰陽十六家。〔皆據《易》立說〕
> 五行三十一家。〕亦皆據《易》立說〕著龜十五家。〔占卜家必有《易》
> 說〕神僊十家。〔神僊家有（宓戲）〈雜子〉、〈道〉二十篇。蓋托於
> 〈易〉者。……〕數術百九十家。〔〈藝文志〉曰：「數術者，皆明堂
> 義和史卜之職也。」史卜自夏殷以來，必有世傳之《易》說。〕雜
> 占十八家，……歷譜十八家，……。詳上諸家，可總稱以術數。此
> 皆盛行於戰國，經秦之亂而其書猶多流傳於漢（《讀經示要》卷三，
> 頁 535、536）。

熊十力言晚周《易》濫於術數滋甚，《漢書‧藝文志》著錄已明，漢易雜於術
數，其來有自矣！而於漢易滯象，多詆評之，曰：「漢易膠滯於象，而不窮理，
猶愚夫觀指，不觀月也」、「漢人膠滯於象，流於瑣碎與穿鑿，真不知有窮理
之事。」〔註20〕「向不喜象數，每閱漢人易書，覺其繁瑣至極，而鮮當於理。」
〔註21〕其意殆以漢易偏主象數，用納甲、卦氣、爻辰、飛伏、卦變、互體、
之卦、旁通、消息、升降諸說，穿鑿求通，然於《易》道鮮有發明。〔註22〕
綜上所述，乃知熊十力於象數、義理之輔成關係非無所識，而於漢易之稽古
價值亦多肯定之，於漢易蔽象之失已揭櫫之。熊十力固知辭非離象而外之，
然其書多申發義理，鮮以象數佐成其說，此殆憾事也。

（二）漢易傳承

　　載漢易之傳承者，其書甚夥，上自《史記》、《漢書》、《後漢書》、《隋書》、
《經典釋文》，下迄今著如高明師《周易研究》、徐芹庭《易學源流》、高懷民
《兩漢易學史》等皆載及。而熊十力《讀經示要》亦述及之，唯諸書所載，
多本《史記》、《漢書》。〔註23〕此二書於《易》，皆溯本孔子，次傳商瞿，《史
記》以商瞿授《易》於馯臂子弘，《漢書》則以商瞿授之橋庇子庸。陸德明《經
典釋文》、孔穎達《周易正義》、熊十力《讀經示要》，及今人諸作均以後說為
是。孔子六傳而至田何，田何授王同子中、周王孫、丁寬、服生，遂有楊何、

〔註20〕《原儒》附錄〈答劉公純〉，頁 583。
〔註21〕《十力語要》卷三，頁 364。
〔註22〕原文載《原儒》卷一，頁 116。
〔註23〕參稽《史記》〈仲尼弟子列傳〉、〈儒林列傳〉；《漢書》〈儒林列傳〉。

施讎、孟喜、梁丘賀、京房、費直、高相諸易。至東漢易家則皆溯本乎西漢。

《漢書》〈儒林傳〉載孟喜得《易家候陰陽災變書》，詐言師田王孫死時所授，同門梁丘賀已證其說之僞。《漢書》復載「京房受《易》梁人焦延壽。延壽云，嘗從孟喜問《易》。會喜死，房以爲延壽《易》即孟氏學。翟牧白生不肯，曰：非也。」京房所受於焦延壽者，本得之隱士。熊十力言隱士、延壽、京房一派與孟喜一支，當是大同小異，不必甚殊，以其俱明災異之故也。〔註24〕進而言漢易皆雜術數，曰：

> 世儒以焦京之學，明陰陽術數，爲《易》之別傳。田何傳之施、孟、
> 梁丘，爲《易》之正傳，其言皆主義理，不近術數。余謂此說，非
> 是。孔子作《易》，本因術數家言，而予以改造，成立己義。商瞿傳
> 《易》，其於孔子創作之旨，固有所識，而於元來術數之說，當亦旁
> 通兼採，不遽捨棄。……商瞿後學，展轉傳授，罕能發揮聖言，自
> 必馳於術數家種種穿鑿之說（《讀經示要》卷三，頁 546、547）。

此謂漢易雖爲孔子一脈之嫡傳，然承諸孔意者蓋尠也。熊十力言漢易正傳別傳，皆承諸術數家遺緒。商瞿得《易》，果雜術數否？當考其遺始知之。今馬國翰《玉函山房輯佚書》所輯施、孟、梁丘三家章句，則孟氏兼及義理、象數，而於卦候卦氣、陰陽災異說尤多。今人徐芹庭《兩漢十六家易注闡微》搜羅施、孟、梁丘《易》尤詳，得參稽之。

（三）諸家述評

1. 費 直

漢以象數解《易》之風鼎盛，唯費直者，以〈彖〉、〈象〉、〈繫辭〉等說解經義，固守孔門十翼義理，故《漢書》〈儒林傳〉云：「費直，字長翁，東萊人也，治《易》爲郎，至單父令。長於卦筮，亡章句，徒以彖象系辭十篇文言解說上下經。」而熊十力於漢儒中，亦獨以費氏爲傳經之正軌，曰：

> 孔子易學，在兩漢猶存一線者，幸有費氏。……費氏大概不滿於當
> 時易家之違失聖意，故孤守經文，以救其弊。獨惜不爲章句，而所
> 深造自得者，至今不可窺（《讀經示要》卷三，頁 548、549）

至其著作，熊十力曰：

> 《隋書·經籍志》，有費直《周易注》四卷，亡。《新、舊唐書志》、

〔註24〕《讀經示要》卷三，頁 545、546。

陸德明《釋文・序錄》，並作費直《章句》四卷。與本傳所稱亡章句
者，不合。當是後人依托。又《隋志》，有費直《周易分野》一卷、
《易林》二卷，恐亦偽托（《讀經示要》卷三，頁549）。

費氏易於漢末立學官，惟行諸民間，《漢書》〈藝文志〉云：「及秦燔書，而《易》
為筮卜之事，傳者不絕。漢興田何傳之，訖于宣、元，有施、孟、梁丘、京
氏列于學官，而民間有費、高二氏之說，劉向以中《古文易經》校施、孟、
梁丘經，或脫去『无咎』、『悔亡』，唯費氏經與古文同。」熊十力由費氏易本
古文，遂推言今古學之分派，非如廖平之言經於先秦前，已有孔子、周公二
派，而實乃漢世始起，曰：

若如廖平言，經在先秦前，早分二派。古文學不宗孔子而主周公，
別為史學派。果如此，則為《五經》根源之《大易》，既有古今二派，
而古文學之費氏，應偏重歷史，依據術數，不應徒以〈彖〉、〈象〉、
〈繫辭〉、〈文言〉解說上下經，嚴守孔子大義微言，絲毫不容紊
也。……足見古文學者在西漢，尚非不宗孔而僅以史學標幟者，況
先秦以前乎（《讀經示要》卷三，頁550）。

費直以十篇之文，說解經義，後儒多踵武以循之，影響所及，可謂既深且遠，
如王弼注《易》，即本其家法，而獨霸易壇千載，後將論及。

2. 揚　雄

揚雄《太玄經》，乃儒道合流之作也。宋衷、陸績為之注，至晉范望，因二
家之注勒為一編。至其結構，則擬《易》而作，以「家」準卦；以「首」準彖；
以「贊」準爻；以「測」準象；以「文」準文言；以「擒瑩捴圖告」準繫辭；
以「數」準說卦；以「衝」準序卦；以「錯」準雜卦。而全書思想則力反迷信，
欲使經學由災異中抽拔而出，熊十力稱其能自成一家之言，且曰：

雄作《太玄》擬《易》，說者病其僭妄。然誠有見於道而後發言，則
其言為載道之言，不謂之經不得也。雄雖未足語此，顧其覃思自得
者亦多矣！張衡神悟超拔，精究曆算，讀《玄》而嘆其妙極道收，
使人難論陰陽之事，則《玄》之未容輕議可知。然雄之為《玄》，所
準者卦氣，未若費直超然獨尋洙泗，但其創作之績不可沒（《讀經示
要》卷三，頁559）。

漢儒治《易》，其思想蓋有大部分雜入晚周陰陽家，……唯揚雄子雲
著《太玄》，超然獨步。……顧子雲從數理闡《易》，學者非通律歷，

則難讀其書，《玄經》於後儒無甚影響，職是故也（《十力語要》卷一，頁 117）。

蓋揚雄《太玄》，可謂易外別傳，熊十力以超然獨步，頗有覃思自得者贊之。唯嘆其書多闡數理，非通律歷者，不得解也，故影響有限。然熊十力於《太玄》之作，多褒之，由上引語，得以窺見！

3. 其他諸家

漢易派流固多，除費直、揚雄、《易緯》外，熊十力於漢易術數諸家，殊未重視。《讀經示要》卷三引述漢易諸家概要，以利學者略識面目。〔註25〕其一為孟長卿卦氣圖、六日七分圖；其二為《商易》十二辟卦；三為虞氏八卦納甲圖；四為虞氏消息；五為虞氏旁通；六為京氏八宮卦次圖；七為鄭氏爻辰及互體。然其申述多節引清惠棟《易漢學》、陳壽熊《讀易漢學私記》、李銳《易虞氏略例》、張惠言《易荀氏九家義》諸家為釋，無涉己見，姑略之。

（四）《易緯》義闡

經籍蘊含恆久之至道，故為不刊之鴻教。緯書則以時思潮弘闡經籍，由橫面之觀探以呈顯一世之風潮。考《後漢書》卷八十二上〈方術列傳〉言樊英「習京氏易……，善風角、星筭、河洛七緯，推步災異。」章懷太子乃為之注，「七緯」者，《易緯》、《書緯》、《詩緯》、《禮緯》、《樂緯》、《孝經緯》、《春秋緯》是也。而所引《易緯》凡六：即《稽覽圖》、《乾鑿度》、《坤靈圖》、《通卦驗》、《是類謀》、《辨終備》也。今《四庫全書》經部所載則增以《乾坤鑿度》、《乾元序制記》，合上六類為《易緯》八種。此八者於漢盛行一時，其內容則詭秘玄奧，頗難解之，然其與象數易之關係匪淺，復與孟、焦、京之卦氣占驗之學互通，其後鄭玄、魏伯陽諸學亦多受彼影響，另先儒論著亦多所淵本取資，故實具探研之價值。

上述八緯中，《乾坤鑿度》題為「庖犧氏先文，公孫軒轅氏演古籀文，蒼頡修為上下二篇。」餘七者均題「漢鄭康成注」，考《後漢書》卷三十五〈張曹鄭列傳〉載鄭玄「善筭」、「時睹秘書緯術之奧」，則玄通緯書當非妄說。至若八緯之內容：其一《乾坤鑿度》二卷，此書分上下二篇，上篇論四門四正，取象取物，以至卦爻著策之數。下篇為坤有十性，而推及於蕩配陵配，復雜引《萬形經》、《地制經》、《制靈圖》等。其二《乾鑿度》二卷，此緯較他緯

〔註25〕參《讀經示要》卷三，頁 561～589。

獨爲純正。熊十力於《易緯》獨闡《乾鑿度》之「易名有三義」、「太易說」，
下將述及。另「九宮說」、「八卦方位說」、「爻辰說」，皆其要也。其三《稽覽
圖》二卷，首言卦氣起中孚，而以坎離震兌爲四正卦。餘六十卦，卦主六日
七分。又以自復至坤十二卦爲消息，餘雜卦，主公、卿、大夫，候風雨寒溫
以爲徵應，蓋即孟喜京房之學所自出。其四《辨終備》一卷，言《易》與天
象、時變、災異之應。其五，《通卦驗》二卷，明稽應之數及卦氣之徵驗也。
其六《乾元序制記》一卷，始見於馬端臨《經籍考》，陳振孫《直齋書錄解題》
則疑之爲後世術士附益之名。其七《是類謀》一卷，多言機祥推驗，並及於
姓輔名號。其八《坤靈圖》一卷，主以天地之道、星象災異釋卦氣，此《易
緯》內容之大端也。下則專探《乾鑿度》中之二說：

1.「易」有三義說

《乾鑿度》探研《易》之名義、性質、八卦之由來、四時方位之應、卦
爻象之結構、筮法體例等，於漢唐及後世易家啓益者多，故朱伯崑尊其爲「漢
易的繫辭傳」、「漢代易學通論」〔註 26〕其於卷上，開宗明義即提出「易」之
三義：「孔子曰：易者易也，變易也，不易也，管三成爲道德苞籥。」鄭玄爲
之注：「管，統也；德者，得也；道者，理也；籥者，要也。言易道統此三事，
故能成天下之道德，故云包道之要籥也。」並於《易贊》、《易論》申曰：「易
一名而含三義，易簡一也，變易二也，不易三也。」〔註 27〕鄭說淵本乎《乾
鑿度》，下分探熊十力之申說「三義」：

其一，「易」也，《乾鑿度》曰：

> 易者，以言其德也。通情無門，藏神無內也。光明四通，儣易立節。
>
> 天地爛明，日月星辰布設，八卦錯序，……虛無感動，清淨炤哲。
>
> 移物致耀，至誠專密。不煩不撓，淡泊不失。此其易也。

熊十力逐句予以闡釋，〔註 28〕並作結曰：

> 按此段釋易義，正顯本體具有虛無感動，清淨炤哲諸德。德者，得
>
> 也，言其所以得爲萬有之本體者也（《讀經示要》卷三，頁 611）。

康成更「易」字爲「易簡」，其義指向易門戶，乾坤是也。簡者，以簡馭繁也。
〈繫辭上傳〉第一章：「乾以易知，坤以簡能。」第五章「一陰一陽之謂道」，

〔註 26〕語出朱伯崑《易學哲學史》上冊，第三章〈漢代的象數之學〉第二節，頁 155。
〔註 27〕語出《大易類聚初集》（一），《周易鄭康成注》。
〔註 28〕熊十力釋「易」，參《讀經示要》卷三，頁 610、611。

第六章「陰陽之義配日月，易簡之善配至德。」第十二章「乾坤，其易之蘊也！」凡此，以陰陽之道、乾坤之義統攝宇宙、綜賅卦義，可謂至簡也。另如《孟子》言「反約」；《老子》言「抱一」，此均易簡之義也。而熊十力曰：「易簡者，貞固專一之謂，乾坤同有貞固專一之德也。……貞固專一者，萬德之本，乾成知，坤成能，皆以有貞固專一之德而成也。」〔註29〕「貞固專一」者，乃易簡屬性之一者也。易簡之義，前說紛紜，〔註30〕今人孫智燊謂「易簡即陰陽或乾坤，乃《大易》藉以顯用之二種法式。」〔註31〕與〈繫辭傳〉之說頗為相契。

其二，「變易」也，《乾鑿度》曰：

> 變易者，其氣也。天地不變，不能通氣。五行迭終，四時更廢。君
> 臣取象，變節相和。能消者息，必專者敗，此其變易也。

熊十力申言：變即變化流通，謂大用之流行，無滯礙也，天地雖大，而時在變化中，五行迭終者，即無一物得守其故而不變，驗之人事，亦不可專怙其已成而不知變，否則終未有不敗者。〔註32〕復申之曰：

> 凡《易》言陰陽二氣之氣，與後儒言理氣之氣，皆當為作用之名。
> 吾於《新論》已言之，漢人於此氣字，似均無明瞭之觀念，夫本體
> 清淨炤哲，雖無形質，而非無作用。作用者，言乎本體之流行也，
> 言乎本體之顯現也。其流行，其顯現，只有猛烈勢用，而無實質，
> 故以氣形容之（《讀經示要》卷三，頁 612、613）。

意謂本體備萬德，涵萬理，顯為大用流行時，現似萬物，變動不居。變易者，易之用也。〈繫辭下傳〉第八章曰：「易之為書也不可遠，為道也屢遷，變動不居，周流六虛，上下无常，剛柔相易，不可為典要，唯變所適。」〈繫辭下傳〉第一章：「剛柔相推，變在其中矣！」〈繫辭上傳〉第一章：「在天成象，在地成形，變化見矣！」〈繫辭上傳〉第八章：「擬議以成其變化」，〈繫辭上傳〉第十一章：「一闔一闢謂之變」，凡此皆具「變易」之義，而佛家言一呼吸間，有千百箇生滅，殆即明宇宙萬象頃刻萬變。

〔註29〕語出《原儒》〈原內聖〉，頁 465。

〔註30〕如孔穎達《周易正義》，以易略釋易，以簡省釋簡；王夫之《周易內傳》以易為難易之易，簡為繁簡之簡；今人程石泉《易學新探》以易為時間、簡為空間。

〔註31〕參孫智燊〈從大易生生之理看中西印思想在形上宗教與哲學人性論上之高峰統會〉，載《孔孟學報》第43期，71年4月。

〔註32〕原文參《讀經示要》卷三，頁 612。

其三，「不易」也，《乾鑿度》曰：

> 不易者，其位也。天在上，地在下，君南面，臣北面，父坐子伏，
> 此其不易也。

熊十力申之曰：

> 不易之義，蓋謂本體之流行，雖現作萬物，變化不居，而其虛無感
> 動，清淨炤哲，與不煩不撓，淡泊不失諸德，實恆自爾，無有變易。
> 譬如水，可成冰，亦可化汽，此其變易也。而其濕潤諸德，終不改
> 易，是謂不易（《讀經示要》卷三，頁613）。

故「不易」者，意謂本體涵具之常德恆不易也。作《易》者取象於卦爻位以
象徵之，非以所設定之位為不易，故天上地下、君南臣北、父坐子伏，乃取
象於定位以明本體之具常德而未可變易。鄭玄等以天地定位，不可相易，明
「不易」義，熊十力言其乃闇於大道也。〈繫辭下傳〉第一章：「天地之道，
貞觀者也。日月之道，貞明者也。天下之動，貞夫一者也。」一者，道也。
謂道之本體乃不易也。佛家言真如，蘇東坡〈前赤壁賦〉：「自其不變者而觀
之，則物與我皆無盡也。」皆此之謂也。

　　要之，《乾鑿度》以三義言「易」：易者，言其德也；變易者，乃體顯為
用，變動不居；不易者，謂德性恆常，不可易也。此一名三義，均得依〈繫
辭傳〉語證成之，統此三層義蘊，「易」義方全。而熊十力復以不易與變易二
義為最要，蓋一為體，一為用，故曰：「由體成用，是不易而變易；即用識體，
是於變易而見不易。」〔註33〕由變易返識不易，由不易掌握變易，則體用不
二，確爾無疑。易有三義說，非徒鄭玄探之，孔穎達《周易正義序》亦予採
擷發揮，而於宋明易學之理學派影響至大。熊十力言「易之原始思想，多存
於緯。」〔註34〕且多予肯定及闡揚者，蓋非無故也。

2. 三始說

《乾鑿度》以三始說明其宇宙論，曰：

> 夫有形生于无形，乾坤安從生？故曰有太易、有太初、有太始、有
> 太素也。太易者，未見氣也。太初者，氣之始也。太始者，形之始
> 也。太素者，質之始也。氣形質具而未相離，故曰渾淪。渾淪者，
> 言萬物相渾成而未相離。視之不見，聽之不聞，循之不得，故曰易

〔註33〕語出《讀經示要》卷三，頁615。
〔註34〕語出《讀經示要》卷三，頁603。

也。易无形畔……。

此提出宇宙形成之四階段：太易者，鄭玄注云：「以其寂然无物，故謂之太易。」熊十力以言太易即太極，剋指本體而言，尚未顯爲作用也。太初者，爲氣之始，鄭注：「元氣之所本始」，熊十力言太易沖寂，而非無作用，然又非實物然，故以氣名之，示其勢用之盛。太始者，熊十力言其作用盛大，動勢迅疾，形象昭著，故爲形之始。太素者，熊十力言其動勢猛疾，而有形見，必凝爲無量數之波動，而各成聯繫，乃有天地事物，故爲質之始。〔註35〕復闡氣形質三者之關係曰：

> 按氣形質，不可作三層級看。若妄分之，則是先有氣，次有形，又次成質也。須知，全宇宙只是氣，易言之，只是太易顯爲盛大之作用。譬如大海水，全現作眾漚也。亦可云只是流行無息之動勢，但以不可執爲實物，姑名之爲氣而已。氣勢盛大，自然形見，形見故，便似有無量粒狀之波動者然，而名爲質矣！故形者，氣之形也……質者，形之似也。……氣便形，形便似成質，遂有氣形質三者之名。其實，則氣而已矣（《讀經示要》卷三，頁 618、619）。

而於「渾淪」之義亦闡之甚精，其言曰：

> 其實，宇宙本體即所謂太易是也。太易雖含三始，即氣形質具，而形與質並無實，只渾然一氣而已。氣亦非離太易而別有自體，只是太易之顯現而已。……然則氣形質，都非實物，而太易恆不改其沖寂矣！故於變易而見不易也。夫不易妙體，寂然無物，何可得而分判之乎（《讀經示要》卷三，頁 620）。

鄭注云：「雖含此三始。而猶未有分判。」《老子》第二十五章：「有物混成，先天地生。」蓋皆此義也。熊十力殆以太易指目本體，復以氣、形、質指陳其作用，然二者不得割而裂之。氣爲太易之顯，氣非離太易而別有物也。唯以氣形質具，乃假名萬物，而萬物皆以太易爲其本體，體用不二之義，於此得窺矣！

二、魏易之論述

熊十力於魏易，僅評及王弼一人而已。王弼（西元 226～249 年），字輔嗣，山陽高平人，幼而惠察。年十餘，好老氏，通辯能言。裴徽嘗以「聖人

〔註35〕參《讀經示要》卷三，頁 616～622。

於『無』莫肯致言，老子何以申之」問之，弼答以「聖人體无，无又不可以訓，故不說也，老子是有者也。」何晏贊其可與言天人之際。弼好論儒道，辭才逸辯，注《易》及《老子》，往往有高麗言。正始十年，以屬疾亡，時年二十四。其人聲名赫著，然於《三國志》無傳，其事蹟僅數語附《魏書》〈鍾會傳〉末，惟下有裴松之注文，引何劭為王氏所作之傳，申之甚詳。裴注復引《博物記》，以明其得閱蔡邕所遺萬卷之書，及其與荊州易學之淵源。其易作，今傳之者有《周易注》六卷、《周易略例》一卷。

　　王弼注《易》，承費氏家法，如宋晁公武《郡齋讀書志》卷一：「凡以〈象〉、〈彖〉、〈文言〉等參入卦中者，皆祖費氏。東京荀、劉、馬、鄭皆傳其學。王弼最後出，或用鄭說，則弼亦本費氏也。」熊十力亦以弼之解《易》本諸費氏，且以例明之：

> 如乾，元亨利貞。初九潛龍勿用，輔嗣注云：「文言備矣！」〔元亨利貞之義，潛龍勿用之義，皆〈文言〉所已詳故。〕九二，見龍在田，注云：「出潛離隱，故曰見龍。〔〈文言〉曰：「潛之為言也，隱而未見。」潛為未見，則見為出潛矣！潛為隱，則見為離隱矣！〕處於地上，故曰在田。」〔〈繫辭傳〉曰：「兼三才而兩之，故易六畫而成卦。」詳此，則五與上為天，三與四為人，初與二為地。初為地下，二為地上，故輔嗣云處於地上也。〕此即費氏以經解經之法（《讀經示要》卷三，頁553）。〔註36〕

象數之學，固於兩漢盛極一時，然物極則變，理之常也。況復漢末三國之際，其道已窮、其弊已甚，弼乃起而廓清象數之悠謬，本諸十翼為說。《周易略例》〈明象篇〉謂：「夫象者，出意者也。言者，明象者也，……意以象盡，象以言著。故言者所以明象，得象而忘言；象者所以存意，得意而忘象。猶蹄者所以在兔，得兔而忘蹄；筌者所以在魚，得魚而忘筌也。然則忘象者，乃得意者也。……義苟在健，何必馬乎？類苟在順，何必牛乎？……」破象障以得意，乃其論之綱旨，後世於弼之易學褒貶互見，亦端在此耳！而熊十力則於其知象掃象，屢發讚語，姑舉二例：

> 前儒病輔嗣者，以其掃象。不知，掃象正是輔嗣遙會聖心，真能發明《大易》之奧也。輔嗣《易注》最可法者，在其知象而掃象（《讀經示要》卷三，頁555）。

〔註36〕當作「以傳解經」。

王氏之得言忘象，是乃深於《易》者也。……自漢以來，除輔嗣外，言象數者，大抵承術數之遺，曲意穿鑿，勞苦而無功，繁瑣而無理（《十力語要》卷一，頁 5，〈與張申府〉）。〔註 37〕

弼之掃象譏互，熊十力美之，然猶以其篤守未純，故引王應麟之言曰：「王弼尚名理，譏互體，然注睽六二曰：〔註 38〕『始雖受困，終獲剛助。』睽自初至五成困，此用互體也。弼注比六四之類，或用康成之說。」〔註 39〕

　　弼掃蕩象數、闡以義理，繼荊州易風、費氏家法，解《易》注《易》，文辭妙美，述理精善，復以精通《老子》，故或採老莊玄言以入《易》，爾後韓康伯繼之，王韓《易注》乃為玄言注《易》之開宗。如〈復・彖〉：「復其見天地之心乎？」弼注以：「復者，反本之謂也，天地以本為心者也。……寂然至无，是其本矣！」即本老子思致而言之。他如〈乾〉、〈坤〉二〈彖〉：「大哉乾元」、「至哉坤元」二節之注，亦可謂以《老》治《易》，入乎玄虛者也。〔註 40〕故陳振孫《直齋書錄解題》卷一曰：「至漢以來言《易》者，多溺於象占之學，至弼始一切掃去，暢以義理，然弼好老氏。」而《四庫全書總目提要》卷一則評曰：「平心而論，闡明義理，使《易》不雜於術數者，弼、康伯深為有功。祖尚虛無，使《易》竟入於老莊者，弼康伯亦不能無過。瑕瑜不掩，是其定評。」考魏晉時《易》、《老》、《莊》並號「三玄」，熊十力稱其時名士唯弼「究極道體，最有深致。」〔註 41〕復於弼固能掃象，然亦多本諸老氏虛無之旨，知之甚明。《讀經示要》、《原儒》、《論六經》諸書皆嘗以例明之。〔註 42〕蓋熊十力於《易》亦棄象數宗義理，故於王弼多未有毀詆之詞，且屢讚其掃象之卓識，至若魏晉以清談招胡禍，是弼未及料者也。要之，弼於《易》功過固皆有之，然確有廓清之功，其注文亦淺顯易曉，經唐詔立學官，影響可謂深且遠矣！

〔註 37〕　熊十力贊王弼掃象，另參《讀經示要》，頁 143、558、741、774；《十力語要》，頁 102、328；《論六經》，頁 126。

〔註 38〕　弼注之言曰：「始雖受困，終獲剛助。」當指〈睽〉六三言，非〈睽〉六二也。

〔註 39〕　語出王應麟輯《周易鄭注》之自序。熊十力所引見《讀經示要》卷三，頁 588、589。

〔註 40〕　注文參藝文《十三經注疏》本之《周易正義》，王注見頁 10、18。

〔註 41〕　語出《讀經示要》卷二，頁 384。

〔註 42〕　如《讀經示要》卷三，頁 741：「王輔嗣雖掃象數，而純本老氏虛無之旨。」如《原儒》〈原內聖〉，頁 333、334 舉弼注《老子》首章「同謂之玄」云云，以證輔嗣深得老氏歸本虛无之旨。另參《原儒》，頁 338、339；《論六經》，頁 138、139。

第三節　宋代易學之褒貶

　　宋儒沈潛於《易》，理、象、數皆備之，上承漢唐易學，故探研王弼易學及李鼎祚《周易集解》者多；又有以理學解易，蔚爲宋易主脈；復以釋道之興，故多有援佛老之理以解《易》者；他如圖書易亦興於宋；史學解《易》者亦不乏也。《四庫全書總目提要》所言二派六宗之易，於宋皆備矣！名家如濂溪演圖作〈太極圖說〉《通書》；橫渠申其學於《橫渠易說》、《正蒙》；伊川述理於《易傳》；朱子闡義於《本義》；而堯夫其人，擅言數也；另朱震《漢上易傳》，熊十力謂其作頗有規模。〔註43〕至若伊川、朱子之學已略申於本文第二章，故此節僅述熊十力於濂溪、橫渠二家易說之品評。

　　熊十力綜評宋代學術，則多見《讀經示要》，另《十力語要》亦及之。〔註44〕謂漢儒專爲注疏之業，宋學則於心性義理確有發明，程朱陸王等，尤能探造化之微，究天人之故，思理可謂深邃。又謂宋儒之缺在識量甚隘，惟高談心性，而捨博文之功，諸子百家之緒，如天文、算術、地理、醫藥等，悉湮絕也。雖闢佛，然未深究佛理，最可責者無民族、民治思想；〔註45〕其賦評實失之嚴苛。然本節主述宋代易學，餘姑從略。

一、周敦頤（西元 1017～1073 年）

　　周敦頤，字茂叔，號濂溪，湖南道州營道人。曾任分寧主簿，南安軍司理參軍，之桂陽令，徙知南昌，歷合州判官，判虔州，知郴州，知南康軍等。因家廬山蓮花峰下，前有溪，合於溢江，取營道所居濂溪以名之，學者因稱「濂溪先生」。至其人，則清廉格高，黃庭堅贊其「人品甚高，胸懷灑落，如光風霽月，廉於取名而銳於求志，薄於徼福而厚於得民，菲於奉身而燕及煢嫠，陋於希世而尚友千古。」朱子〈周氏畫象贊〉曰：「風月無邊，庭草交翠。」於南安時二程子父程珦通判軍事，因觀其氣貌非凡，與之語，乃知其爲學明道，因與交遊，使子顥、頤往受業，濂溪每令二子尋孔顏樂處，故顥曰：「自再見周茂叔後，吟風弄月以歸，有『吾與點也』之意。」周子深於《易》，潘

〔註43〕句載《讀經示要》卷三，頁 602。

〔註44〕熊十力評宋儒之學，參稽《讀經示要》，頁 418～428、438、440、458～462；《十力語要》，頁 117、118、326、741。

〔註45〕熊十力《讀經示要》，頁 470～493，言宋學分五期，然賅明清二代，本節所述惟及宋代一朝易學。

興嗣於〈濂溪先生墓誌銘〉贊其「尤善談名理，深於易學，作〈太極圖說〉《易說》、《易通》數十篇。」至其思想則儒道兼備，由道歸儒。諸所論著，闡發心性義理之精微，啓宋代理學之先河，爲宋明道家釋《易》之先驅。〔註46〕

〈太極圖說〉攝圖與說，其圖如下：

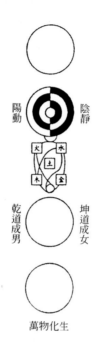

此圖前賢多云溯源於道家，〔註47〕而周子喜遊方外，胸懷灑落、氣質超俗，頗具出林之志與道家生命情懷。〈圖說〉「無極」一詞，始出《老子》第二十八章「復歸於無極」。然其素倡誠意正心之學，以成聖爲鵠的，實乃歸本於儒。至若〈圖說〉內涵，兼賅宇宙論暨人生論，力彰「由天道以立人極」之義。自朱子親爲之注，乃得闡幽抉微，明幾顯理。熊十力品論〈圖說〉，褒貶互見。曰：

> 宋儒圖書，亦古代術數之遺，清人多攻之甚力。然周子之學，要不當與康節並論。〈太極圖說〉雖未盡精微，自朱子爲之注，乃多所發

〔註46〕 參《宋史》〈道學列傳〉之本傳；《宋元學案》卷十一、十二〈濂溪學案〉；孫奇逢《理學宗傳》；周濂溪《年譜》；朱熹〈濂溪先生事狀〉；潘興嗣〈濂溪先生墓誌銘〉等。

〔註47〕 如朱震《漢上易傳》謂圖出於陳摶，後之學者，如陸象山、朱熹亦多主此說，清學者如毛奇齡、朱彝尊、胡渭亦多溯其源於道家。

揮，根極理要。王船山於動極而靜，靜極復動之說，亦不謂然。且
攻五行說之謬，然於〈圖說〉大旨，仍推尊甚至（《讀經示要》卷三，
頁 602）。

周濂溪從道家轉手，而歸儒家（《讀經示要》卷二，頁 383）。

實則濂溪、明道皆從柱下轉手，而上托孔孟以開宗耳。……理學開
宗自周程，周程皆雜於道（《明心篇》，頁 21、22）。

〈太極圖說〉首句曰：「無極而太極」，論者多歧。或以宇宙萬物化生，源自
無極；或云無極二字但形容太極耳！而《通書》但云「太極」，未及「無極」。
朱陸之爭，亦大抵在此一句耳！此辯由陸梭山首發之，朱子繼覆之，象山踵
之，乃為往復之論爭。陸意主謂〈圖說〉與《通書》不類，以《通書》無「無
極」之文，遂臆〈圖說〉非周子所作，或揣乃年少所為，而朱子則傾力表彰
〈圖說〉。〔註48〕今學者牟宗三於其《心體與性體》一書中闡之甚精。〔註49〕
且詳析《通書》及〈太極圖說〉之玄旨，而於朱陸之辯，亦詳為裁奪。至其
釋「無極而太極」一語，謂「太極是對于道體之表詮，無極是對于道體之遮
詮。太極是實質詞，無極是狀詞」、「太極之所以為極至之理正因其『無可正
舉，無可形名。』而為至極也。」復言老子第二十八章「復歸於无極」之「无
極」，亦狀詞也，故王弼注云：「不可窮也」，言其無可窮極也。而熊十力論〈圖
說〉首句，發語至簡：

〈太極圖說〉，無所不契，然開首一言，卻有妙趣（《十力語要》卷
二，頁 353）。

周子於太極上，置無極二字。先儒疑其以太極為氣，然漢儒亦多以
太極為氣，此自漢儒之誤耳（《十力語要》卷三，頁 348）。

熊十力之意，殆不以太極之上復有一無極也。其以太極非氣也，則太極者，
理也。唯其論之本在「體用不二」，則即理即氣，即氣即理也。理氣之論牟宗
三《心體與性體》中闡論精詳，得備參之。另〈圖說〉中有句曰：「聖人定之
以中正仁義，而主靜（自註云：無欲故靜。）立人極焉！」蓋聖人者，善繼
天地之志，善述天地之事，故本乎天道以立「中正仁義」之理，且主之以靜，
即以无欲為導，以立人道至高之準繩。熊十力於「立人極」三字，贊其「確

〔註48〕參《周子全書》卷三中，朱子〈答陸子美書〉、〈答陸子靜書〉。《宋元學案》
　　　　卷十一、十二〈濂溪學案〉亦節錄精要。
〔註49〕參牟宗三《心體與性體》第一冊，頁 321～415。

有無窮義蘊，眞得六經之髓」、「的是尼山宗恉」〔註 50〕然於「主靜」、「無欲故靜」則發異論曰：

> 周子以主靜立人極，而於靜字下，自注無欲故靜，則此靜非與動相對之靜也。而以停止之靜識之可乎（《讀經示要》卷二，頁 449）。

> 周子曰：主靜立人極。又自注曰：無欲故靜。余謂周子誤矣！惟得仁，方可立人極，無欲可以求仁，而無欲未即是仁也（《明心篇》，頁 166）。

> 主靜主動之分，自春秋之季，道家老聃，已啓其端，誠哉古矣！宋儒自周濂溪以主靜立人極，……濂溪之論，本乎老聃者也。老曰：致虛極，守靜篤。屏動，而一主於靜，其異於塊土之鈍然者幾何（《原儒》〈原內聖〉，頁 437、438）。

動靜之論，〈圖說〉、《通書》中多涉及之，如〈圖說〉於「無極而太極」下繼曰：「太極動而生陽，動極而靜，靜而生陰，靜極復動。一動一靜，互爲其根。分陰分陽，兩儀立焉！」熊十力於《破破新唯識論》論之甚詳，此乃因劉定權於〈破新唯識論〉中稱「熊君以自性爲闢、爲心，以顯自性之資具爲翕、爲色，皆恆轉所幻者。詳其由來，與〈太極圖說〉相似，……其『恆轉』云云者，即『無極而太極』句意也。其『闢』云云者，即『太極動而生陽』句意也。其『翕』云云者，即『動極而靜，靜而生陰』句意也。其『翕闢』云云者，即『一動一靜，互爲其根，分陰分陽』句意也。」〔註 51〕熊十力乃因劉論而復駁之，且申〈圖說〉之誤，以明己之立說迥異乎彼。其論〈圖說〉陰陽動靜之乖謬曰：

> 漢儒言《易》，曰「陽動而進，陰動而退。」是陰陽皆以動言之也。徵之〈乾〉曰「行健」，〈坤〉曰「行地無疆」，可謂深得《易》理。今〈圖說〉曰：「太極動而生陽，靜而生陰。」是以動靜分陰陽，明與《易》反。宋以後儒者，大抵受此說影響，皆以動言陽，以靜言陰，其昧於化理亦甚矣！夫〈乾〉、〈坤〉皆言動而不及靜者，非無靜也，言動而靜在其中也。動而貞夫一，即動而靜也，故不離動而言靜也。〈圖說〉離動靜而二之，……詳此所云「動極而靜」、

〔註 50〕《讀經示要》卷二，頁 383：「〈太極圖說〉立人極三字，確有無窮義蘊。眞得《六經》之髓，學者不可忽也。」頁 449：「立人極三字，的是尼山宗恉。」
〔註 51〕語出劉定權〈破新唯識論〉庚「一翕一闢」處。

「靜極復動」，則方動固無靜，待動之極而後靜；方靜固無動，待
靜之極而後動。若爾，即當其動而生陽時，陽爲孤陽；及其靜而
生陰時，陰又爲孤陰，豈有此偏至之化理耶（《破破新唯識論》辰
項）。

復以〈圖說〉言動靜之語與己說異，曰：

不知彼以陰陽分屬動靜，而吾之翕闢則皆就動言，何可拉雜而談？
彼明明曰：「動極而靜，靜極復動。」其動靜陰陽確不同時，與吾言
翕闢爲同時以反而相成者，義旨自絕不相侔。又彼動靜異時，不獨
孤陰孤陽，難以語變。……吾以翕闢同時言變，闢必備翕，若令故
反，翕實順闢，而非果反，如是成變（同上）。

又諸家論述，多以〈圖說〉「動極而靜，靜而生陰，……」一段與《通書》〈動
靜〉第十六：「動而無靜，靜而無動，物也。動而無動，靜而無靜，神也。……」
並觀，以釋周子所言動靜之理。〔註52〕而熊十力獨異也。其固評貶〈圖說〉「動
極而靜」一段於理之謬，然於《通書》「動而無靜」一段則力襃之：

周子《通書》有云：「動而無靜，靜而無動，物也。動而無動，靜而
無靜，神也。」此說明明與〈圖說〉相反，可謂深於知化（《破破新
唯識論》辰項）。

周濂溪說：「動而無靜，……」，這話極透。……濂溪意謂，物件是
死的東西，如使他動時，他只是動，便沒靜；如使他靜時，他只是
靜，便沒動。至若動而無動，則是即動即靜也；靜而無靜，則是即
靜即動也。此動靜合一之妙，非可以物推測，乃神之不可度思者
也。……若乃動靜乖分，隨有所滯，則是喪其心而失其所以神，故
下同乎物耳！……蓋主靜而見大矣！白沙即於動中得靜（《十力語
要》卷四，頁517、518）。

孔子亦未嘗不靜也，但其靜不離於動，而動不失其靜，天道人道之
大正，存乎動靜合一之中。反乎此者，靜則廢、動則激，其何以爲
群生立命歟（《原儒》〈原內聖〉，頁438）。

於此可知熊十力於動靜合一之理領會實深。黃宗羲於《宋元學案》〈濂溪學案〉
作案語曰：「周子之學，以誠爲本。從寂然不動處，握誠之本，故曰：主靜立

〔註52〕如牟宗三《心體與性體》與蔡仁厚〈周子太極圖說的形上思想〉皆屬之。

人極。本立而道生，千變萬化，皆從此出。化吉凶悔吝之途，而反覆其不善之動，是主靜眞得力處。靜妙于動，動即是靜，無動無靜神也，一之至也，天之動也。千載不傳之秘固在是矣！」而牟宗三於《心體與性體》亦釋「動而無動，靜而無靜，神也。」非「不動不靜」，乃「即動即靜，動靜一如之虛靈本體。」此二子所申發者，均與熊十力契通，可謂善體周子動靜變化神妙之理者也。

二、張　載（西元 1020～1077 年）

　　張載，字子厚，世居大梁。父迪，仕仁宗朝，後知涪州，卒於官。載以客居於陝西鳳翔郿縣橫渠鎮，世稱「橫渠先生」。《宋史》〈道學傳〉中本傳稱其少喜談兵。年二十一，以書謁范仲淹，淹警曰：「儒者自有名教可樂，何事於兵？」乃勸讀《中庸》。載復訪諸釋老，累年究極其中，以無所得，反而求之六經。載素敝衣疏食，與諸生講學，則教以知禮成性、變化氣質之道，以學必如聖人而後已。載擅著述，作有〈東銘〉、〈西銘〉、《橫渠易說》、《正蒙》、《經學理窟》、《性理拾遺》等。今有《張子全書》刊行於世。而東西二〈銘〉，乃張子書室西牖之警言，義理純粹廣大。《橫渠易說》一書，《宋志》稱十卷，自《直齋書錄解題》下俱稱三卷。今見者，上經一卷，下經一卷，〈繫辭下傳〉至〈雜卦傳〉為一卷。是書較《程傳》為簡，往往經文數十句中，一無所說。《四庫全書總目提要》稱「其說〈乾‧象〉，用『迎之不見其首，隨之不見其後。』說〈文言〉，用『谷神』字。說『鼓萬物而不與聖人同憂』，用『天地不仁，以萬物為芻狗』語。皆借《老子》之言，而實異其義，非如魏晉人合《老》、《易》為一者也。」至其晚年，則有精實之作，《正蒙》是也。《正蒙》凡十有七篇，條例暢達，旨趣富贍，而其義理玄要，則歸本於《易》，其中〈太和〉、〈參兩〉、〈天道〉、〈神化〉、〈大心〉、〈中正〉、〈至當〉、〈有德〉、〈大易〉、〈乾稱〉諸篇，深繫易理，尤稱精妙，故王夫之贊曰：「蓋張子之學，得之《易》者深。」〔註53〕

　　船山推尊橫渠，而其論《易》亦歸宗橫渠，本文第二章言船山處已略及之。蓋船山之宗仰橫渠，在一「正」字，故自題其墓曰：「希張橫渠之正學，而力不能企。」而於《讀四書大全說》卷十亦云：「程子規模直爾廣大，到魁柄處自不

〔註53〕語出王夫之《正蒙》〈大易篇〉注。

如橫渠之正。」橫渠之學，於天則言太虛之神、言太和之絪縕、言氣化、言清虛一大、言鬼神之良能；於人則合虛與氣而言性，合性與知覺而言心，並言心之盡性廓天等，均影響船山之論述。船山爲注《正蒙》，實亦許橫渠之故也。並於序中曰：「《正蒙》特揭陰陽之固有，屈伸之必然，以立中道，而至當百順之大經，皆率此以成。」復贊曰：「張子之學，上承孔孟之志，下救來茲之失，如皎日麗天，無幽不燭，聖人復起，未有能易焉者也」、「張子言無非《易》，立天、立地、立人，反經研幾，精義存神，以綱維三才貞生而安死，則往聖之傳，非張子其孰與歸？」熊十力亦知橫渠之《正蒙》爲船山所宗，然多崇船山而抑橫渠，復歸咎船山於《易》未明本原，乃宗橫渠之故。其言曰：

> 橫渠《正蒙》爲船山易之所本，而船山宏闊，非《正蒙》比（《讀經示要》卷三，頁 602）。

> 晚明有王船山，作《易內外傳》，宗主橫渠（《十力語要》卷一，頁118）。

> 船山不幸而宗橫渠，故於本原處，始終不透（《十力語要初續》，頁137）。

前述《宋史》載其爲學嘗遍訪道釋之書，然以無得於心，乃反覓六經。橫渠雖得覃思踐履於儒，然以出入道釋既深，故其書雖或見嚴斥釋道處，然終不免受其影響也。其倡萬物爲實有，對治老子「萬物生於有，有生於無。」以氣之聚散言幽明，而不言有無，凡此雖針對老子思想而發，然其論語中，祖述老氏者實亦不能免。如《橫渠易說》釋〈乾卦〉九五中：「谷神能象其聲而應之」一語，「谷神」即原出《老子》第六章。另熊十力亦曰：

> 張子《正蒙》〈太和篇〉曰：「太虛爲清，清則無礙，無礙故神。」云云，此乃祖述老氏「神生於虛」之旨。神生於虛，故稱谷神（《明心篇》，頁 31）。

> 橫渠思想，本出於老。……而未悟老氏混成之旨。……〈太和篇〉又曰：「太虛爲清，……」〈大心篇〉曰：「成吾身者，天之神也。」舉此一、二條，亦以神氣俱依太虛而有。但不謂神氣與虛，混然爲一。是其所以求異於老，而適乃自成其短也（《原儒》〈原內聖〉，頁 383）。

橫渠論《易》，雖倡言氣化，然仍以「太虛」稱其本體，如〈太和篇〉曰：「太虛無形，氣之本體。」此與〈乾稱篇〉之「氣之性本虛而神」蓋同旨也。「太

虛」亦稱「太和」，乃道之所以為創生之真幾，亦氣之本體也。氣之或聚或散，或攻或取，均有此清通神用之體妙運其中。近世或因橫渠言「氣」，遂視之為「唯物論」者，熊十力於此多斥駁之，復言橫渠體用離異，未融為一。語曰：

> 惟張橫渠《正蒙》，昌言氣化。近世或以唯物稱之，其實，橫渠未嘗以氣為元也。〈太和篇〉曰：「太虛無形，氣之本體。」又曰：「由太虛，有天之名。由氣化，有道之名。合虛與氣，有性之名。合性與知覺，有心之名。」詳此所云，固明明承前聖體用之分。太虛是氣之本體，氣是太虛之功用，何嘗以氣為元乎？獨惜其虛與氣未嘗融為一，即體非用之體，而用亦非體之用，是其體用互相離異，無可救也（《原儒》〈原內聖〉，頁 382、383）。〔註54〕

另〈參兩篇〉曰：「一物兩體氣也。一故神，兩故化。」一者，即〈太和篇〉：「清通而不可象為神」；兩者，即〈太和篇〉：「散殊而可象者為氣」。故一者，太極也，太虛神體也；兩者，陰陽也。一者，體也；兩者，用也。太極、太虛不離於氣，而陰陽二者統而一之以「即用見體」也，由一必說至兩，由兩必說至一，此即用之通以見體之實。其《橫渠易說》卷三云：「一物而兩體，其太極之謂歟？」此乃由太極之「參和不偏」以說之，而〈參兩篇〉曰：「一物兩體氣也」，此則即用見體以說之。〔註55〕熊十力亦申此二句之奧，與其一而二、二而一，體用相即之關係：

> 張橫渠曰：「一故神，兩故化。」此六字，廣大無邊，深得《易》旨。……一者，兩之原。故兩，非離一而別有。兩者，一之顯。故一，不外兩而獨在。一，無形無象。其顯而為兩也，則以相反而成化。有化跡之可尋。……是故《易》之為書，以明兩為樞要。兩之用誠明，則其體之一，自可不言而喻。（一，謂太極，此是體；兩，謂陰陽，此是用）用非憑空得起，必有體故。此乃即用顯體之妙也（《論六經》，頁 4）。

另橫渠言〈易〉但言幽明，不言有無。《橫渠易說》〈繫辭上傳〉曰：「聖人自不言有無，諸子乃以有无為說，說有无，斯言之陋也。」謂《易》由幽而明，由明而幽，勢也。而道家之論，則由无至有，有復歸無，橫渠非之。《易說》

〔註54〕熊十力所引〈太和篇〉諸語，得參稽王船山《張子正蒙注》。另牟宗三《心體與性體》第一冊，頁 417～570 註析亦詳。

〔註55〕參稽牟著《心體與性體》，頁 452～454。

〈繫辭上傳〉復曰：「氣聚則離明得施而有形，氣不聚則離明不得施而无形。方其聚也，安得不謂之有？方其散也，安得遽謂之无？故聖人仰觀俯察，但云知幽明之故，不云知有无之故。」此乃以幽明釋氣之聚散也。其聚爲物，其散爲氣，此乃幽明之變，非有无之變也。船山雖贊橫渠幽明之論，而熊十力猶以爲未足，復論申幽明隱顯之理。〔註56〕謂隱藏之謂幽，顯著之謂明，《易》乃本隱之顯，如始諸〈乾〉初爻潛龍隱藏之象，終乃飛龍在天；而〈坤〉由微霜馴至堅冰之象，聖人察隱而知顯也，然其初難知，要在極深研幾。復言隱顯非二重也，隱者顯之端也。蓋隱義有二：曰隱藏，乾初是也；曰隱微，坤初是也。由隱藏而後隨緣出現；由隱微而乃凝固粗大，大抵熊十力闡論幽明之理，多以隱顯之勢爲釋，與橫渠所論仍有殊別。

第四節　清代暨民國易家之考察

　　清代易學，彬盛一時，其研易範疇，綜賅各類，如以理學、圖書、象數、史事、占筮、佛老等解經者無不備；而輯佚、研韻、訓音、究例、考證等亦多有爲之者。另清人於漢易，或述或論或溯或考或輯，漢易復興，此其時矣！熊十力於《讀經示要》中簡介漢儒象數之學，亦多援引清儒文籍，〔註57〕曰：「清人治《易》，確守漢學，雖有稽古之績，而宣尼窮神知化之妙，廣大悉備之蘊，乃愈晦而不可明，豈不惜哉！」〔註58〕此評良莠俱及。復謂清儒標榜漢學，以抨擊宋學爲志，獨於伊川《易傳》，猶多遵守。〔註59〕至對清代易家之考察，除焦循一家外，發評甚微。故本節所論，亦以焦循爲主，另兼及他家。至若民國易學家，熊十力語及者，如尚秉和，王漢等，本節僅略及之：

一、清代易家之評價

（一）焦　循〔西元 1763～1820 年〕

　　焦循，字里堂，世居江都北湖黃珏橋，爲甘泉人，乃清代易學大師。君少穎異，善讀書。考其易學，實淵本乎家學：曾祖源，祖鏡，父葱，三世皆

〔註56〕熊十力申幽明隱顯之理，參《乾坤衍》，頁 262～268。
〔註57〕參《讀經示要》卷三，頁 561～589。
〔註58〕語出《讀經示要》卷三，頁 589。
〔註59〕原文參《讀經示要》卷三，頁 602；《十力語要》卷一，頁 118。

治易，故循嘗自謂「承祖父之學，幼年好易。」而其一生治易之所發明，亦由十四歲時其父以「『密雲不雨，自我西郊。』何以既見於〈小畜〉，復見諸〈小過〉？」一問而啓其端倪。〔註60〕其人至孝，俟母卒，乃閉戶著書，葺其老屋曰「半九書塾」，復構一樓，曰「雕菰樓」，有湖光山色之勝，讀書著述皆於其中，足不入城者十餘載。循與興化顧超宗交契，超宗係名儒之子，以經學雄海內，循與之遊，所學益進，嘗語子廷琥曰：「超宗不徒益余學問，而規正處己接物之道，不媿直諒多聞也。」〔註61〕循識力精卓，畢生治學不輟，每遇一書，無論隱奧平衍，必究其源，故於經史、曆算、聲音、訓詁無所不精。論其著述，則遍及四部。於經力主博涉，故有《六經補疏》二十卷。諸經中於《易》研涉獨久，精力所萃，端在斯焉！循多疾，《易通釋》敘嘗曰：「丁卯春三月，邁寒疾，垂絕者七日，昏瞀無所知，惟〈雜卦傳〉一篇，往來胸中，既甦，遂壹意於《易》。」〔註62〕故知其學以《易》爲歸，而於〈雜卦〉一篇領略者尤多。

循易著至豐，撰《易通釋》二十卷、《易圖略》八卷、《易章句》十二卷，此其論易精要，匯稱「雕菰樓易學三書」。《易通釋》之成稿，實有得於算學之輔翼。循年二十五，以獲顧超宗所贈梅氏叢書，始用力算學，先後成著者夥。〔註63〕年四十二，更悟洞淵九容之術實通於《易》，因作《易通釋》，以數之比例，求易之比例，而舉經傳或同辭而異卦者，求得其解，並舉經傳之文相與引證，會而通之以成書，故是書敘目曰：「循既學洞淵九容之術，乃以數之比例求易之比例，向來所疑，漸能理解。初有所得，即就正於高郵王君伯申。伯申以爲精銳鑿破混沌，用是憤勉，遂成《通釋》一書。」此書由草創、改訂至完成，歷約三十載，其用力之深，殆可知之！次《易圖略》者，實爲《易通釋》之提要，專明焦氏易例，載圖五，曰旁通圖、當位失道圖、時行圖、八卦相錯圖、比例圖。是書敘曰：「既撰爲《通釋》二十卷，復提其要爲《圖略》。凡圖五篇，原八篇，發明旁通、相錯、時行之義，論十篇破舊說之非。共二十三篇，編爲八卷，次《章句》後。」三爲《易章句》，乃據前二書鑽研所得之旁通、時行、

〔註60〕其事載見《易通釋》敘目。
〔註61〕見焦廷琥撰〈焦里堂事略〉。
〔註62〕另《雕菰集》卷七亦載此事，〈申戴〉一文曰：「余丁卯春，三月，病劇。昏臥七日，他事不復知，惟《周易》〈雜卦〉一篇，往來胸中，明白了析，曲折畢著。」
〔註63〕參其子廷琥於〈焦里堂事略〉中所載書目。

相錯諸理論及條例，旁參互證，以疏解全《易》經傳之文。焦廷琥記其父循之作此書，云：「是書之成，凡數十年，專力於此者亦十餘年，然而府君之心血已耗矣！」〔註64〕另有《易話》二卷，凡友朋弟子問答，平素考究之心得，悉錄之，並有述及先儒之非是，及闡明易例、發揮易教者。《易廣記》三卷，錄漢魏以來易家獨得之旨而廣爲之記。前五書綜之曰「易學五書」。五書外，復有《周易補疏》二卷，爲循《六經補疏》之一，補訂孔疏王弼注之不足及謬誤，以爲王注雖尙玄理，然亦多有合於漢儒之馬鄭諸賢者，故乃申之以成著。《易餘籥錄》二十卷，乃「易學三書」著成後，數年中隨筆記錄成之者。《注易日記》三卷，乃年五十立一簿，稽考所業成著者。綜前數作，可謂浩夥可觀，遂知其於《易》致力之勤，故得享清代易學大師之盛名。然其書融算學於易學；其人專精象數之學，故作品堪稱難讀，熊十力即評曰：

> 清儒治漢易，而不欲蹈術數家之術，思就經文別有創發者，焦循其人也。焦氏易，穿鑿至纖巧，學者號爲難讀。然如以耐心臨之，取《通釋》及《章句》與《易圖略》，往復數番，識其途徑，握其端緒，則脈絡分明，卻甚簡易。但在習渾沌而拙解析，尙超悟而厭瑣碎者，恐閱之未肯終卷。故焦氏之書，求知音於後世，殊非易事（《讀經示要》卷三，頁590）。

漢人於災異感應下發明之易例，如卦變、卦氣、爻辰、互體、納甲等，難以勝數，焦循皆目之爲各家之學，而非《易》中本有。其解易論象，括之以三大發明，即所謂「旁通」、「時行」、「相錯」。復由「旁通」引出「當位失道」，由「相錯」引出「比例」，以此數原則通貫並釋解易書，嘗綜言之曰：

> 余學《易》所悟得者有三：一曰旁通，二曰相錯，三曰時行。此三者，皆孔子之言也，孔子所以贊伏羲、文王、周公者也。……余初不知其何爲相錯，實測經文傳文，而後知比例之義，出於相錯，不知相錯，則比例之義不明。余初不知其何爲旁通，實測經文傳文，而後知升降之妙，出於旁通，不知旁通，則升降之妙不著。余初不知其何爲時行，實測經文傳文，而後知變化之道，出於時行，不知時行，則變化之道不神。……此三者乃從全《易》中自然契合（《易圖略》敘）。

觀其所述，遂知其所發明之論易準則，皆乃實測經傳文而後知之。略論之，其一，旁通也：旁通之義，由來甚久，〈乾・文言〉有「六爻發揮，旁通情也。」

〔註64〕參焦廷琥〈焦里堂事略〉。

《周易集解》載陸績注曰：「乾六爻發揮變動旁通于坤，坤來入乾以成六十四卦，故曰旁通情也。」張惠言《周易虞氏義》謂「當爻交錯謂之發揮，全卦對易謂之旁通。」而焦循多參虞氏旁通義暨荀爽升降說，且酌以己見。簡言之，則「凡爻之已定者不動。其未定者，在本卦初與四易、二與五易、三與上易，本卦無可易，則旁通於他卦，亦初通於四、二通於五、三通於上。成己所以成物，故此爻動而之正，則彼爻亦動而之正，……凡旁通之卦，一陰一陽，兩兩相孚，共十二爻，有六爻靜必有六爻動。〈既濟〉六爻皆定，則〈未濟〉六爻皆不定。」〔註65〕由上述知凡「旁通」卦，必一陰一陽相孚，如〈隨〉䷐與〈蠱〉䷑，〈乾〉䷀與〈坤〉䷁。而於自卦或他卦，必二五、初四、三上通之。又已正之爻不動，未正之爻旁通他卦，而各得其正。循且於《易圖略》卷一舉經文三十例以證是說，綜其要則「凡兩卦旁通，每以彼卦之意係於此卦之辭。」〔註66〕其二，時行也：《易圖略》卷三云：「傳云：『變通者，趨時者也。』能變通即為時行。時行者，元亨利貞者也。」要言之，即著變通以趨時之利者也，失道則變而通之，當位則變通不窮。復以元、亨、利、貞、吉、凶、悔、吝、厲、孚、无咎諸辭，以示當位失道變通趨時諸境也，至其詳則參《易圖略》所示「時行圖」。其三，相錯也：《說卦傳》：「天地定位，山澤通氣，雷風相薄，水火不相射。」循言六十四卦皆此八卦之相錯。〔註67〕又天地相錯，上天下地成〈否〉，此否則彼泰；山澤通氣，上山下澤成〈損〉，此損則彼益，凡此者一類也，至其詳則參稽《易圖略》之「相錯圖」。另「比例」者，則實蘊旁通、當位失道、時行、相錯諸義，《易圖略》卷五備列六十四卦比例圖，於每卦下，條舉其相錯時行之可以為比例者，得參稽之。考循之「易學三書」，其義一以貫之，而其解《易》經傳之文，則所言多有來歷，且亦多與發例相合。熊十力於書中亦屢引焦循《易圖略》語，且申其旁通，比例、時行諸義，以見循治易之方暨論著要義。〔註68〕並作結曰：

> 焦氏之書，貫穿六十四卦，三百八十四爻，而以旁通、相錯、時行
> 及比例，以說明之。其於全《易》，蓋無一辭一字，不參伍錯綜之以
> 求其通者。以為《易》之辭，皆文在於此，而意通乎彼。如人之絡
> 與經連貫，互相糾結，鍼一穴而府藏皆靈。其所得固在是，而短亦

〔註65〕語出《易圖略》卷一。
〔註66〕《易話》上。
〔註67〕參《易圖略》卷四。
〔註68〕詳參《讀經示要》卷三，頁 590～597。

見焉（《讀經示要》卷三，頁 595、596）。

總之，焦循之《易》，拘拘於卦與卦、爻與爻之比例。全書字字，求
其勾通縫合。穿鑿雖工，而超悟卻太缺（《讀經示要》卷三，頁 599）。

熊十力發語，確能窺深見遠，洞察樞要，復得揭櫫焦氏論《易》時強「以例論
易」之失。另循雖斥摒漢儒家法，於卦變、半象、納甲、納音、卦氣、爻辰等
多予批駁，然釋解經傳，如採旁通之例說之者，實遇合於虞翻、荀爽之說，非
無所取也。故循雖不守漢易術數，而其法則猶未脫漢易藩籬。是以熊十力評曰：

焦循承漢人之卦之說，而異其運用，本荀虞旁通與升降之意，而兼
用比例之法，以觀其會通，其於《大易》全經之辭，無有一字不勾
通縫合。焦氏之自得者在此，而其技亦盡於此矣！夫卦爻所以顯理，
而卦爻猶不即是理，譬如以指示月，而指不即是月。……焦氏實宗
漢易，雖不必以術數家之說法作根據，而其方法確是漢易（《原儒》
〈原學統〉，頁 153）。

焦循《周易補疏》一書，多摘王注，言其暗用鄭、荀之說，以〈坤〉上六「龍
戰于野」例之，王注云：「固陽之地，陽所不堪，故戰于野。」循則曰：

按《正義》解固為占固。謂陰去則陽來，陰乃盛而不去，占固此陽
所生之地，故陽氣之龍，與之交戰，然陽之地，則未實指何所？竊
謂王氏暗用鄭、荀之說也。荀爽云：「消息之位，坤在於亥，下有伏
乾。」蓋坤為十月之卦，其辟在亥，以卦位言之，乾處西北，是亥
為乾之地，而坤辟之，此乾所以不堪而戰也。鄭氏以爻辰說《易》，
坤初貞未，二貞酉，三貞亥，四貞丑，五貞卯，上貞巳，乾辟於巳，
則坤上爻實為乾之地，而坤爻據之，又乾所以不堪而戰也。王氏用
荀、鄭之說，而渾其辭為固陽之地。」（《周易補疏》）。

熊十力《讀經示要》亦錄《補疏》中語，而駁之曰：

焦氏議輔嗣暗用荀、鄭而渾其辭，其說似是，而實不得輔嗣意。荀、
鄭之說，蓋本術數家遺法，不必據之以釋孔子之辭，故輔嗣知之而
不肯言也。……固陽之地者，地，即指坤上爻，何必取術數家消息
之位云云，及爻辰云云乎？以干支及方位月分等等穿鑿立說，有何
義？據夫坤上爻，陰盛已極也，陰盛極則消陽。消者消滅，陽非可
滅，但為陰所錮蔽而不得顯，便謂之滅耳！陽性剛健，任陰之消，
必非所堪忍，故必戰乎陰。陰與陽戰而終不勝也。……戰于野，謂

陽與陰戰也（《讀經示要》卷三，頁 556、557）。

循言王注用荀鄭之說，其言繁而未必當也。熊十力闓之申之，確具簡易直截之效。

熊十力以「乾元」示體，謂三百八十四爻所發揮者，皆示人以乾元之變動不居。其變也，至賾而不可亂，至動而貞於一。「宇宙萬有，一入一切，一切入一，旁通之情，於此可見。」〔註69〕又言輔嗣《易略例》所云：「物无妄然，必由其理，統之有宗，會之有元。……故六爻相錯，而舉一以明也。剛柔相乘，可立主以定也。」乃洞明眞極之語。另引《九家易》釋乾元：「元者，氣之始也。」及虞翻於〈繫辭下傳〉第一章「天下之動，貞夫一者也」云：「一謂乾元。」以言此皆明乾元乃萬化之源。〔註70〕而於循則評其不識乾元之義：

> 焦循固不識乾元，其《易通釋》有曰：「元之義爲始，自乾六爻，依其序推之，初三五巳定，所動而行者，二四上也。乾二之坤五爲始，乾四之坤初應之乾，乾上之坤三亦應之。……諸卦之生生，始於乾二之坤五，故乾元爲資始。……凡六十四卦之生生，皆從八卦而起。而八卦之生生，則從二五而起。初四三上未行，而二五先行，乃謂之元。」據此，則焦循徒以之卦義，與旁通義釋元，即以二五先行，乃謂之元，是襲荀虞之表，而昧其原也（《讀經示要》卷三，頁 598、599）。

考循諸作，「易學三書」之外，《孟子正義》三十卷流傳獨廣，此書乃博采諸家之說而發以己意，以合孔孟相傳之正旨。於《易通釋》敘中則言孟子通《易》：「七十子歿，道在孟子，孟子道性善，稱仁義，惡楊墨之執一，斥儀衍之妾婦，皆所以闡明孔子之學，而脗合乎伏羲、文王、周公之旨。故孟子不明言《易》而實深於《易》。」熊十力於此，則評曰「所見甚卓」、「可爲定論」，蓋與其說遇合故也。〔註71〕又焦循論學，宗仰東原，嘗云：「循讀東原戴氏之書，最心服其《孟子字義疏證》」。〔註72〕循殆以東原此作於理、道、天命、性情之名，皆揭而明之。然熊十力則言循於天命性道之旨，卒未之知也。又以循承戴震之學，故於至道，未之能聞。〔註73〕

焦循易學，確能自立系統，自創條例，且以全《易》爲對象，務求縱貫

〔註69〕語出《讀經示要》卷三，頁 597。
〔註70〕語出《讀經示要》卷三，頁 597、599。
〔註71〕熊語見《讀經示要》卷一，頁 27。
〔註72〕語出《雕菰集》卷十三〈寄朱休承學士書〉。
〔註73〕參《讀經示要》卷一，頁 21～32。

横通，此其所長，然以論學繁密，遂難索解，故多乏知音，而熊十力評焦循
之易，亦大抵能見其全貌、窺其良窳，而為公允之論。

（二）胡　煦（西元 1655～1736 年）

煦字曉滄，光山人，康熙壬辰進士，官至禮部侍郎。撰有《周易函書約
存》十八卷，《約註》十八卷，《別集》十六卷，共五十二卷。其持論酌於漢
學宋學之間，而其治易，《周易函書》〈李去侈序〉評曰：「大抵先王之于易也，
豁達而不流於曠渺，精深而不泥于訓詁，博採而不役於方技。」胡氏易學，
歷來探研者乏，唯牟宗三先生撰有〈清胡煦的生成哲學之易學〉。〔註74〕熊十
力於胡煦易說評之曰：

> 清世易家，獨胡煦猶承宋學一脈，其《周易函書》頗有新義，足以
> 羽翼前賢。治《易》者不可不究心於其書也。〔胡氏《易》，清《經
> 解》不收，世罕知其人與書。焦循《易通釋》曾兩引其說，皆無關
> 弘旨。清末章太炎、梁任公，時稱說清儒，而皆不知有胡煦其人也。
> 民國以來，牟生宗三，肄業北庠，作文表章之，始漸為人所注意〕
> （《讀經示要》卷三，頁 603）。〔註75〕

論評可謂至簡，闡之亦未精深，然於其人其書，則多予首肯。

（三）其他易家

熊十力於清儒易家，除詳評焦循、略言胡煦外，又嘗徵引馬國翰《玉函
山房輯佚書》、惠棟《易漢學》、張惠言《易荀氏九家義》、陳壽熊《讀易漢學
私記》、李銳《易虞氏略例》諸家易說，〔註76〕然未予賦評。考馬國翰《玉函
山房輯佚書》輯《連山》、《歸藏》及漢魏六朝隋唐間數十家易注，纂輯之功
未可輕忽，惠氏《易漢學》掇拾漢儒易學，如孟喜、虞翻、京房、鄭玄、荀
爽等皆明其說，末則發明漢易之理，以辨正河圖洛書先天太極之學。陳壽熊
《讀易漢學私記》訂正惠棟《易漢學》之疏，可謂惠氏功臣。張惠言則撰有
《虞氏易學》、《虞氏易消息》、《易義別錄》、《荀氏九家集注》等，其治漢易
與惠棟齊名，於漢易中之虞氏易，鑽研獨深，就虞氏已注處詳予闡發，未注
處則多予補注，而於虞氏之易候、易言、易消息、易禮等，亦多發言以論。

〔註74〕此文收錄牟宗三《周易的自然哲學與道德函義》一書。
〔註75〕另《乾坤衍》頁3；《論六經》頁20；《十力語要》頁5，皆曾言及胡煦，然所
　　　論無關要義。
〔註76〕其所徵引諸家之文，參《讀經示要》卷三，頁 561～589。

另李銳《易虞氏略例》專探虞氏易例，凡十八篇。茲因熊十力僅錄諸家之說以明漢易概要，然未述評，故僅羅列以爲備參。

二、民國易家之評論

（一）尚秉和（西元 1870～1950 年）

尚秉和，字節之，所著《焦氏易詁》一書，乃專研焦氏《易林》而成言者，堪稱焦氏之功臣。其於《易》專重象數，所及之象有「互象」、「對象」、「覆象」、「半象」、「大象」等，熊十力謂尚氏言《易》之辭，字字皆象，然也。〔註77〕而於《十力語要》則曰：

> 行唐尚君《焦氏易詁》，……覺其以《易林》與《易》，並《左傳》
> 等互證，而破斥東漢以來群儒誤解，皆饒有義據，不爲妄說，蓋自
> 西漢以後，談易象者，果未有斯人。……尚君書釋象，其樹義有四：
> 曰對象，曰覆象，曰半象，曰中爻。……吾尤感興趣者，厥爲所釋
> 對象義（《十力語要》卷一，頁 99、100）。

蓋船山《易傳》言乾坤皆十二位，餘卦準此，熊十力以其說乃徒以己意增益六位，實未有據。而尚氏對象之說，以陽與陰對、陰與陽對，陰陽相對，往來流通，合而爲一，每卦本象與對象相對待而實相融和，故熊十力以其說可補船山之失。惟其重象數、略義理，復抨擊輔嗣、伊川，此則未爲熊十力所認同。〔註78〕

（二）其他易家

王漢，革命之士也，以行動實踐所學，熊十力感佩之，乃爲之立傳。〔註79〕王漢以「人各自立，人各自主，則群龍也。天上不得有君，故无首也」釋〈乾〉「群龍无首」義，熊十力贊之，謂其「精神與功德，皆從易學中得來。」〔註80〕王漢固非專研《易》者，然確能體踐力行《大易》精神。另萬樹派《周易變通解》，熊十力言其人潛德睿思，治易不囿當時風會，參稽漢宋，而證以己所悟知，未嘗謬於經旨也。〔註81〕

〔註77〕參《讀經示要》卷三，頁 541。
〔註78〕參《十力語要》卷一，頁 100～103。
〔註79〕參《十力語要》卷一〈王漢傳〉。
〔註80〕語出《十力語要》卷一，頁 133。
〔註81〕《十力語要》卷一，頁 118、119。

結　語

綜上所論，熊十力於易學發展之批評略可觀知：

（一）熊十力對周前易學之抑揚：熊十力特崇伏羲，言其畫卦重卦，立中國哲學之宏規，啓孔子易學之端緒，而於文王、周公多忽而略之。然其論不乏臆說，猶待察考。而其批評《連山》、《歸藏》，見之於《讀經示要》者，其語謹嚴。

（二）熊十力對漢魏易學之評騭：熊十力固明漢易間存古義，不乏稽古之功，可爲知新之助，然於漢易之特重象數，多以繁瑣穿鑿、鮮當於理評之，而殊不重視，另亦略及漢易之傳承。而於費直則評爲傳經之正軌，於揚雄其人許爲神悟超拔，而雄作《太玄》亦評以未容輕議，至其他諸家易說則多引而未評。另於《易緯・乾鑿度》言「易」之三義及三始說則析闓甚精。至於魏易則僅及王弼一人，而多贊其知象掃象，深於易理。

（三）熊十力對宋代易學之褒貶：於朱震《漢上易傳》僅評以頗有規模。述評周子〈太極圖說〉則褒貶互見，於「無極而太極」、「主靜立人極」語亦多發議，復辨〈圖說〉言動靜語與己翕闢說之異，而於《通書》則評以深於造化。次及橫渠易學，既明船山之歸宗橫渠，然亦言船山宏闊非橫渠堪比，而於橫渠《正蒙》亦多品評。

（四）熊十力對清代暨民國易學之考察：首及清代易家焦循，言其專精象數之學，作品難讀，當取《易通釋》、《易章句》、《易圖說》往復研探，以識其端緒，而於焦氏旁通、相錯、時行、比例之義亦多申論，然終評循滯於「以例論易」，有勾通縫合之失，並及循不識乾元諸弊。次於胡煦易學則評以頗有新義，其他易家則僅略及之。民國易家首及尚秉和，言其《焦氏易詁》饒有義據，不爲妄說，其他諸家則亦略涉耳！

第四章　熊十力釋《易》之方式

　　前賢注《易》釋《易》，其發爲專著者，或明爻位之律則，或發注經之條例；或取卦爻以爲釋，或宗十翼以發微；或援群經以相貫，或擷諸子以證說，或驗史事以闡趣；或申承乘比應之故，或闡卦德卦象之理；或申以圖書，或釋以象數；或引述、或考徵、或闡析、或綜比。其法可謂多矣！熊十力於易理闡之固多，然專釋爻者蓋寡。《新唯識論》、《原儒》、《乾坤衍》均偶摭數句以闡，非專爲析言，惟於《讀經示要》卷三專釋〈乾〉、〈坤〉二卦及〈序卦傳〉諸卦大義、並擷〈繫辭傳〉數句以釋。由此以析，固難見全，然亦得略窺其釋《易》方式，下分四節以述，並於各節各目下條舉原文，附以案語。

第一節　援引《周易》經傳

一、引卦爻辭爲釋

（一）援卦辭以釋

1. 〈乾〉卦辭：「元亨利貞」

　　〈乾〉、〈坤〉二卦，皆舉四德，……六十二卦，莫非乾元所爲，即無不備四德，而有具舉或否者，則從修爲方面而言。……其具舉者，如〈屯卦〉等，〈屯卦〉具舉乾之四德，此四德，在物爲性。……不具舉者，如〈蒙卦〉等。〈蒙卦〉，明陰盛，而陽猶未離陰之錮，即性未遽顯也。〈蒙〉不言元，而非無元，但隱而不顯耳。……〈坤卦〉以下，其或具舉四德或不具舉，則皆就修爲方面而言，如〈坤〉雖具四

德而於貞，曰牝馬之貞，牝馬性順，貞正也，則明〈坤〉以順陽爲正。……
如〈蒙〉之亨利貞，則以〈蒙〉之自修，求通爲先而利貞從之，故只
舉三德也。又如〈比卦〉，云元永貞。比，助也，萬物莫不互相比助
而生，但比之道，非可徒以利害相結也，必互敦乎仁，而同出於正，
故舉元及貞也。貞者，正固。元，仁也，不本於仁，不出於正，而可
相比助者，未之有也。故〈比卦〉以修元德、貞德爲至要。……若剋
就修爲而言，則吾人隨其時位不齊，而修吾所性之德，功在對治。如
〈坤〉利牝馬之貞，則以對治陰闇，利在正固也。〈蒙〉之亨，則以
求通，而對治蒙昧也。〈比〉之元與貞，則以仁與狡詐，成乎人相食
之禍，唯互敦仁德，守正固，可以對治之也。他卦，皆可準知（《讀
經示要》卷三，頁 633～636）。

案：〈坤〉卦辭曰：「元亨，利牝馬之貞。……」〈屯〉曰：「元亨，利貞。……」
〈蒙〉曰：「亨……利貞。」〈比〉曰：「……元永貞，无咎。……」熊
十力既析〈乾〉卦辭四德具舉之故，復三舉上列數卦，以明其或全修四
德或偏有扼重之因。

2. 〈坤〉六四〈象〉曰：「括囊无咎，愼不害也。」

夫子於〈需卦〉繫之辭曰：「利涉大川」大川，險也。涉險而不憂乎
困窮，剛建之至，宜與此爻參互觀之（《讀經示要》卷三，頁 699）。

案：〈需〉下體乾爲健行，上體坎爲大川，涉險而不憂困窮，故含剛健
之義。而〈坤〉六四有退藏免咎之義，故二爻得相互比觀。

3. 〈坤〉用六：「利永貞」

坤不順乾，即失其主，將至物化而不反。此其失道之迷，爲可懼也。
故坤道之利，唯在永貞。貞者，卦辭云：「牝馬之貞」，以順陽爲正之
謂也（《讀經示要》卷三，頁 705）。

案：坤當順陽而未可侵之，此以本卦卦辭佐釋「利永貞」之義。

4. 〈序卦傳〉：「物稚，不可不養也，故受之以需。需者，飲食之道也。」

生類繁殖，則資生之事急矣！故〈屯〉、〈蒙〉二卦之後，受之以〈需〉。
需者，飲食之道也。……〈需〉之繫辭曰：「需有孚，光亨，貞吉，
利涉大川。」按有孚者，人群相生相養之大計，惟相矢以孚信，而後

可行。孚信不存，則爾詐我虞，此攘彼奪，而生產事業無所措手，故貴於有孚也。光亨云云者：光者，明之象。亨者通義。明通，而後不以私害公，不圖小己之利，以剝大群，毋使群己俱蒙其禍，是爲得正而吉，故曰光亨貞吉（《讀經示要》卷三，頁 719、720）。

案：熊十力於《讀經示要》卷三疏釋〈序卦傳〉，多明某卦次某卦之因，而後或引該卦卦辭以明其義，如此處所示者即是，今姑舉一例，他處亦有仿此者，〔註1〕不另贅述。

（二）援爻辭以釋

1. 〈序卦傳〉：「飲食必有訟，故受之以訟。」

訟，爭也。爭端必起於飲食。……愚而能爭，雖愚必明；弱而能爭，雖弱必強。故〈訟卦〉六爻無不吉。〔初六曰終吉，九二曰无眚，六三曰終吉，九四曰安貞吉，九五曰元吉，上九亦不言凶。〕從來易家，多以訟爲惡名，則由誤以訟爲訴訟之訟。而不知，訟者爭義，乃指愚弱者對於凶暴之一種鬥爭。……〈訟〉之九五曰：「訟，元吉。」九五以陽居中。爭而勝，自處中正，故元吉（《讀經示要》卷三，頁 720、722）。

案：此舉〈訟卦〉各爻爻辭以明其義。《釋文》：「訟，爭，言之於公也。」〈訟〉☱☵上剛下險，遇險陷而逞剛烈，乃有爭訟之事，故以〈訟〉爲說訴訟之卦，亦無不可。熊十力之釋，固無不可，而必以訴訟義爲非，亦未必也。

2. 〈序卦傳〉：「泰者通也。物不可以終通，故受之以否。」

〈否〉之上九曰：「上九，傾否，先否後喜。」案上九，陽剛之極。故能傾覆否運，而使之轉泰。其先否極，今乃否傾而泰，則有喜矣！……一傾字，直顯迴轉天地本領，非剛健至極，何能收此奇功？聖學廣大，於斯可見。而漢以來諸君子，遇否，只知儉德辟難，罕聞有體剛健以任傾否之大業者。何怪世運日下乎（《讀經示要》卷三，頁 734）。

案：此釋〈否卦〉而舉上九一爻以闡，蓋〈否卦〉微義，在此爻故也。

〔註1〕熊十力疏釋〈序卦傳〉，並引各卦卦辭參備之者，另見《讀經示要》卷三，頁721、723、724、727、728、730、732、739。

二、引十翼爲釋

（一）舉〈彖傳〉以釋

1. 〈乾〉卦辭：「元亨利貞」

四德以元爲首。元謂仁體。〈彖〉云「大哉乾元」是也。亨、利、貞，皆元也（《讀經示要》卷三，頁633）。

案：此舉〈乾・彖傳〉語輔釋卦辭「元」義。

2. 〈坤〉六二：「直、方、大。不習，无不利。」

直、方，言其德也。順以承乾。無邪曲之謂方，無迷妄之謂直。直、方，故不失其大也。〔〈乾〉之〈彖〉曰「大哉乾元」，乾元即太極也，故至大。坤之體，即太極。本至大但如不順乾，則將不守直方，而失其大矣！〕（《讀經示要》卷三，頁696）。

案：此亦舉〈乾・彖〉以釋六二「大」義。

3. 〈繫辭上傳〉第一章：「乾知大始，坤作成物。」

曰「乾知大始」，明乾以知故，而大始萬物也。此所謂知，自非常途所云知識之知。〈乾・彖〉言大明，即此知義（《讀經示要》卷三，頁707）。

案：〈乾・彖〉曰：「大哉乾元，萬物資始，乃統天。雲行雨施，品物流形。大明終始，六位時成，時乘六龍以御天。」熊十力舉此中「大明」義以闡〈繫辭傳〉之「知」字。

4. 〈序卦傳〉：「有天地，然後萬物生焉。盈天地之間唯萬物，故受之以屯。屯者盈也。」

〈乾〉、〈坤〉二卦之後，繼以〈屯卦〉。乾有天象，坤有地象。屯者，萬物始生之象，故云有天地然後萬物生也。……〈屯〉之〈彖〉曰：「屯，剛柔始交而難生，動乎險中。大亨貞。雷雨之動滿盈。」富哉斯言：剛柔始交而難生，動乎險中者，剛謂陽，柔謂陰。交者，相反相成義。陰陽若反，而實融和，萬物以之生（《讀經示要》卷三，頁714、715）。

案：熊十力《讀經示要》卷三釋〈序卦傳〉，中或舉該卦〈彖傳〉以釋，

如此例也。他處同此者，茲不贅舉。〔註2〕

（二）舉〈象傳〉以釋

1. 〈乾〉初九：「潛龍勿用」

〈象〉曰：「潛龍勿用，陽在下也。」在下者，潛藏義，初九在一卦之下，示乾陽之具有無限可能性，潛而未顯也（《讀經示要》卷三，頁637、638）。

案：初九假潛龍之象以明之，熊十力復舉〈乾〉初九〈小象傳〉以詮解。

2. 〈乾〉九三：「君子終日乾乾。夕惕若厲。无咎。」

三爻唯言人事，而實亦通天化。〈象〉曰：「終日乾乾，反復道也。」三居下卦之終。終者，所以開上卦之始也。終則又始，反復之道，於此可見（《讀經示要》卷三，頁641）。

案：此亦同上舉該爻〈小象傳〉以釋。

3. 〈乾〉九四：「或躍在淵，无咎。」

四超出於下卦之上，故曰躍。居上卦之下，仰承二陽，而爲退爻。以陽處陰，故又曰在淵。……〈象〉曰：「或躍在淵，進无咎也。」夫子於此爻，直以進无咎三字贊之，意深遠哉！吾人欲吾生命超拔於墮沒之中，而遠於咎，亦唯果於進而已矣（《讀經示要》卷三，頁642、644）。

案：此同上舉該爻〈小象傳〉以解。

4. 〈序卦傳〉：「眾必有所此，故受之以比。」

比，輔也，助也。群眾必互相輔助，而後可共存共榮。故〈比〉次〈師〉而言之。……〈象〉曰：「地上有水，比，先王以建萬國，親諸侯。」夫物相親比而無間者，莫如水在地上，故〈比卦〉取象於此（《讀經示要》卷三，頁724、726）。

案：此舉〈大象傳〉以解〈比卦〉。熊十力於《讀經示要》卷三疏解〈序卦傳〉，或間引該卦之〈大象傳〉以解，此例是也。餘卦同此者，茲不贅舉。〔註3〕

〔註2〕熊十力疏釋〈序卦傳〉，並引各卦〈象傳〉以疏之者，另參《讀經示要》卷三，頁718、720、724、726、728。

〔註3〕熊十力疏釋〈序卦傳〉，並引各卦〈大象傳〉以解者，另見《讀經示要》卷三，

（三）舉〈繫辭傳〉以釋

1.〈乾〉九三：「君子終日乾乾。夕惕若厲。无咎。」

君子務本原之學，所謂仁學是也。仁者乾元，爲萬物始。其在於人，則謂之性。以其主乎吾身，亦謂之心。〈繫傳〉云：「大德曰生」，……皆指仁體言之（《讀經示要》卷三，頁 640）。

案：日夕不懈，兢惕以進者，〈乾〉九三所示也。而熊十力以君子務本，在乎仁學，復舉〈繫辭下傳〉第一章：「天地之大德曰生」以佐證所言。

2.〈乾〉九五：「飛龍在天，利見大人。」

利見大人者，人皆大人，互相利見也，……有問：「此爻利見大人，先生作兩解，而不必同旨，未免任意説經。」答曰：「易道廣大，無所不包通。故〈繫辭傳〉曰：『書不盡言，言不盡意。』聖人以無盡之意，難以言宣，故假象以廣喻。」（《讀經示要》卷三，頁 648）。

案：此爻「利見大人」，熊十力作二解，一指其德爲天下所利見者；一指能成革命大業者。〔註 4〕並引〈繫辭上傳〉第十二章「書不盡言，言不盡意。」以言所釋非必囿於一解。〔註 5〕

3.〈乾・象〉曰：「天行健，君子以自強不息。」

天行健，明宇宙大生命，常創進而無窮也，新新而不竭也。君子以自強不息，明天德在人，而人以自力顯發之，以成人之能也。……〈繫辭傳〉曰「聖人成能」，此《易》之大義也。人能未進，無以顯天德也（《讀經示要》卷三，頁 671、672）。

案：「聖人成能」語出〈繫辭下傳〉第十二章。人當參天地之功，輔相萬物，備物致用，如此方能眞體天之行健義。

（四）舉〈文言傳〉以釋

1.〈乾〉卦辭：「元亨利貞」

元，始也，言其爲萬物所資始也。始萬物者仁也，故〈文言〉曰：「元者善之長也」。夫生生之謂仁，生生者備萬理，眾善自此出，故是善

頁 716、727、729、730、733、740。
〔註 4〕參《讀經示要》卷三，頁 644～648。
〔註 5〕「利見大人」之義，另可參黃師慶萱《周易讀本》之詮解。

之長。又曰：「君子體仁，足以長人。」前言元者善之長，是剋就仁體言。此言君子體仁，則剋就吾人分上而言。……亨，通也。……〈文言〉以禮屬亨，蓋禮亦只是性分上有此通暢之德，非從外面矯揉造作也。……利，和也。……〈文言〉以義屬利，義則無私也，無私即和。……貞，正而固也。……〈文言〉云「貞者事之幹」，迷妄則不可以幹事，即謂智也（《讀經示要》卷三，頁629～632）。

案：〈乾・文言〉：「元者，善之長也；亨者，嘉之會也；利者，義之和也；貞者，事之幹也。君子體仁足以長人；嘉會足以合禮；利物足以和義；貞固足以幹事。君子行此四德者，故曰：乾，元亨利貞。」熊十力引之以釋卦辭之義。

2. 〈乾〉九四：「或躍在淵，无咎。」

〈文言〉曰：「上下无常，非為邪也。進退无恆，非離群也。」純健之體上進者其本性，而上以下為基，進以退為據，則上下若無常，而實非無常，故曰非為邪也。進退似無恆，而實非無恆，故曰非離群也。生命躍進上一階地，若與其元來下一階地相離異，其實，上下元為一體，何離異之有？從全體之進程看去，生命畢竟是一直上進（《讀經示要》卷三，頁643、644）。

案：此引〈乾〉九四〈文言傳〉以釋爻辭「或躍在淵」義，復闡發「上下无常」、「進退无恆」諸義，夫生命進程，非屬恆常而絕對者，發展時必有或上或下或進或退等曲折過程，然總體以觀，仍上進不已。

3. 〈乾〉九五：「飛龍在天，利見大人。」

〈文言〉曰：「九五曰飛龍在天，利見大人，何謂也？子曰：同聲相應，同氣相求。」云云，故知大人，互以聲氣同，而相應求，非奉一尊以為大人也。若奉一尊以為大人，則是群品低下，而使權力操之一尊，猶帝制之餘習耳，不得為革命也。……〈文言〉又曰：「夫大人者，與天地合其德，與日月合其明，與四時合其序，與鬼神合其吉凶。先天而天弗違，後天而天奉時。天且弗違，而況於人乎！況於鬼神乎！」詳此之言大人，實指能成革命大業之群眾而言（《讀經示要》卷三，頁646、647）。

案：此引〈乾〉九五〈文言〉以弘闡「大人」之義，強調大人未可挾私

以自雄，當去私奉公，成就革命之大業。

4.〈坤〉上六：「龍戰於野，其血玄黃。」

其血玄黃者，戰必有傷，故血玄黃。血不足惜，乾道所以大亨也。〈文言〉曰：「陰疑於陽必戰，爲其嫌於无陽也，故稱龍焉！猶未離其類也，故稱血焉！夫玄黃者，天地之雜也。天玄而地黃。」此言陽戰勝陰，即陰順陽，而成其沖和（《讀經示要》卷三，頁 702、703）。

案：此舉〈坤〉上六〈文言〉以明爻辭「其血玄黃」之故。

（五）舉〈說卦傳〉以釋

1. ䷁ 坤上\
坤下 坤

坤上，坤下，其卦名〈坤〉。……〈說卦〉曰「坤以藏之」，藏者造化有所凝聚，而生化勢能，常於此藏，乃即利用所藏處，得以自表現也（《讀經示要》卷三，頁 674、675）。

案：〈說卦傳〉第四章：「……乾以君之，坤以藏之。」熊十力引此以明造化大用凝聚處曰坤。

上所引列，或據卦辭以釋、或據爻辭以釋、或舉〈象傳〉以釋、或舉〈象傳〉以釋，此中偶有以彼卦之言釋此卦之辭，而多爲舉同卦之辭以釋。另凡例多者，僅眩舉數條以言，未一一備列。此外亦有舉〈繫辭傳〉、〈文言傳〉、〈說卦傳〉以釋者。上所舉言者，與費直王弼以傳解經之傳統，實相脗合也。

第二節　徵引羣經

一、引《尚書》以說《易》

1.〈序卦傳〉：「物稺，不可不養也，故受之以需。需者，飲食之道也。」

生類繁殖，則資生之事急矣！故〈屯〉、〈蒙〉二卦之後，受之以〈需〉。需者，飲食之道也。《尚書》言民生，厥惟食貨，義亦通此。人群未開化時，猶如童稺，生養之道未知精究也。憤以求通，則智德力俱進，乃能講究生產，開發物資，大闢利源。而後四海無困窮之憂，群黎有生遂之樂，此〈需卦〉大義也（《讀經示要》卷三，頁 719）。

案：《尚書》〈洪範〉言農用八政：「一曰食，二曰貨、三曰祀、四曰司空、五曰司徒、六曰司寇、七曰賓、八曰師。」此八者，乃體國經野之要，而食、貨居先，熊十力引之以贊〈需卦〉大義。

二、引《詩經》以說《易》

1. 〈序卦傳〉：「物畜，然後有禮，故受之以履。」

〈象〉曰：「上天下澤，履。君子以辯上下，定民志。」辯上下者，上謂上達，下者下達。……《詩》曰：「相鼠有體，人而無禮。人而無禮，胡不遄死？」唯其不甘下達，故志定如此（《讀經示要》卷三，頁 729）。

案：《詩經》語原出〈鄘風‧相鼠〉。而「上達」者，殆即朱子所謂「日進乎高明」，「下達」即朱子所謂「日究乎汙下」，熊十力引《詩》以申「辯」上下之故。

三、引《禮記》以說《易》

1. ䷁ 坤上 坤下 坤

《殷易》首〈坤〉，〈禮運〉孔子曰：「吾欲觀殷道，是故之宋而不足徵也，吾得坤乾焉！」鄭玄注云：「殷陰陽之書，存者有《歸藏》。」是《歸藏》為《殷易》，以〈坤〉為首，最有微意（《讀經示要》卷三，頁 674、675）。

案：此引《禮記》〈禮運〉中所引孔子語以釋〈坤〉。

2. 〈坤〉卦辭：「西南得朋，東北喪朋，安貞吉。」

陽被侵而失位，陰妄逞而喪其朋，凶道也。此喻形氣乘權，而心失其馭。如《禮記》云：「見色思淫，見利思得，臨難思免。」只是陽明所云隨順軀殼起念，心不能統馭其身也。夫形氣必聽令於心，而無妄動，然後安貞而吉，此坤之常道也（《讀經示要》卷三，頁 684）。

案：熊十力引《禮記》語以釋，然所引並非原文，《禮記》〈曲禮上〉曰：「臨財毋苟得，臨難毋苟免。」熊十力語殆為本文之申引。

四、引《春秋》以說《易》

1. 〈乾〉九五：「飛龍在天，利見大人。」

《易》與《春秋》相表裡。《春秋》離據亂，進升平，又由升平而進太
平。非群眾皆成大人，何得革據亂之污習，致太平之盛治乎？利見大
人者，人皆大人，互相利見也，若群眾共戴一人為大人，則群品污下
可知（《讀經示要》卷三，頁648）。

案：此舉春秋三世義以闡「利見大人」。〔註6〕熊十力於諸經大義之申述，
尤以《易》、《春秋》為詳，且以二者相表裡，其說見及諸作，茲不復舉。

五、引《論語》以說《易》

1.〈乾〉卦辭：「元亨利貞」

「君子體仁，足以長人。」……詳孔子以乾具元德，直釋為仁體，證
之《論語》弟子多問仁，可見孔子學術之本源確在《易》（《讀經示要》
卷三，頁630、631）。

案：熊十力引〈文言〉語以釋卦辭，復以《論語》仁說佐證。《論語》
言「仁」者凡五十八章，一百零五次，稽考《引得》即知，姑不贅引。

2.〈乾〉九三：「君子終日乾乾。夕惕若厲。无咎。」

以學言之，君子無終食之間違仁，造次必於是，顛沛必如是，此正乾
乾惕厲之象（《讀經示要》卷三，頁639、640）。

案：熊十力引《論語》〈里仁篇〉語以申「乾乾惕厲」之義，蓋君子即
在一飯之頃、倉遽之間、顛困之際，亦不離仁，此九三之義也。

3.〈乾・彖〉：「乾道變化，各正性命，保合太和，乃利貞。」

《論語》人之生也直。與此云各正性命，互相印證。可見《論語》散
見之言，必通《大易》，而後可得其根源（《讀經示要》卷三，頁661）。

案：熊十力引《論語》語見〈雍也篇〉，鄭玄注云：「始生之性皆正直」，
此與〈乾・彖〉「各正性命」句確有互通處，故熊十力引之以詮解。

4. 同　前

保合太和者。太和，謂乾元性海，雖以反而成化，要歸於太和。太和，
仁也。保謂常存，合謂常和。保合，謂不失其太和也。……君子坦蕩
蕩，聖人從心所欲而不踰矩，一己之保合也。凡有血氣，莫不尊親。

〔註6〕熊十力申釋春秋三世義，可參《讀經示要》卷三，頁786～802。

天下爲公，毋或以強凌弱、眾暴寡，全人類之保合也（《讀經示要》卷三，頁 662、663）。

案：《論語》〈述而篇〉：「君子坦蕩蕩」，〈爲政篇〉：「子曰：『吾十有五而志於學，⋯⋯七十而從心所欲，不踰矩。』」熊十力暗引之以申釋「保合」之義。

5. 〈乾・彖〉：「天行健，君子以自強不息。」

《論語》：「人能弘道，非道弘人。」道，猶此云天德也。道者人所固有，故人能強於自修，以弘大其道也。然道雖在人，而人若不能自強以體道，即心爲形役，而人乃喪道以成爲頑物，故非道可以弘大其人也。義與《易》通，所貴君子體天德之健，以自強不息也（《讀經示要》卷三，頁 670）。

案：《論語》語見〈衛靈公篇〉，人心有覺，道體無爲，故人能大其道。熊十力引之以申「自強不息」之要。

6. 〈坤〉卦辭：「坤，元、亨、利、牝馬之貞。」

心，乾也，陽也。形，坤也，陰也。⋯⋯故君子存心養心之功，必時時提醒，不使心爲形役。如顏子之非禮勿視、非禮勿聽、非禮勿言、非禮勿動，即使形不得役心，坤守順以從乾也（《讀經示要》卷三，頁 680）。

案：《論語》〈顏淵篇〉：「顏淵問仁。子曰：『克己復禮爲仁。一日克己復禮，天下歸仁焉！爲仁由己，而由人乎哉？』顏淵曰：『請問其目』子曰：『非禮勿視，非禮勿聽，非禮勿言，非禮勿動。』顏淵曰：『回雖不敏，請事斯語矣！』」熊十力引之以明坤當順乾，形當從心。

7. 〈坤〉卦辭：「君子有攸往，先迷。後得主，利。」

若以陰私爲先，而障蔽固有之健德，〔健德，乾元也。吾人稟此以生，孔子所謂仁⋯⋯皆指健德而目之也。⋯⋯〕⋯⋯夫君子之行，唯取臣妾柔順之道，不敢爲天下先，則唯任禽獸夷狄橫行，天下事尚可問乎？此與〈乾卦〉自強不息，《論語》見義勇爲之說，明明相反（《讀經示要》卷三，頁 682、683）。

案：《論語》多處言仁，前文已述。另〈爲政〉：「見義不爲，無勇也。」熊十力引之以詆陰私柔順之道。

8. 〈繫辭上傳〉第一章：「易則易知，簡則易從，易知則有親，易從
   則有功。」

   易知則能恕，故有親。〔《論語》：「一日克己復禮，天下歸仁。」〕（《讀
   經示要》卷三，頁711）。

   案：語出《論語》〈顏淵篇〉，克己復禮乃歸仁之道，故曰「有親」。

9. 〈序卦傳〉：「物畜，然後有禮，故受之以履。」

   〈象〉曰：「上天下澤，履。君子以辯上下，定民志。」辯上下者，
   上謂上達，下者下達。」《論語》曰：「君子上達，小人下達。」（《讀
   經示要》卷三，頁729）。

   案：語出《論語》〈憲問篇〉，熊十力引〈履卦〉之〈大象傳〉以釋此卦
   大義，復引〈憲問〉語加以擴申。

六、引《孟子》以說《易》

1. 〈序卦傳〉：「眾必有所比，故受之以比。」

   〈比〉之繫辭曰：「比吉。原筮、元、永貞。无咎，不寧方來，後夫凶。」……
   原，本也。筮，擇也。《孟子》曰：「道二，仁與不仁而已。」推原二
   者之間，而慎擇之。要以仁爲常道，不仁則其變也（《讀經示要》卷
   三，頁724、725）。

   案：「道二，仁與不仁而已矣！」乃《孟子》〈離婁篇〉引孔子語。熊十
   力釋〈比卦〉引其卦辭，復引《孟子》語以闡「筮」之爲「擇」義。

   上乃熊十力徵引《尚書》、《詩經》、《禮記》、《春秋》、《論語》、《孟子》
以說《易》，而援《論語》者獨多，此係因《論語》、《大易》互通之故。而《春
秋》專明外王之學，亦見諸《原儒》、《乾坤衍》等。

第三節　廣徵諸家

一、宗本船山以注《易》

（一）明引船山之說

1. 〈坤〉卦辭：「元、亨、利、牝馬之貞。」

……故坤有陰象，以柔順爲德，謂其當順以從乾也。船山《易内傳》
曰：「隤然委順之謂坤」，此從其德以彰名也（《讀經示要》卷三，頁
679）。

案：熊十力引《周易内傳》卷一「隤然委順之謂坤」，以明坤之順德。

2. 〈坤·大象〉：「地勢，坤。君子以厚德載物。」

王船山曰：「勢，形之勢也。」按地形橢圓，故其勢委順。……此以
地之勢順，象坤德之順也。……君子以厚德載物者，此言君子體坤之
順，其德乃厚，而可以容載萬物也。王船山曰：「順以受物，合天下
之智愚貴賤，皆順其性而成之，不以己之所能，責人之不逮。仁禮存
心，而不憂横逆之至。物無不載也。」（《讀經示要》卷三，頁 689～
692）。

案：此二引俱載《船山内傳》卷一釋〈坤·大象〉處，前引以釋「勢」
之字義，後引以明「順物之性」之要。

3. 〈坤〉初六〈象〉：「履霜，堅冰。陰始凝也。馴致其道，至堅冰也。」

船山曰：「上堅冰二字，蓋衍文。《本義》按《魏志》作初六履霜，義
較順。凝，聚也。霜，以喻陰之始凝。堅冰，喻陰之凝聚益盛。」（《讀
經示要》卷三，頁 695）。

案：考船山《周易内傳》卷一原文與熊十力所引略異，作「上堅冰二字，
蓋衍文，《本義》按《魏志》作初六履霜，義亦通。凝，聚也。霜冰，
皆陰之凝聚而成。」

4. 〈坤〉六四〈象〉：「括囊无咎，慎不害也。」

船山曰：「欲退藏以免於咎，則無如避譽而不居。危言則召禍，詭言
則悖道。括囊不發，人莫得窺其際，慎之至也。」按船山釋此爻之義
甚精。君子處變之道，有時不得不如此。然後世隱淪之士，守此爲常，
且以爲藏身之妙術，則不達此爻之旨也（《讀經示要》卷三，頁 699）。

案：語出〈船山内傳〉卷一，熊十力引之以明君子處變之際當如括囊，
此慎之至也。然復強調「有時」二字，蓋情勢使然，未可常爲也。

5. 〈序卦傳〉：「泰者通也。物不可以終通，故受之以否。」

繫辭曰：「否之匪人，不利君子貞。大往小來。」此言否塞之世，人

失其性，而不成為人，故曰匪人，謂非人道也。然人道衰絕時，亦非
無孤陽之存，但孤陽為群陰之淫勢所掩，而無以行其志，故曰不利君
子貞。王船山曰：「不利君子貞，非利於小人之不貞，亦非君子可不
正而利。陰據要津，君子無所往而得利。貞且不利，況可不貞乎？然
君子雖不利，而固保其貞也。」（《讀經示要》卷三，頁732）。

案：熊十力釋〈否卦〉之義，復引其卦辭為釋，其釋解「不利君子貞」，
則引《周易內傳》卷一語，以明孤陽處群陰之際雖志難行，仍應固守其貞。

（二）暗用船山之說

熊十力釋《易》，亦有未明引船山語而仍本諸船山者，或句、義之同似；
或句異而義近同；或本船山之釋而詳為闡揚。下引諸條，並引王船山、熊十
力二家之說，以較其同異，明其宗本。

1. 〈乾〉九三：「君子終日乾乾。夕惕若厲。无咎。」

船山曰：……三四皆人位，而人依乎地以立功，三尤為人事焉，故於此
言君子之道。內卦已成，乾道已定，故曰終日。九二德施已普，而三尤
健行不已，必極其至，故曰乾乾。然陽剛已至，安於外卦之下，雖進而
不敢驟達於天，惟恐不勝其任，故曰夕惕若（《周易內傳》卷一）。

十力曰：三四皆人位，故於此言君子之道。內卦已成，故曰終日。內
卦三爻皆陽，九二德施已普，而三尤健行不已，故曰乾乾。陽剛已極，
而猶安於外卦之下，求進未止，日夕不懈而兢惕，若有危厲將至者。」
（《讀經示要》卷三，頁639）。

案：此釋〈乾〉九三〈爻辭〉，熊十力所釋之句義幾全仿船山。惟於爻
辭句讀略異，船山作「夕惕若、厲」，熊十力作「夕惕若厲」。

2. 〈乾〉九四：「或躍在淵，无咎。」

船山曰：四，超出於下卦之上，故曰躍。居上卦之下，仰承二陽，而
為退爻，以陽處陰，故又曰在淵。或躍也，或在淵也，疑而未決（《周
易內傳》卷一）。

十力曰：四，超出於下卦之上，故曰躍。居上卦之下，仰承二陽，而
為退爻，以陽處陰，故又曰在淵。或躍也或在淵也，疑於上下無常，
進退无恆矣（《讀經示要》卷三，頁642）。

案：熊十力之釋「躍」、「在淵」等，其詞句、用義幾全同於船山。

3. 〈乾・彖〉：「大哉乾元，萬物資始，乃統天。」

　　船山曰：在天謂之元，在人謂之仁。……其實一也，故曰元即仁也，天人之謂也。……謂人之仁即元者，謂乾之元也。……惟乾之元爲至大也（《周易內傳》卷一）。

　　十力曰：大哉乾元，贊乾元始萬物之道大也。按乾元者，乾即是元，故曰乾元。元者仁也（《讀經示要》卷三，頁657）。

案：熊十力書中屢以「乾元」及「仁」替稱本體，如《讀經示要》卷一：「仁實爲元，仁即道體」即屬之，此或當溯源於船山之言「元」言「仁」也，然船山僅言「乾之元」，而熊十力則逕稱以「乾元」。

4. 〈乾・彖〉：「雲行雨施，品物流形。」

　　船山曰：品物，物類不一而各成其章之謂。流形，理氣流行於形中也。行焉施焉而無所阻，流於品物成形之中而無不貫，亨之至盛者矣（《周易內傳》卷一）。

　　十力曰：品物，物類不一而各成其章之謂。流形者，流，謂流行；形，即謂品物各成其形。乾元以其剛健之力，流行於品物成形之中而無不貫，所以爲大亨也（《讀經示要》卷三，頁658、659）。

案：此條「品物」之釋全同，「流形」之釋解亦詞近義同。

5. 〈坤〉卦辭：「元、亨、利、牝馬之貞，君子有攸往，先迷，後得主，利。」

　　船山曰：……凡言利者，皆益物而合義之謂，非小人以利爲利之謂。……坤者，攸行之道也。君子之有所往，以陰柔爲先，則欲勝理，物喪志而迷；以陰柔爲後，得陽剛爲主而從之，則合義而利（《周易內傳》卷一）。

　　十力曰：……形不可以役心。心，乾也，陽也；形，坤也，陰也。心不能主乎形，而爲形所役，則是坤不順從乾。……使形不得役心，坤守順以從乾也。欲不可以違理，違理之欲，邪欲也。邪欲，陰也，屬坤。理，陽德也，乾也。邪欲不守順而違理，人道絕矣！私不可以背公……，以私背公，則陰犯陽，大逆大亂之道也。……總之，萬惡之

源，只是己私。……若以陰私爲先，而障蔽固有之健德，人生便長溺
迷惑之深淵。……反之，而能以小己軀殼之私爲後，即陰私被抑，則
障蔽不生，而健德常爲一身之主，流行無間，故云後得主。得主，即
内部生活和諧，無不利（《讀經示要》卷三，頁 680～682）。

案：熊十力之闡義可謂精湛，前人於此多以臣妾之道釋之，熊十力斥
之。〔註 7〕而以心、理、公屬乾；形、私、欲屬坤，言形不得役心；
欲不可違理；私不得背公。而其說上承朱子《本義》：「陽先陰後，陽
主義，陰主利」，下繼船山以欲、形言坤；以理、志言乾。

6. 〈乾・彖〉：「至哉坤元，萬物資生，乃順承天。」

船山曰：陰非陽無以始，而陽藉陰之材之以生。萬物形質成而性即麗焉！
相配而合，方始而即方生，坤之元所以與乾同也（《周易内傳》卷一）。

十力曰：坤之元，即乾元也。……坤者，乾之反，而乾資之以成化。
乾非坤，則無所藉以運行。……萬物資於乾以始者，理也；資於坤以
生者，材也。理健而主施；材順而主受（《讀經示要》卷三，頁 684、
685）。

案：此言乾坤之相需，以陽爲理爲性、以陰爲材，熊十力乃本船山義以
闡之。

7. 〈坤・彖〉：「牝馬地類，行地无疆，柔順利貞。」

船山曰：馬之行健，本乾之象，牝秉陰柔之性，則與地爲類。地順承天，
則天氣施於地之中，如牝馬雖陰而健行周乎四方（《周易内傳》卷一）。

十力曰：取牝馬爲象者，以其柔順而健行，與地德類也。地者，所以
象坤，……古者以地承天之施，其德柔順，故坤象之。然坤不惟有地
象，亦取象於牝馬，謂其柔順而健行，與坤德類也（《讀經示要》卷
三，頁 687）。

案：此言地、馬爲坤象，二者表義實同，唯船山言簡、熊十力言詳耳！
又《正義》以「柔順利貞，君子攸行」屬下段；程朱以「柔順利貞，君
子攸行」屬此段。今船山以「柔順利貞」屬此段；「君子攸行」屬下段，
熊十力亦同，當是熊十力本諸船山者。

〔註 7〕參《讀經示要》卷三，頁 682、683。

8. 〈坤〉初六：「履霜，堅冰至。」

　　船山曰：當純陰之下，非偶然一陰發動之象也。堅冰之至，霜所必致。履者，人履之，陰與必盛，自然之數也（《周易內傳》卷一）。

　　十力曰：一陰初動於下，其勢將盛，如人履霜，而知堅冰將至，自然之數也（《讀經示要》卷三，頁 693）。

　案：此熊十力師船山之意。

9. 〈坤〉六二：「直、方、大。不習，无不利。」

　　船山曰：……直、方，其德也；大，其體也（《周易內傳》卷一）。

　　十力曰：大者，言其體也，坤與乾同體。直、方，言其德也（《讀經示要》卷三，頁 696）。

　案：二子同以直、方言德，以大言體。

10. 〈坤〉六三：「含章可貞，以時發也。或從王事，知光大也。」

　　船山曰：六二柔順中正，內德固，所以發生品物者，備其美。六三居其上，成乎坤體，所含者，六二之章光，故雖以陰居陽，而可不失其正（《周易內傳》卷一）。

　　十力曰：六二柔順中正，德足配乾，而光顯盛著。六三居其上，成乎坤體，所含者，六二之光也，故曰含章。章猶光也，雖以陰居陽，而有含章之美，不失其正，曰可貞（《讀經示要》卷三，頁 697）。

　案：先儒釋此，多以六爲陰爻，三爲陽位，以六居三，有以陰包陽之美。此說起自三國吳人虞翻，《集解》引之曰：「以陰包陽，故含章；三失位，發得正，故可貞也。」朱子受虞翻影響，於《本義》曰：「六陰三陽，內含章美，可貞以守。」然陰居陽位，此失位也，焉得以「含章可貞」言之？〔註8〕而船山乃提出如上之新解，以六三坤體成，坤德貞順，內含六二之章光爲釋。而熊十力亦本船山之說。

11. 〈坤〉六四：「括囊，无咎，无譽。」

　　船山曰：括囊，藏之固也。……四與初同道，而初居地位之下，伏陰自怙，四處重陰之中，而爲人位。乃有意沈晦，退而自守之象，故不同於初之陰很（《周易內傳》卷一）。

〔註8〕此本黃師慶萱《周易讀本》釋〈坤〉六三以說之。

十力曰：四與初同道，而初居地位之下，伏陰自怗。四處重陰之中，而爲人位，乃有意沈晦，退而自守，故以括囊爲象（《讀經示要》卷三，頁 698、699）。

案：熊十力於此條用詞釋義多本諸船山。

12. 〈坤〉六五：「黃裳，元吉。」

船山曰：黃者，地之正色，既異黑白之黝素，尤非青赤之炫著，於五色爲得其中。衣在上而著見，裳在下而又有芾佩以掩之，掩在中，而與衣以文質相配者也。六五居中以處上體，而柔順安貞之德，自六二而已成。大順之積，體天時行，若裳以配衣，深厚而美自見，宜乎其吉矣（《周易內傳》卷一）。

十力曰：黃者正色，於五色爲得中。〔吾國古時以黃色爲中，以其異於黑白之黝素，尤非青赤之炫著。〕裳在下，而又有芾佩以掩之，飾在中也。六五雖以陰居尊，而處中故，有黃裳之象。夫二五皆中，大順之積，承乎乾，而助乾之發，德配无疆，是以元吉（《讀經示要》卷三，頁 699、700）。

案：熊十力之釋「黃」、「裳」，詞義均本船山。

13. 〈坤〉上六：「龍戰于野，其血玄黃。」

船山曰：陰亢已極，則陽必奮起。龍、陽物也。于野，卦外之象。陰陽各有六位，坤六陰畢見，則六陽皆隱（《周易內傳》卷一）。

十力曰：上六，陰亢已極，則陽必奮起。龍謂陽也。於野，卦外之象。坤六陰畢見，則六陽隱伏，而終不予陰之自專，必將破重陰之錮，而流通無礙，以顯其主宰之勝能（《讀經示要》卷三，頁 701）。

案：此言「龍戰于野」之故。熊十力之用詞、釋義均近同乎船山。惟熊十力不言陰陽各有六位。

14. 〈坤〉上六〈象〉：「龍戰于野，其道窮也。」

船山曰：六陰皆見，於象窮極而無餘，陽必起而乘之（《周易內傳》卷一）。

十力曰：六陰皆見，於象窮極而無餘，陽必起而乘之。以人事言……（《讀經示要》卷三，頁 704）。

案：船山僅以三句爲釋，熊十力沿其釋，復於人事多作發揮，闡義更精。

15. 〈繫釋上傳〉第一章：「乾以易知，坤以簡能。」

　　船山曰：此言乾坤者，指二卦之全體而言也。變作言能者，知作其功，知能其效也（《周易內傳》卷五）。

　　十力曰：……今變作言能者，作以功言，能以力言，……（《讀經示要》卷三，頁709）。

案：言「坤『作』成物」變「坤以簡『能』」者，其釋同。

16. 〈繫釋上傳〉第十一章：「易有太極，是生兩儀，兩儀生四象，四象生八卦，八卦定吉凶，吉凶成大業。」

　　船山曰：……乃自一畫，以至八卦，自八卦以至六十四卦，極於三百八十四爻，无一非太極之全體（《周易內傳》卷五）。

　　十力曰：六十四卦，三百八十四爻，無一卦一爻而非表太極之蘊也。即無一卦一爻而非明四德之流行也（《讀經示要》卷三，頁713）。

案：其詞義近同，且二人皆以此處「生」字非「生出」義，乃「發生」義。

由上列二類二十一條，得窺熊十力釋《易》多本船山，由此亦即印證本文第二章所言船山易學於熊十力之鮮明影響。

二、偶引諸家以注《易》

（一）《子夏易傳》

1. 〈乾〉卦辭：「元亨利貞」

　　元亨利貞者，乾之四德。……元，始也，言其爲萬物所資始也。……亨，通也。亨德，即元德之發現也。……利，和也。……貞，正而固也（《讀經示要》卷三，頁629～632）。

案：語出《子夏易傳》：「元，始也；亨，通也；利，和也；貞，正也。」

（二）《易緯》

1. 〈乾・彖〉：「大明終始，六位時成，時乘六龍以御天。」

　　大明，謂乾元也。乾元之體，明覺湛然，無知而無不知。無知者，非有知解之相故，亦非預儲有對於一切事物的知識故。無不知者，此明

覺湛然之體，是一切知識之源故，故謂之大明。《易緯》云「清淨炤
哲」蓋本此（《讀經示要》卷三，頁 659）。

案：《易緯》語本出《乾鑿度》。鄭注云：「炤，明也，夫惟虛無也，故
能感天下之動；唯清淨也，故能炤天下之明。」熊十力釋《易》引《易
緯》者猶多，〔註9〕以本文第三章已述及，茲不贅言。

（三）馬　融

1. 〈乾〉初九：「潛龍勿用」。

下爻爲初。九，陽數之盛，故以名陽爻，凡陽爻皆稱九。馬融曰：「物
莫大於龍，故借龍以喻陽氣也。」（《讀經示要》卷三，頁 637）。

案：李鼎祚《周易集解》引馬融曰：「物莫大于龍，故借龍以喻天之陽
氣也。」

（四）鄭　玄

1. 〈序卦傳〉：「物不可以終否，故受之同人。」

〈同人〉之卦，離下乾上。乾爲天，離爲火，二至四，互巽，巽爲風，
天在上，火炎上而從之，得風益熾〔參考鄭玄《易注》〕（《讀經示要》
卷三，頁 739）。

案：熊十力語乃參《周易鄭康成注》〈同人卦〉：「乾爲天，離爲火，卦
體有巽，巽爲風，天在上，火炎上而從之，是其性同于天也。火得風然
後炎上益熾。」

（五）虞　翻

1. 〈乾〉九三：「君子終日乾乾。夕惕若厲。无咎。」

〈象〉曰：「終日乾乾，反復道也。」三居下卦之終，終者，所以開
上卦之始也。終則又始，反復之道，於此可見。……〔虞翻云：「至
三體復，故反復道。」非是。〕（《讀經示要》卷三，頁 641）。

案：熊十力釋「反復道也」，而引虞說以非之，蓋《周易集解》於〈乾〉
九三〈象〉引虞翻：「至三體復，故反復道，謂否泰反其類也。」

〔註9〕《讀經示要》卷三注《易》引及《易緯》者，另見頁 640、665、679、707、
708、709。

2. 〈乾‧象〉:「天行健,君子以自強不息。」

　　天行健者,虞翻曰:「天一日一夜,過周一度,故自強不息。」(《讀經示要》卷三,頁664)。

案:此引虞翻語以言天之行健。

3. 〈序卦傳〉:「履而泰,然後安,故受之以泰。」

　　〈象〉曰:「天地交,泰。后以財成天地之道,輔相天地之宜,以左右民。」案虞翻以后爲君,非是。后與後通(《讀經示要》卷三,頁730)。

案:《周易集解》於〈泰‧象〉引虞翻云:「后,君也。陰升乾位,坤女主,故稱后。」熊十力以「后」爲「後」,言非「君」也。然考《爾雅》〈釋詁〉:「林、烝、天、帝、皇、王、后、辟、公、侯,君也。」而〈大象傳〉所言,皆君王之事,則熊十力以「后」與「後」通,恐非是。另〈大象傳〉稱「后」之卦凡二,〈泰〉、〈姤〉是也。

(六) 王　肅

1. 〈乾〉上九:「亢龍,有悔。」

　　王肅曰:「窮高曰亢」(《讀經示要》卷三,頁649)。

案:《周易集解》引王肅語以釋〈乾〉上九:「窮高曰亢,知進忘退,故悔也。」

2. 〈坤〉六五〈象〉曰:「黃裳元吉,文在中也。」

　　王肅曰:「坤爲文,五在中,故曰文在中也。」但王肅但以象言,而未明其義(《讀經示要》卷三,頁700)。

案:熊十力以〈坤〉六五處中而不亢,坤之順德,至此所積益厚。以是,徵其能承乾之施,而與乾同行也。〔註10〕又引王肅語以言象,肅語得參穆《周易集解》所引。

(七) 干　寶

1. 〈乾〉上九:「亢龍,有悔。」

　　干寶曰:「亢,過也。」(《讀經示要》卷三,頁649)。

案:考今《周易集解》引干寶之文作:「陽在上九,四月之時也。亢,過

〔註10〕語出《讀經示要》卷三,頁700。

也。乾體既備，上位既終，天之鼓物，寒暑相報，聖人治世，威德相濟，武功既成，義在止戈，盈而不反，必陷于悔。」熊十力引言即出於此。

2. 〈坤〉上六：「龍戰於野，其血玄黃。」

〈文言〉曰：「陰疑於陽，必戰。爲其嫌於无陽也。……夫玄黃者，天地之雜也。天玄而地黃。」〔按天者，陽之象。地者，陰之象。干寶曰：「陰陽色雜，故曰玄黃。」〕此言陽戰勝陰，即陰順陽，而成其沖和。……干寶曰：「陰陽合則同功。」〔按陰陽本非異體，但陰偏盛，而陽不顯，故說陽受侵逼，而若不合也。今陽戰勝，而陰順陽以成化，故曰合則同功，此借用干寶語，而義與干寶不必全符。〕（《讀經示要》卷三，頁 702、703）。

案：《周易集解》〈坤〉上六引干寶語曰：「陰在上六，十月之時也。爻終于酉，而卦成于乾。乾體純剛，不堪陰盛，故曰龍戰。戌亥，乾之都也，故稱龍焉！陰德過度，以逼乾戰。郭外曰郊，郊外曰野，坤位未申之維，而氣溢酉戌之間，故曰于野。未離陰類，故曰血。陰陽色雜，故曰玄黃。陰陽離則異氣，合則同功，君臣夫妻，其義一也。故文王之忠于殷，抑參二之彊，以事獨夫之紂，蓋欲彌縫其闕而匡救其惡，以祈殷命，以濟生民也，紂遂長惡不悛，天命殛之，是以至于武王，遂有牧野之事，是其義也。」干氏注《易》喜以文、武、周、成之遭遇比附爻象，由是可窺。《晉史》本傳則稱其「性好陰陽術數」。熊十力於此引借干寶語，然其義確乎未必同於干寶。

（八）王　弼

1. 〈乾·彖〉：「大哉乾元，萬物資始，乃統天。」

王弼《易略例》曰：「夫彖者何也？統論一卦之體，明其所由之主者也。」（《讀經示要》卷三，頁 657）。

案：〈乾〉乃六十四卦之始，故熊十力釋〈乾·彖〉時，先引王弼語，以明〈彖〉義。王弼語出於《周易略例》〈明彖篇〉。

（九）《九家易》

1. 〈坤〉上六：「龍戰於野，其血玄黃。」

〔按戰不能無所傷也，故稱血，血不足憂，陽道所由開通也。荀爽曰：

「血，以喻陰順陽也。」〕……《九家易》曰：「玄黃天地雜，言乾坤合居也。」（《讀經示要》卷三，頁703）。

案：《周易集解》釋〈坤〉上六「其血玄黃」引《九家易》曰：「實本坤體，未離其類，故稱血焉！血以喻陰也。玄黃天地之雜，言乾坤合居也。」熊十力將「血，以喻陰順陽也」歸爲荀爽語，似非。

（十）韓康伯

1. 〈繫釋上傳〉第一章：「乾以易知，坤以簡能。」

易簡，德也。言知能之所以得成其爲知能者也。夫無知而無不知，無能而無不能者，其德易簡，寂然不亂故也。韓康伯云：「天地之道，不爲而善始，不勞而善成，故曰易簡。」其言似是，而猶未究其所以也（《讀經示要》卷三，頁710）。

案：熊十力以「寂然不亂」釋「易」；以「清淨不擾」釋「簡」。〔註11〕而引韓康伯之語，謂尚未究其所以。

（十一）劉瓛

1. 〈乾・彖〉：「大哉乾元，萬物資始，乃統天。」

劉瓛曰：「彖者斷也，斷一卦之才也。」（《讀經示要》卷三，頁657）。

案：《周易集解》〈乾・彖〉引劉瓛語曰：「彖者，斷也，斷一卦之才也。」〈繫辭下傳〉第三章：「彖者材也。」王弼注曰：「材，才德也，彖言成卦之材，以統卦義也。」〈彖〉論一卦之才德，由之明矣！熊十力釋〈乾・彖〉之始，先引劉瓛語以明〈彖〉之爲義。

（十二）伏曼容

1. 〈繫釋上傳〉第一章：「乾知大始，坤作成物。」

古今哲學家，多以爲宇宙人生，由一大迷闇之勢力而開始。……吾國易學家伏曼容，釋〈蠱卦〉曰：「萬事起於惑」。……此皆未了生化之眞源也（《讀經示要》卷三，頁707）。

案：《周易集解》於〈蠱卦〉卦辭「元亨」下引伏曼容：「蠱，惑亂也，萬事從惑而起，故以蠱爲事也。」熊十力節引之，言其未解生化之眞源。

〔註11〕參《讀經示要》卷三，頁709、710。

（十三）盧景裕

1. 〈坤〉卦辭：「君子有攸往，先迷。後得主，利。」

李氏《集解》云：盧氏曰：「坤，臣道也，妻道也。後而不先，先則迷失道矣！故曰先迷。陰以陽爲主，當後而順之則利。」漢儒並同此釋，蓋帝制時代附會之曲說也（《讀經示要》卷三，頁 682、683）。

案：《周易集解》引盧景裕《周易注》以申〈坤〉卦辭「君子有攸往」諸句之義，而熊十力於盧氏以臣妾柔順之道爲釋，則未表贊同。

（十四）崔　憬

1. 〈坤〉卦辭：「西南得朋，東北喪朋，安貞吉。」

同志曰朋，陰念在求陽，故以陽爲朋。西南陰方。〔唐崔憬曰：「西方坤兌，南方巽離，二方皆陰。」〕陰居陰位，而不侵陽，則與陽相得，故云得朋。……東北陽方。〔崔云：「東方艮震，北方乾坎，二方皆陽。」〕陰居陽位，即陽被侵而失位，陰妄逞而喪其朋，凶道也（《讀經示要》卷三，頁 683、684）。

案：《周易集解》於〈坤〉卦辭「西南得朋，東北喪朋，安貞吉。」引崔憬之釋：「妻道也，西方坤兌，南方巽離，二方皆陰，與坤同類，故曰西南得朋。東方艮震，北方乾坎，二方皆陽，與坤非類，故曰東北喪朋。……」熊十力言「西南陰方」、「東北陽方」雖引崔憬語爲據，然熊十力據「得朋」、「喪朋」，則義與崔憬大異。

（十五）李鼎祚

1. 〈乾〉卦辭：「元亨利貞」

元亨利貞者，乾之四德。……元，始也。……亨，通也。……利，和也。……貞，正而固也。李鼎祚《集解》可參看。四德以元爲首，元謂仁體。」（《讀經示要》卷三，頁 628～633）。

案：李鼎祚《周易集解》於〈乾〉卦辭「元亨利貞」下曰：「案〈說卦〉：『乾，健也。』言天之體，以健爲用，運行不息，應化无窮，故聖人則之，欲使人法天之用，不法天之體，故名乾不名天也。」《集解》復引《子夏傳》之語曰：「元，始也。亨，通也。利，和也。貞，正也。言乾稟純陽之性，故能首出庶物，各得元始開通，和諧貞固，不失其宜，

是以君子法乾而行四德，故曰元亨利貞矣！」由此可知熊十力言參稽李氏《集解》者，乃參其所引之《子夏傳》也，故此條得與前引（一）《子夏易傳》並參之。

2. 〈乾·象〉：「天行健，君子以自強不息。」

> 李鼎祚曰：「象者象也，取其法象卦爻之德。」（《讀經示要》卷三，頁664）。

案：李鼎祚語原出《周易集解》釋〈乾·象〉處。熊十力引之以釋〈象傳〉之意。

3. 〈序卦傳〉：「比者，比也。比必有所畜，故受之以小畜。」

> 〈繫辭〉曰：「小畜，亨。密雲不雨，自我西郊。」案六四一陰在上，而近於天，故爲密雲之象。〔李鼎祚曰：「雲雨者，陰之氣也。」案六以陰居四，而近天，故爲密雲象。〕李氏《集解》云：「四互居兌，西郊之象。」夫密雲不雨，以喻歛而不發，小畜之義也（《讀經示要》卷三，頁727）。

案：李鼎祚《周易集解》於〈小畜〉卦辭「密雲不雨，自我西郊。」下曰：「案雲雨者，陰之氣也。今〈小畜〉五陽而一陰，既微少，纔作密雲，故未能爲雨。四互居兌，西郊之象也。」熊十力節引之以釋。

（十六）程伊川

1. 〈乾〉卦辭：「元亨利貞」

> 《程傳》曰：「乾，天也。天者，天之形體。乾者，天之性情。」云云，竊有未安。夫乾亦取象於天，而乾不即是天也（《讀經示要》卷三，頁628、629）。

案：熊十力意謂乾，非物也，乾之爲言健也。運行不息，神化難思，故象之以天，形容其健也，而伊川之釋不求象外之意，故詆之。

2. 〈乾·彖〉：「大哉乾元，萬物資始，乃統天。」

> 大哉乾元，贊乾元始萬物之道大也。〔《程傳》〕（《讀經示要》卷三，頁657）。

案：二句語出伊川《易傳》釋〈乾·彖〉處。

3. 〈乾‧象〉曰：「天行健，君子以自強不息。」

　　伊川曰：「卦下象，解一卦之象；爻卜象，解一爻之象，諸卦皆取象
　　以爲法，亦孔子作。」（《讀經示要》卷三，頁664）。

　案：《伊川易傳》釋〈乾‧象〉，未有「亦孔子作」四字，僅於「諸卦皆
　　取象以爲法」下言「乾道覆育之象至大，非聖人莫能體……。」揣「亦
　　孔子作」四字當爲熊十力之意，排版誤爲伊川之語。

4. 〈坤〉卦辭：「君子有攸往，先迷。後得主，利。」

　　《伊川易傳》云：「君子所行，柔順而利且貞。」又曰：「陰而先陽，
　　則迷錯。居後乃得其常也。」此仍承漢人之謬解（《讀經示要》卷三，
　　頁683）。

　案：此同（十三）盧景裕《周易注》，熊十力亦引《伊川易傳》而非之。

5. 〈坤〉六四：「括囊，无咎，无譽。」

　　……四處重陰中，而爲人位，乃有意沈晦，退而自守，故以括囊爲象。
　　〔伊川云：「晦藏其知，如括結囊口而不露。」〕（《讀經示要》卷三，
　　頁698、699）。

　案：《伊川易傳》釋〈坤〉六四：「四居近五之位而无相得之義，乃上下
　　間隔之時，其自處以正危疑之地也，若晦藏其知，如括結囊口而不露，
　　則可得无咎。不然，則有害也，既晦藏則无譽矣！」熊十力節引之釋括
　　囊爲象之故。

6. 〈序卦傳〉：「眾必有所比，故受之以比。」

　　〈比〉之繫辭曰：「比吉。原筮、元、永貞。无咎，不寧方來，後夫
　　凶。」……《程傳》：「夫者，剛立之稱。傳曰，子南，夫也。」……
　　伊川曰：「凡生天地之間者，未有不相親比而能自存者也。」此互助
　　論之始（《讀經示要》卷三，頁724～726）。

　案：此二引俱見《伊川易傳》釋〈比〉卦辭處：「夫，剛立之稱。傳曰，
　　子南，夫也。又曰：是謂我非夫，凡生天地之間者，未有不相親比而能
　　自存者也，雖剛強之至，未有能獨立者也。……」

　熊十力釋《易》獨本船山，他或偶引諸家以釋，由上列引漢宋間學者十
六家得見。

第四節　稽探眾法

　　熊十力學博識廣，故詮釋《周易》之法，亦見多端，除上述「援引《周易》經傳」、「徵引群經」、「廣徵諸家」外，猶採擇多法，以證其說、明其義，然或以前文已略及，或以文長故難一一備引，故於下列諸項，僅援引數條以明：

一、參佛法

1. 〈乾‧彖〉：「乾道變化，各正性命，保合太和，乃利貞。」

　　《論語》人之生也直。與此云各正性命，互相印證。……佛家說萬物緣起，無明為導首。大乘《涅槃經》卷四十云：「善男子！一切眾生，身及煩惱，俱無先後，一時而有。雖一時有，要因煩惱而得有身。終不因身有煩惱也。」詳彼所云，要因煩惱而得有身，則以煩惱為眾生之本，與此中各正性命義，根本殊途（《讀經示要》卷三，頁661、662）。

　　案：熊十力屢言佛氏不識乾元性海，故其釋《易》引佛，多別其殊異，而非援以證成之。

2. 〈序卦傳〉：「有天地，然後萬物生焉。盈天地之間唯萬物，故受之以屯。屯者盈也。」

　　有天地，而後萬物生。萬物生矣，而其生命在險難之中，即以動乎險中，而生命力，乃奮進益盛，故曰屯者盈也。〈乾〉、〈坤〉之後，受之以〈屯〉，其義宏遠矣哉！夫怖險難，而求出離者，佛氏之妄也。〔今之佛徒，每不肯承認佛氏為出離，此求順俗，而適自甘迷悶也。自《阿含》以至後來小宗大乘諸經，明明以出離為教旨，惡容矯亂耶？〕（《讀經示要》卷三，頁717）。

　　案：熊十力申〈屯〉次〈乾〉、〈坤〉之故，讚生命履險則奮進而益盛，復以佛氏之求出離為妄。以本文第二章已涉佛氏之說，故僅舉二例以明。〔註12〕

3. 〈乾‧象〉：「天行健，君子以自強不息。」

　　生而不有，化而不留，此《大易》了義也。老莊於此，乃以淪虛溺寂

〔註12〕《讀經示要》卷三釋《易》引及佛家之說者，另見頁656、681、707、737、738。

之習，只從任運處理會。卻不悟生而不有、化而不留者，正由其德至健，故生化之盛勢，如是其迅疾，而毫無所滯也。老莊不曾理會天德之健，於是其宇宙觀、人生觀及修養之要、治化之道，皆與吾儒異趣（《讀經示要》卷三，頁 667、668）。

案：此申〈乾‧象〉「天行健」內蘊精義，而老莊只見自然之運行，不見天德之剛健，故乃差毫釐而謬千里。

5. ䷁ 坤上
坤下 坤

夫坤，非異乾而別有本，坤之元，即乾元也，而所以成乎坤者，則《老子》反者道之動一語，解釋最透。……老云「反者道之動」，蓋深得於《易》。夫坤之凝聚而成物，雖爲一種反作用，而實非反也。反者，所以爲和也（《讀經示要》卷三，頁 674、676）。

案：「反者道之動」語出《老子》第四十章。熊十力引之以言太極之顯爲用，必先有一種凝聚處，以爲其自身表現之資具，此即坤也。此凝聚固與太極之體性不相似，雖爲一種反作用，然反者，所以爲和也，大用流行，因有所凝聚，乃得顯其生化之盛。熊十力引老莊語猶多，以本文第二章已涉言之，故僅舉二例以言。〔註13〕

二、證史事

1. 〈坤〉六四：「括囊。无咎。无譽。」

若王船山當明之亡，屢謀光復，而卒不獲。乃竄身猺洞，著書以待後，符此義也（《讀經示要》卷三，頁 699）。

案：本文第二章已略及之。船山於年二十四至三十五，即崇禎十五年至永曆七年，因逢國變，奮力奔走，及至勢無可爲，乃隱而著書。

2. 〈坤〉上六〈象〉：「龍戰於野，其道窮也。」

六陰皆見，於象窮極而無餘，陽必起而乘之。以人事言，如暴秦之專制已極，而陳勝、項梁、劉季始興。蒙古人之蹂躪夏人已極，而徐壽輝、陳友諒、明玉珍、張士誠、朱元璋乃不得不起。近者德國希特勒之徒，凶暴狡詐之毒，極至而窮，於是同盟國奮起而覆之。後此如有

〔註13〕 《讀經示要》卷三釋《易》引及老莊之說者，另參頁 715、722、736。

希特勒者，其窮亦可知（《讀經示要》卷三，頁704）。

案：此引古代史事及近代史實二則以明陰窮而陽起。首則殆本於船山《周易內傳》卷一：「陽之戰陰，道之將治也，而欲奮起於涸陰之世，則首發大難，必罹於害。陳勝、項梁與秦俱亡；徐壽輝、張士誠與元俱殞。民物之大難，身任之則不得辭其傷！」次則則引希特勒事以明之。〔註14〕

3. 〈序卦傳〉：「飲食必有訟，故受之以訟。」

〈訟〉之九五曰：「訟，元吉。」九五以陽居中，爭而勝，自處中正，故元吉。漢武戰勝匈奴，而未嘗虛待其種類，頗符此爻（《讀經示要》卷三，頁722）。

案：熊十力以漢代史實證〈訟〉九五義。

4. 〈序卦傳〉：「泰者通也。物不可以終通，故受之以否。」

〈象〉曰：「天地不交，否。君子以儉德辟難，不可榮以祿。」……吾鄉杜蒼略先生者，終身不交一人，不出戶，常默然無言。居宅近一小山，每日夕，必登臨其上，或望雲而嘯，或仰天而哭。偶見有人過山下者，即急伏地面，若惡人之瞻視也，如是以終其身。或曰：「先生當明之亡，痛心胡禍而至此也。」……先生入清世，久之始卒。有著述，不示人。臨終，索火自焚之，後人竟不可考其思想，先生當否之運，可謂儉德辟難矣（《讀經示要》卷三，頁733、734）。

案：此述同鄉者之行實以明「儉德辟難」義。

三、佐經驗

1. 〈序卦傳〉：「泰者通也。物不可以終通，故受之以否。」

余嘗遊履危峰，徑途險阻，無可直行而前時須退而旁繞，再圖上登。雖在前進長途之各階段中，嘗不免忽前忽卻。然通而計之，則只有進前，而未曾後卻也。人群進化之程，略近於是。否泰迭乘，為進化中所不能免，亦猶山行之前卻不定，終必達於高峰耳（《讀經示要》卷三，頁738）。

案：此藉山行之經驗以言進化之否泰迭乘。山行雖前卻不定，然終達高

〔註14〕舉希特勒為例以言之者，另參《讀經示要》卷三，頁651。

峰；造化固時毀其成功，然實創新不已，可謂善喻。

四、驗科學

1. 〈乾〉九四：「或躍在淵，无咎。」

此以生命言之，當無機物成時，生命猶未發現，及有植物則生命已
突躍而出。由動物以至人類，則生命之奮進，殆如旭日方升，其盛
大不可思議。……生命誠無時不在上進之中，然生命每一度躍進，
而其元來所經之階地，並不因其上躍而遂毀棄。如生命之發現於植
物時期，而其元來所經無機物之階地，並不毀棄。及其躍進於動物
時期，而其元來所經植物之階地，仍不毀棄。……故從宇宙大生命
之進程而言，一方面固見其上進無已，即所謂躍；一方面又見其保
留元來階地，即所謂在淵。龍之或奮躍而欲上於天，或復不離於淵，
正可以象宇宙大生命在進程中之情狀（《讀經示要》卷三，頁642、
643）。

案：此以生物發展進程釋「或躍在淵」。

2. 〈坤〉六三〈象〉曰：「含章可貞，以時發也。或從王事，知廣大
也。」

如宇宙肇始無機物，幾純屬坤陰，其時乾元默運於坤陰之中，但隱而
未發見耳！然經歷相當時期，乃有植物、動物、以至人類，則生命盛
著。生命，乾元也，終以時發見而不容已，故曰以時發也（《讀經示
要》卷三，頁698）。

案：此亦以宇宙生物進程言「以時發」之義。

3. 〈序卦傳〉：「屯者，物之始生也。物生必蒙，故受之以蒙。蒙者蒙
也，物之稚也。」

物始生必蒙。蒙者蒙昧，童稚之象也。生物之始，若無機物，則完全
蒙昧，無心理現象可徵也。若植物，則似有心理現象，而未著也。若
動物，則其心作用已著見，而不能發展以至高明，此皆不離乎蒙昧也。
人類自動物進化而來，雖不能無蒙昧，而皆可求通，以抵於極高明之
境，此人道所以終遠於禽獸也（《讀經示要》卷三，頁718）。

案：此同前二則，採生物發展以言「蒙」。熊十力以此爲言者猶多，〔註15〕僅述引此三則，以爲參稽。

4. 〈乾·象〉：「天行健，君子以自強不息。」

按今天文家言，太陽自身旋轉，大概需時二十五日有餘，繞兜一轉。地球自轉，經二十四小時一週。公轉，經三百六十五日五小時四十八分四十六秒，繞太陽一通，諸天皆運轉不已，故云行健（《讀經示要》卷三，頁665）。

案：此以天文常識釋「行健」。〔註16〕

五、採譬喻

1. 〈乾〉卦辭：「元亨利貞」

元德謂仁體也。萬物同此仁體，故物莫不互相交徧。交徧者，謂物各同處互徧，而不相礙。譬如張千燈於一室之內，千燈之光，各各徧滿於一室，而互不相障。宇宙間一切物事各各徧滿於全宇宙，互不障礙（《讀經示要》卷三，頁631）。

案：此申仁德，而以張千燈於一室爲喻。

2. 〈乾〉用九：「見群龍无首，吉」

譬如於甲漚，而識其體即是大海水。於乙漚，而亦識其體即是大海水。乃至於無量漚，皆然。由此譬況，可知無有超脫現象而獨尊之本體。頗與群體无首義符（《讀經示要》卷三，頁656）。

案：熊十力以漚水爲喻者，遍諸其書。

3. 〈乾·彖〉：「大哉乾元，萬物資始，乃統天。」

萬物資始者，仁體生生不息，萬物所資之以始。譬如眾漚，資始於大海水也（《讀經示要》卷三，頁658）。

案：熊十力以漚水爲喻及他說爲喻者頗多，茲不贅舉。〔註17〕

〔註15〕熊十力以生物發展之進程釋諸卦爻者，另參《讀經示要》卷三，頁634、645、673、693、701、702等。

〔註16〕另有以達爾文物競論爲釋，復非之者。如《讀經示要》卷三，頁673、674、725。

〔註17〕以譬喻爲說者，另參《讀經示要》卷三，頁658、660、664、665、666、667、

六、通己著

1. ䷁ 坤上
坤下 坤

坤，本非異乾而別有其原，故應說坤亦乾也。然而，乾坤二用畢竟有分，則以用不孤行，必故反之。有所凝聚，將成爲物，乃得爲乾元之資具。而乾之生化勢能，遂有所仗以表現也。此所以有乾即有坤，雖坤本不異乾，而卒與乾反，又且賴有此反，以成和同之化。……〔參考《新論》〈轉變〉、〈成物〉諸章。〕（《讀經示要》卷三，頁 678）。

案：熊十力闡述《易》理，諸書通會，圓融周徧。而《新唯識論》於體用不二之理及內聖學旨要申之尤精，故釋《易》之時屢案以「參《新論》……」之言。至〈轉變〉、〈成物〉諸章要義已申於本文第一章，不另載述。

2. 〈乾‧彖〉：「至哉坤元，萬物資生，乃順承天。」

乾爲生化勢能，爲理；坤爲材質，爲物。……理健而施；坤但順受。〔參考《新論》〈轉變〉、〈成物〉諸章。〕（《讀經示要》卷三，頁 686）。

案：《新論》之〈轉變〉、〈成物〉諸章多申乾坤、翕闢之理。

3. 〈乾‧彖〉：「含弘光大，品物咸亨。」

曰弘、曰光、曰大，皆謂乾也。含之者坤也。坤凝聚，而成萬有不齊之品物。〔大用流行，元是渾全的，但凝聚，則於渾全中，而有分化。分化即成各別的物事。參考《新論》〈功能〉、〈成物〉諸章。〕（《讀經示要》卷三，頁 686、687）。

案：此同前也。

4. 〈坤〉六二：「直、方、大。不習，无不利。」

直、方、大，故與乾同健，新新而不守其故，曰不習。〔新新，常新也。方生方減，方減方生。故無故物可留，而常新也。參考《新論》〈轉變章〉。……〕（《讀經示要》卷三，頁 696）。

案：《新論》〈轉變章〉談生滅之理處，得與此處所言相印合。〔註18〕另熊十力釋《易》而標以「參《新論》……》」者猶多，姑不復舉之。〔註19〕

---

706 等。

〔註18〕參《新論》〈轉變章〉，頁 334～350。

〔註19〕熊十力釋《易》而標以「參《新論》……」者，另參《讀經示要》卷三，頁

5. 〈乾‧彖〉：「乾道變化，各正性命，保合太和，乃利貞。」

　　《論語》人之生也直，與此云各正性命，互相印證。……佛家說萬物
　緣起，無明爲導首。〔無明者，迷闇義、惑亂義，緣起亦云緣生，佛
　家有十二緣生之論，而無明於十二緣中居其首，可參看余所著《佛家
　名相通釋》。〕（《讀經示要》卷三，頁 661）

　　案：此釋〈乾‧彖〉「各正性命」，而以佛家之說爲非。言及佛家十二緣
　生，則示吾人參其《佛家名相通釋》一書。考此書頁 67 釋「十二緣生」
　曰：「本名十二支，初无明支。无明即本惑中痴數，詳在行蘊。莊生曰：
　『人之生也，固若是芒乎？其我獨芒而人亦有不芒者乎？』芒即无明之
　別名。伏曼容釋《易》之〈蠱〉曰：『萬事起於惑』，惑亦无明之別名。……
　二行支……三識支……四名色支……五六處支……七受支……八愛
　支……九取支……十有支……十一生支……十二老死支……，此十二
　支，相緣而起故，亦名十二緣生。……」

七、歸人事

　　上詳熊十力釋《易》之法，而其詮解諸卦各爻，必歸結於人事，此亦其
釋《易》法則之一也。或以修德言之；或以事親言之；或以爲學論之；或以
治化證之。而所論諸事，必符此爻此義。略舉數則，以明其例：

1. 〈乾〉初九：「潛龍勿用」

　　如爲學，則博學不教，〔學非可自私者，然當其博學以廣益，則不可
　急於施教也。〕内而不出。〔内自收斂含蓄，不可以浮明淺見，輕爲
　發表。〕於爲治，則克己以奉法，而無競於物。〔不能克己奉法，則
　奮其私以與物競，非潛龍之道。〕力行以責效，而弗耀其功，皆潛龍
　之義也（《讀經示要》卷三，頁 638）。

　　案：此以爲學爲治立言，申「潛龍」之義。

2. 〈乾〉九二：「見龍在田，利見大人。」

　　若就人事言，則君子德修學成，而可以立教。政治家審當世之得失，
　而合群力以圖改造，躬犯大難而不肯退藏，皆爲天下所利見也（《讀

628、631、643、652、653、654、655、656、672、674、682、690、691、693、
735 等。

《經示要》卷三，頁 639）。

案：此以君子之教、政治家之行言「利見大人」義。

3. 〈乾〉九三：「君子終日乾乾。夕惕若厲。无咎。」

以治化言之，當治功已著，而猶彊力求進。利之未興，弊之未去，度
制之未盡適宜，群生之未得休暢，無不本大功以運明察，竭至誠以策
實行，兢業於萬幾。而常戒息荒之生於不覺，禍患之伏於無形，此亦
乾乾惕厲之象。夫勇於進學者，或以急迫致咎；勇於求治者，或以操
切致咎。唯常存惕厲，則調節不失，措置得宜，而无咎矣（《讀經示
要》卷三，頁 640、641）。

案：此以治化申義。

4. 〈乾〉九四：「或躍在淵，无咎。」

此爻以人事言，則如圖革命之大業者，以剛健而任天下之重，期與群
生共濟艱難，固時奮躍以圖功。而或群情有未孚，事有未集，時有未
可，不得不處潛以廣化，奉正以率物，俟時而後興。則躍而不忘乎在
淵矣！或躍、或在淵，志健而慮深。其究必果於躍，而莫之禦。故〈象〉
曰：「進无咎也」（《讀經示要》卷三，頁 644）。

案：此以革命之業申言之。上舉〈乾〉初至四四爻，皆以人事爲言，他
處亦然，不另舉例。〔註 20〕

上舉七法，見其旁通之廣、採擷之富。而其釋《易》，非以詮解字義爲要
務，不以奧說衍文爲本色，信手解來，堪稱輕重得宜，深淺稱當。

結　語

綜上所述，熊十力釋《易》之法，析之以四：

（一）援引《周易》經傳以釋：或援卦辭、爻辭以釋，或舉十翼之文爲釋，
可謂簡單直截。然以本卦之辭釋本卦者多，舉他卦之辭以印合本卦者則寡。

（二）徵引群經以釋：如引《尚書》重食貨之言，以言〈需卦〉飲食之
道；引《詩經》〈相鼠〉以言〈履卦〉上下之辯；引《禮記》〈禮運〉「坤乾」

〔註 20〕 《讀經示要》卷三以人事爲言者，另參頁 646、654、656、680、681、683、
692、693、694、697、698、715、716、720、728、730 等。

之語以言〈坤卦〉；引《春秋》三世義，以言〈乾〉九五「利見大人」；引《論語》〈雍也〉「人之生也直」以言〈乾・象〉「各正性命」語，詮解可謂妙當得宜。復由本文所引，知所援《論語》例獨多。

（三）廣徵諸家以釋：別之以二，其一，宗本船山以注《易》，舉熊十力明引船山之說者五條，暗用船山之說者一十六條，並列引船山《易內傳》原說以相覈比，見其或句、義之同似；或句異而義近同；或本船山之釋詳爲闡揚，以證熊十力詮《易》多歸本船山。其二，偶引諸家以注《易》，列舉漢宋間易家或易著：《子夏易傳》、《易緯》、馬融、鄭玄、虞翻、王肅、干寶、王弼、《九家易》、韓康伯、劉瓛、伏曼容、盧景裕、崔憬、李鼎祚、程伊川等一十六家，以見其學識之廣，徵引之博。

（四）稽採眾法以釋：或參之以佛老、或證之以史事、或佐之以經驗、或驗之以科學、或採之以譬喻、或通之以己著、而均歸之於人事。以此推闡《易》道，詮釋卦爻，故乃曉然而易知。

第五章　熊十力易學之義蘊

　　熊十力學問之終極關懷，在窮究宇宙本源；在探索萬物本貌；在研探人生本性。而此索探宇宙、萬物及人生根源問題者，即體用論是也。凡所發論，凡所著作，莫不歸趨於此，蓋陽明以發現良知引爲千古一快，而熊十力之快則端在發現體用。熊十力復於批判總結儒、釋、道；中、西、印各家體用之基礎上，提出「體用不二」，爲其畢生講學及著作之樞要。觀其所論，格局龐大、涵意深遠、運思謹嚴，寬廣而辟、深閎而肆，於沿承中見原創，於批判中見變革。將古來至今、中外同議之體用問題，重予論探、重予推演、亦重予綜結，於儒家典籍、佛學宗派、西方文化之重重交疊中，抽絲剝繭，重予理會，釀爲一己獨到之觀會。更藉《易經》之太極、乾元、翕闢、乾坤、陰陽、八純卦及顯仁藏用諸語之重新詮解，而與其體用思想冶於一爐、融爲一說，由《易》以見體用之蘊；由體用之論以詮《易》。故本書論探熊十力易學之義蘊，多匯歸原著論點，以體與用之論說爲開展，以《易經》思想爲媒介，並以體用不二爲歸結。茲分三節闡述如下：

第一節　易學本體觀

　　欲精闢掌握中國文化之內涵；欲深入解析宇宙生化之奧妙；欲眞切深勘人性之根源；欲徹底窮索哲學之底蘊，凡此，實均賴本體論之確立、建構、追尋、探究。熊十力畢生孜孜矻矻，投注其全幅生命以研探此人類及宇宙之終極根源，欲藉此以重整現實、挽救文化。熊十力以《易》爲本而批評佛學、批判西學、反思中學，以建立其理想之體用哲學，其視野可謂卓立諸家之上。

一、本體諸議

「本體」者，蓋即萬有之本原也。《新唯識論》〈明宗章〉曰：「在宇宙論中，賅萬有而言其本原則云本體。」故「本體論」者，主在探尋現象界包括宇宙、人生等一切變化之本原，並加以闡釋。

熊十力以爲從來哲人之探求宇宙實體，其議多失頗偏：其一，執實體爲超脫法象之上而獨在：如佛家破大自在天，建立不生不滅之眞如、涅槃；如唯心論者之絕對精神，即此類也。其二，執實體爲潛隱於法象之背後：如佛家唯識論，一方襲舊說之眞如，一方又建立種子，爲諸行生起之因。其說以爲一切物各由自己之種子而生，非共一種子。心，則分八識，亦各由自己之種子而生。一切種子沈潛深伏於第八識中，此可說爲在現象之背後。其三，執實體空洞寂寥，包含宇宙萬象，如《老子》第四十章「天下萬物生於有，有生於無。」熊十力言老子以太虛爲神與氣所從生，即是無生有。有從無而生，遂爲虛無所包，另張橫渠《正蒙》亦襲此說。〔註1〕其四，視萬變不窮之宇宙爲客觀獨存者：僅承認變動之萬有爲實有，然否認本體、厭聞本體之存在，視本體爲觀念論者好弄虛玄而妄構之者。〔註2〕熊十力以爲前三說乃脫離宇宙萬有而純任空想以言宇宙實體，視本體爲一外在物事以推求之，故本體、現象割裂爲二。第四說則陷於否認本體之迷謬，如此則宇宙如電光石火，失所依據，而人生亦等若空華。另於《體用論》亦言及本體論者之三謬：其一，求絕對於相對之外，以爲絕對相對本不二，而亦有分；雖分，而實不二。其二，西學談本體者，徒逞偏見，終爲無體之論。熊十力以爲大用燦然，必有實體。其三，唯物論，以物質爲一元；唯心論，以精神爲一元，皆非也，實則精神、物質皆用也。〔註3〕

二、本體性質

（一）本體六義

綜上緒說之誤，故理應決定宇宙有其本體，且本體、現象不可割裂爲二。然本體究竟爲何種物事？何等性質？渾言之，則爲吾人無可措思者，非思議所可相應者。〔註4〕析言之，熊十力於《新唯識論》中說以六義：一、本體是

〔註1〕從來哲人之探求宇宙實體之三種見，參《明心篇》，頁204、205。
〔註2〕原文參見《新唯識論》〈轉變章〉，頁311。
〔註3〕參稽《體用論》〈成物〉，頁293～301。
〔註4〕語出《新唯識論》〈轉變〉，頁313。

備萬理、含萬德、肇萬化、無所待而成。易言之，本體乃是一切存在、與變化之終極實在，非本無今有，非由意想安立，乃自存且無限者。二、本體是絕對的：若有所待，則不爲一切行之本體，故稱絕對。三、本體是幽隱的、無形相的，即無空間性。四、本體是恆久的、無始無終的，即無時間性。以本體非物質，故超越時空之拘囿。五、本體是全的、圓滿無缺的、不可剖割的。六、本體顯爲無量無邊之功用，故是變易的，然本體雖顯爲萬殊之用，畢竟不移其清淨、剛健、無滯礙之特性，故亦是不變易的。〔註5〕至《體用論》一書，則舉以本體四義，〔註6〕而與《新唯識論》六義大抵近似。

（二）本體闡義

本體之所以爲本體之故，已申六義如上，而熊十力書中亦時或探及本體之諸多性質，凡此特質實本上述六義而更予闡發者，申之如下：

1. 本體非離心而外在：各人之宇宙，均爲本體整體直接之顯現，不可言本體超脫各人宇宙之上而獨在。體非外在，當求諸己，反之於心。吾人之本心，即乃吾身與天地萬物同具之本體。〔註7〕本心之義，另申於後文。

2. 本體非理智所行境界：學問之途有二：曰科學曰哲學，科學憑以發展之工具，即理智也。理智惟向外探尋，且言有客觀獨存之事物。而哲學所窮究者乃本體，即在闡明萬化之根源。憑理智以尋，實難覓本體。〔註8〕

3. 本體唯是實證相應者：是實證相應者，乃名性智。性智，即是真的自己底覺悟。離此覺悟，更無真己。此真己乃自明自覺、虛靈無礙、圓滿無缺、寂寞無形、而畢具眾理。〔註9〕性智之義，後文亦另申之。

4. 本體空寂真常而能生化：熊十力言本體沖寂無形，然寂非枯寂，乃生生不住。即此生生不住，說名爲用。易言之，體雖無形可睹，然含藏

〔註5〕 六義本出《新唯識論》〈轉變章〉，頁313、314。
〔註6〕 《體用論》頁9說以本體四義：「一、本體是萬理之原、萬德之端、萬化之始。二、本體即無對即有對、即有對即無對。三、本體是無始無終。四、本體顯爲無窮無盡的大用，應說是變易的。然大用流行，畢竟不曾改易其本體固有生生、健動，乃至種種德性，應說是不變易的。」此四義與《新唯識論》六義相較，則更本體絕對爲本體即無對即有對、即有對即無對，並刪去六義中第三、五兩條。
〔註7〕 參《新唯識論》〈明宗〉，頁249、251。
〔註8〕 參《新唯識論》〈明宗〉，頁248、249。
〔註9〕 參《新唯識論》〈明宗〉，頁249。

萬有，爲絕對眞實者。所謂眞實，非凝然堅住之謂，而爲一恆處生生化化之物事，唯其生化不容已，故至眞至實，無爲而無不爲。無爲者，乃因體非有形故、有相故、有意想造作故。無不爲者，以此體非空無故，乃法爾生生化化、流行不息故。〔註10〕熊十力復言本體眞常。曰眞曰常，皆由本體之德以彰之也。如言剛健、言誠、言生化，亦皆言其德也。於本體而言眞常諸德，則眞常等乃本體所以得爲宇宙本體之故，若無是諸德，焉得肇萬化、成萬物？〔註11〕又熊十力以爲佛家自小乘以來，於體特重空寂，均以無爲無起作言之，而不涉生化，故偏有未全也。〔註12〕要之，本體至靜而變，至寂而化，寂靜之中即是生機流行，而生機流行畢竟仍爲寂靜，本體空寂眞常而生生不息。空而不容已於生，但生而不有，仍不失空之本然；寂而不容已於化，然化而不留，故不失寂之本然。由是乃知當證空而觀生；悟寂以知化。

5. **本體萬理賅備，涵具諸多潛能**：易言之，萬理交容互攝，而爲一全體，是名本體。本體德無不全、理無不備、寂然無相、渾然至眞、即靜即動、即止即行、即體即用，以其爲萬理賅備之全體，無一毫虧乏，故具諸多潛能，涵具無量可能之世界。〔註13〕

6. **體有複雜之性**：熊十力以爲本體之性質爲複雜。萬化萬變之大原，倘爲單純性，則其內部即無分化之可能，云何成變化？云何有發展？故體具生命心靈與物質能力等複雜性，《易》則以〈乾〉、〈坤〉二卦明體具複雜之性，另熊十力亦時以「翕闢」說闡其本體非單純性。體必成用，方爲活體，然實體內部若無此相反相成之複雜性質，如何得起變動，以成功用？故熊十力以種子本含多樣性之開發，故能生芽、生根幹、生枝、生葉、開花、結果，以喻實體含載複雜性，乃理不容疑。要之，實體複雜性質中之對立統一，乃變化發展之決定根源。實體內含相反之兩端，相反所以相成，實體以是變成大用。後文言乾坤、翕闢諸用，皆以體有複雜之性故也。〔註14〕

〔註10〕 參《新唯識論》〈功能上〉，頁410、411；〈功能下〉，頁433、463及《體用論》，頁99、101、102、104。

〔註11〕 參《新唯識論》〈功能下〉，頁467、468。

〔註12〕 參《新唯識論》〈功能上〉，頁402～411。

〔註13〕 參《新唯識論》〈成物〉，頁536、537。

〔註14〕 參《明心篇》頁14～16；《乾坤衍》〈廣義〉，頁244、245。

7. 體有變動之性：實體乃變動不居，而非靜滯者。不居者，言其刹那刹那變動、捨故生新，無有一刹那之暫停也。前言本體六義之一曰實體爲變易而不變易。由不變之角度以觀，本體清淨剛健、無染無滯，恆守自性而不變；而由變之角度以觀，本體隨時變動而顯爲無量無邊之用。故言體爲能變，乃由功用立名。〔註15〕後文於「能變」義亦將續述之。東坡言「蓋將自其變者而觀之，則天地曾不能一瞬；自其不變者而觀之，則物與我皆無盡也。」〈前赤壁賦〉中所言，確已透解本體之性。

三、本體諸名

熊十力於諸書中，於「本體」之義屢發論議，然爲行文之便及順俗故，於「本體」之稱，則不一其辭。今於本體諸名，匯諸書所發歸爲十一類，專就易學範疇言，則曰「太極」、「乾元」，餘九類雖非易學之屬，然亦備列之以窺其全。

（一）太　極

1. 《易》建太極爲本。〔太極爲萬有之本體〕……朱子言萬物統體一太極，一物各具一太極云云。實則，一物各具之極，即是萬物統體之極，本非判而二之也（《讀經示要》卷三，頁919）。
2. 體用分殊，則説太極爲體，乾坤皆用也（《讀經示要》卷三，頁678）。
3. 太極者，變易之本體也。是生兩儀以下，即明太極妙體，現作變易大用（《讀經示要》卷三，頁711）。
4. 太極寂然無形。〔凡無形者，謂無有如現實界所見實物之形也。無形，非空無之謂。太極固至眞至實，爲萬有之本體也。〕（《讀經示要》卷三，頁712）。

《易》〈繫辭上傳〉第十一章曰：「易有太極，是生兩儀，兩儀生四象，四象生八卦……。」此乃建太極爲宇宙之本。極者，至高至中之謂也，故太極者，乃理之極至。爲至高無上之理；爲陰陽中和之道。

（二）乾　元

1. 《易》明萬化之宗，而建乾元（《讀經示要》卷一，頁118）。

〔註15〕參《新唯識論》〈轉變〉，頁314；《明心篇》，頁19。

2. 《易》以乾元明心體（《讀經示要》卷一，頁 185）。

3. 《九家易》釋乾元曰：「元者，氣之始也。」元爲氣之始，而非即是氣。則言其爲萬有之本體也。虞翻釋〈繫傳〉「天下之動，貞夫一也。」云：「一謂乾元」，此亦以乾元爲萬化之源（《讀經示要》卷三，頁 599）。

4. 太極寂然無形，而其顯爲作用，即說萬物資始，故曰乾元。蓋言此至神至健之作用，乃爲萬物所資之以始，故稱之曰乾元也。乾元即太極也（《讀經示要》卷三，頁 626）。

5. 乾元是用，太極是體。體用不得無分，而云乾元即太極者，以即用顯體故，得名太極耳（《讀經示要》卷三，頁 627）。

6. 乾元者，生生不息之眞體也。人得之爲眞性。能實體之而勿失，則人極立。極者至也。人道之極至，則乾元是也（《讀經示要》卷二，頁 404）。

熊十力以即用顯體，乃名「太極」以「乾元」，《大易》首明乾元始物，剛健不息，故曰天行健，曰變動不居，曰生生不測。而熊十力之體用論側重於空寂而識生化之源；於虛靜而見剛健之德。凡言生化、剛健，實取諸《易》，皆屬乾元創生之德，亦吾儒根本精神所在。綜觀熊十力之學問體系實以《易》爲本，而復獨顯乾元，此乾元，即乃產生健動妙用之本體，亦即天道也，其涵具萬理萬德，由其顯發爲作用，則必有二方相反之力量呈顯，此即下文所欲探究之「翕」、「闢」或「乾神」、「坤物」是也。

（三）本體、實體、體

1. 本 體

（1）西洋哲學談本體者，誠不免紛紛猜度，陷於戲論。……蓋言反己，而識得自我與天地萬物同源，即得以超脫形骸的小我，而直證本體（《讀經示要》卷二，頁 334）。

（2）汝與天地萬物所以生成之理，是謂本體（《讀經示要》卷二，頁 514）。

2. 實 體

（1）唯此實體，無方所、無形相，故無定在而靡不在。……吾人得由實體以生。即此實體，在吾一身之中，而爲眞宰（《讀經示要》卷一，頁 129）。

（2）實體，是萬物之眞實自體。不可逞空想或幻想，以爲實體是在萬
　　物各各的自體以外（《乾坤衍》〈廣義〉，頁281）。

3. 體

（1）西洋哲學上實體一詞，與佛家所謂法性，《易》學所謂「形而上者
　　謂之道」，都是指目宇宙本體之詞。……本論不盡沿用實體和現
　　象，或法性和法相等詞，而特標體和用（《新唯識論》〈功能下〉，
　　頁431、432）。

體用論乃熊十力哲學之重心，而「實體」、「本體」、「體」諸詞，屢見諸
其作，上所列舉僅其中之一、二例。

（四）道、天道、天

1. 道

（1）天地萬物之體原，謂之道（《讀經示要》卷一，頁41）。

（2）萬物之生，同以道爲其本體。故物形雖殊，其性則一（《讀經示要》
　　卷一，頁64）。

（3）名本體曰道，言其爲吾人與萬物所共由之而生也（《讀經示要》卷
　　二，頁372）。

（4）道是本體之名。心、物，則道之功用也（《原儒》〈原內聖〉，頁
　　376）。

（5）孔子曰：「人能弘道，非道弘人。」（……道者，即本體或眞性之
　　稱。）（《原儒》〈緒言〉，頁8）。

2. 天道

（1）儒言天道，乃宇宙本體之稱（《原儒》〈緒言〉，頁7）。

（2）《易》云與天合德。天道，謂本體（《原儒》〈緒言〉，頁14）。

（3）儒者以天道爲人與物所以生所以成之因（《原儒》〈原內聖〉，頁
　　319）。

3. 天

（1）《荀子》〈解蔽篇〉曰：「莊子蔽於天，而不知人。」〔天者，宇宙
　　實體之名。〕（《原儒》〈原學統〉，頁60）。

道、天道、天，皆本體之異名，乃人之所由生，不可將道、天道、天等
外推於吾人之外，當知天命實體生生不息於穆不已，人之道德實踐亦日新又

新進進不已。哲學所窮者，爲宇宙之根本道理，爲吾人所以生之理，而此本非有二也。要之，天道乃一切存有之所從生，爲一渾全不可分之圓盈整體，而萬物所得於道者，亦道之全體，故云「道即一一物，一一物即道。」

（五）理、性、命、真理、道體、性體、真幾

1. 窮理、盡性、至命，見《易》〈繫傳〉，[註16] 理、性、命只是一事。皆斥指本體而目之也。本體者，萬化之大源，是名真理。但以其在人而言，則曰性。以其賦予於人而言，則曰命（《讀經示要》卷二，頁304）。

2. 自乾元之賦予於物而言，則曰命。自物之秉受乾元以生而言，則曰性（《讀經示要》卷三，頁661）。

3. 本論乃直指本體而名之以理（《新唯識論》〈成物〉，頁540）。

4. 余以爲理者，斥體立名，至真至實（《新唯識論》〈成物〉，頁542）。

5. 儒家從道體上，見得是個生生不息真幾，乃就其在人而言名之爲性。故性，即道之異名也（《讀經示要》卷一，頁94）

6. 性體渾然至真，寂然無相（《新唯識論》〈明心上〉，頁562）。

由上遂知熊十力或稱本體爲理、爲性、爲命。以本體具眾理，爲萬化之源，故稱以「理」；以本體爲吾人所以生之故，乃名以「性」；就本體之賦予吾人言之，則爲「命」也。吾人自性清淨，無有不善，及心爲形役，遂失真性，故欲懲惡勸善，當重盡性工夫。另真理、道體、性體、真幾亦皆本體之名也。

（六）本　心

1. 性真之流行，而爲吾人一身之主者，便名本心（《讀經示要》卷一，頁54）。

2. 窮究宇宙本體之學，謂之玄學，陽明則直指本心（《讀經示要》卷一，頁136）。

3. 夫命即性，性即本心也。本心澄明，無有染著，無有倒妄，吾人能保任此心，使其恆爲主於中，則一切嗜欲，皆本心之發用，自然有則，而不至狂亂以逞（《讀經示要》卷二，頁310）。

4. 本心乃奠然無待，體物而不物於物者也。體物者，謂其爲一切物之實

[註16]　「窮理盡性以至於命」，今本在〈說卦傳〉，帛書本則列諸〈繫辭傳〉，此依熊十力《讀經示要》原文列於〈繫辭傳〉。

體，而無有一物得遺之以成其爲物者也。不物於物者，此心能御物而不役於物也（《新唯識論》〈明宗〉，頁 253）。

5. 世學或以宇宙實體離吾心而外在，因向外探索。《新論》故指出實體即是吾之本心，此非外在，更不容向外窮索，要在反求自證（《新唯識論》附錄〈答友人〉，頁 682）。

6. 生天生地生人生物，只是一理。此理之存乎吾人者，便名爲本心（《新唯識論》〈成物〉，頁 488）。

7. 或有問言：「《新論》本以恆轉之動而闢，說明爲心。此所謂心，即是本心，非習心也。然心既只是恆轉之動，應不即是恆轉。易言之，心不即是本體。而《新論》卻又說心即本體，其義云何？」答曰：言心即本體者，即用而顯其體也（《新唯識論》〈明心上〉，頁 550）。

　　本體者，萬法之實體也，剋就實體之在吾人分上言之，則名以本心。故吾心即乃宇宙本體，萬有皆不離吾心而獨存。又本心即天理也，如能反躬自證，則本心通體明覺，而全幅天理流行。

　　吾人之心，有本心、妄心之別，本心清淨、昭明、絕對、眞實，得役物、轉物而不爲物役。而本心一名，依立意之別，而有心、意、識三名。熊十力言「以其雖主乎一身，而實渾然與天地萬物同體，則謂之心。以其爲吾人內在的生活力，有主宰用，則謂之意。以其發現爲意知思慮見聞嗅觸等了別作用，則謂之眼識、耳識、乃至意識。」〔註 17〕而妄心者，即習心也，因與外界接觸，乃對外境起執，由因緣、等無間緣、所緣緣、增上緣等互相藉待而起。故習心用事，必障礙本心，使失昭明之本體。

　　至若本心之義相，熊十力說之以二：其一，此心是虛寂的，因無形無象，故說爲虛。因性離擾亂，故說爲寂。寂故，其化也神；虛故，其生也不測。其二，此心是明覺的，因離闇，故謂之明；因無惑，故謂之覺。明覺者，無知而無不知，無虛妄分別，故云無知；照體獨立，爲一切知之源，故云無不知。〔註 18〕

　　熊十力倡言「明心」，即是要打掃心田，使心湛然澄淨。而保任本心，擴充本心、自識本心、存養本心之方，在乎「存持之要」，如此方得使本心常潤常照，普萬有而爲大主。故「會歸本體，直揭心源。」實爲熊十力哲學之旨要。

〔註 17〕語出《十力語要》卷二，頁 161。
〔註 18〕參《新唯識論》〈明宗〉，頁 251。

（七）能變、恆轉、功能

1. 把本體說為能變，這是從功用立名（《新唯識論》〈轉變〉，頁 314）。

2. 把本體說為能變，我們從能變這方面看，他是非常非斷的，因此，遂為本體安立一個名字，叫做恆轉。恆字是非斷的意思，轉字是非常的意思。非常非斷，故名恆轉（《新唯識論》〈轉變〉，頁 315）。

3. 本體是顯現為萬殊的用的，因此，假說本體是能變，亦名為恆轉（《新唯識論》〈轉變〉，頁 317）。

4. 恆轉勢用大極，無量無邊，故又名之以功能（《新唯識論》〈功能上〉，頁 362）。

5. 本論從用識體，故說本體為能變，亦名功能（《體用論》〈佛法下〉，頁 161）。

前言本體即不易即變易，以即用顯體言，本體是變易的，故復稱名「能變」，以其非常非斷，因名「恆轉」；以其勢用之大，遂名「功能」，其實一也。

（八）真如、法性

1. 真如是一切法真實性故，猶云宇宙的實體，故名萬法真理（《新唯識論》〈功能下〉，頁 412）。

2. 佛家法性心，則相當於道心。法性，猶云一切物之本體（《新唯識論》〈明心上〉，頁 548）。

3. 印度佛家，把宇宙萬象即所謂色法和心法通名法相，謂色心法雖無定實，而有相狀詐現，故名法相；把一切法相底實體，名為法性。他們印度佛家所謂法性，即我所云體（《新唯識論》〈功能上〉，頁 362）。

4. 法性，亦真如之別名（《新唯識論》〈功能上〉，頁 374）。

言真如、言法性，佛家語也。真如，梵語作 bhūtā-tathatā 或 tathatā，即指遍布於宇宙中真實之自體，為一切萬有之根源。法性，即梵語 dharmata，指諸法之真實自性，亦即宇宙一切現象所具之真實不變之本性，為真如之異稱。二者皆本體之名。

（九）性　智

1. 性智是心之異名，亦即是本體之異名（《新唯識論》附錄〈答謝幼偉〉，頁 676）。

熊十力區分吾人之認識能力為二，一者，量智也；一者，性智也。量智

乃「思量和推度，或明辨事物之理則，及於所行所歷，簡擇得失等等的作用。」而性智乃「眞的自己底覺悟」，〔註19〕前已述及。性智障蔽不顯，則量智必迷妄逐物。要之，性智即眞我當下之自明自了，而量智乃自我之坎陷。性智自明自覺、虛靈无礙，故爲宇宙及吾人之終極理據。

（十）仁、仁體

1. 仁，本心也（《讀經示要》卷三，頁804）。

2. 吾人之本性，即此仁體。但拘於形骸，蔽於私欲，則人乃成爲頑物，而不獲全其本有之仁體。然人能反而求之，則仁體未嘗不在（《讀經示要》卷三，頁835）。

3. 宋明儒以仁爲本體，甚失孔子之旨。仁是用，而究不即是體，謂於用而識體可也。謂仁即是本體，則未可（《明心篇》，頁162、163）。

　　熊十力以即用顯體而言「仁」爲本體。仁乃一切德性之根源，亦爲一形而上之道德實體，其通天人、合內外，爲一剛健、炤明、純粹、至善、生生不息之生命力。程明道〈識仁篇〉中即言「仁者，渾然與物同體。」而陽明作《大學問》，亦直令人反諸此內在惻然而感之仁。唯其如此，故天地萬物一體之實，乃灼然可觀。熊十力於返本體仁之途孤心跋涉，蓋爲此也。

（十一）良知、明德、至善

1. 陽明之良知，即本心，亦即明德（《讀經示要》卷一，頁127）。

2. 《易》〈晉卦·象傳〉曰：「君子以自照明德」，明德，指目本心也（《讀經示要》卷一，頁126）。

3. 夫明德與至善，異名同實也。同實者何？皆目本心也。亦即陽明所云良知也（《讀經示要》卷一，頁157）。

　　熊十力之「體」，即陽明所言作爲乾坤萬有基之「良知」，亦即「明德」、「至善」也，由上列三例得知。

　　綜上所列，遂知熊十力於本體之名，不一其辭。總上所舉，實猶未眩備其全也。〔註20〕熊十力亦自謂：

〔註19〕參《新唯識論》〈明宗〉，頁249。

〔註20〕本體之名，亦有稱「眞性」者：「以其爲吾所以生之理，則云眞性。」（《新唯識論》〈明宗〉，頁251）；又有稱「眞宰」者：「眞宰者，本心之異名。以其主乎吾身，而視聽言動一皆遠於非理，物欲不得而干，故說爲眞宰。」（《新唯識論》〈明宗〉，頁251）。此外，亦有以「眞極」、「元」、「實理」、「誠」等詞

本體之名其多，如《易》之乾元、太極、《春秋》之元、《論語》之仁、《中庸》之誠，皆是也。其在後儒，如程朱分別理氣之理，又云實理，陽明所謂良知，亦本體之目（《原儒》〈原內聖〉，頁 304）。

本心即萬化實體，而隨義差別，則有多名。以其無聲無臭，沖寂之至，則名爲天。以其流行不息，則名爲命。以其爲萬物所由之而成，則名爲道。以其爲吾人所以生之理，則名爲性。以其主乎吾身，則謂之心。以其秩然備諸眾理，則名爲理。以其生生不容已，則名爲仁。以其照體獨立，則名爲知。以其涵備萬德，故名明德。」（《讀經示要》卷一，頁 137、138）。

本體之目多，由是可見！

　　本節闡明本體諸義諸名，蓋以熊十力嘗言「中學歸極見體」，而「見體云者，非別以一心來見此本心，乃即本心之自覺自證。」〔註21〕此體既爲生生不息之宇宙本體，亦爲吾人道德行爲內在之價值源頭；既爲一切存在基礎，亦爲吾人之真宰。故吾人道德主體之透顯即乃道之開顯。易言之，其「體」固強調形上一面，而亦未遺「心體」之義。見體者，既爲其哲學之核心，亦爲其易學之首要課題。熊十力期藉本體之探究，以對前人與當代之價值系統進行全盤之考察。又體不開用，則徒爲死體，故以下試由易學之觀點論探其作用論。

第二節　易學作用論

一、「作用」義詮

　　用者，因體而得名。本體空寂而剛健，故恆生生不已、化化不停，即依此實體之生生化化而說爲流行，即依實體之變動不居、現作萬行，而名之以功用或作用。本體顯爲作用，故作用無其自體，而太極即一切作用之體，此即如大海水顯爲眾漚，眾漚無自體，其體爲大海水也。云何名「作用」？勢能之謂也。作者動作；用者，勢能盛大無有窮竭。此勢能其德至健，妙不可測，故可字之以「神」，萬物資此作用、勢能以始，離此作用或勢能，亦無所謂萬物也。〔註22〕

　　　　稱名者，不一一舉列。
〔註21〕語出《新唯識論》附錄〈答謝幼偉〉，頁 676、678。
〔註22〕主參《新唯識論》〈功能下〉，頁 465；《讀經示要》卷三，頁 626；《明心篇》頁 19。

　　熊十力於「用」之名，不限一詞，亦云作用、亦云功用、亦云勢用、亦云變動、亦云功能或勝能、亦云生生化化流行不息之幾，而佛家則稱「法相」，《易經》所謂「『形而下』者之謂『器』」。其與陰陽二氣之「氣」及「理氣」之「氣」，指義無別。名以「氣」者，以其流行、其顯現，惟有猛烈勢用，而無實質，故以「氣」形容之。又由其變動不居，宛有相狀昭著言，則名「現象」，然《新論》曰「用」而不曰「現象」者，因現象界即為萬有之總名，而所謂萬有即依本體現起之作用而假立種種名，故非離作用，而別有實物得名現象界，遂不言現象而言用也。〔註23〕

　　既明用無自性，乃一動發之勝能或勢能，〔註24〕此勝能微妙難狀，非實測所及，熊十力形容之曰：

> 這個勝能，只好說為無力之力，無能而無不能。我們說他是剎那剎那變動，而不曾有一毫留滯，剎那剎那發生，而沒有窮竭和斷絕。
> 這種動發的勝能，實際上竟是確爾沒有東西存在，……俱離有無相的（《新唯識論》〈功能上〉，頁365）

此言「用」為俱離有無相，即〈功能下〉所言「用是非空非不空的」，由非空之一方言，大用流行，雖本無實物，然有跡象之詐現，即依此跡象以施設物理世界與宇宙萬象；由非不空之一方言，則大用流行纔生即滅。易言之，大用流行剎剎勢速，宛有跡象，如旋火輪，故不妨因之施設宇宙萬象，而宇宙萬象，唯依大用流行而假施設，故一切物實皆假名而非實有。〔註25〕

　　就用以言，其非單純之動勢，用不孤起，必有二面，曰翕曰闢，曰乾曰坤，曰心曰物，曰精神曰物質，……以下試就與《易》相關之翕闢成變與乾坤互含二方加以開展，以明大用流行之妙。

二、翕闢成變

　　本體為能變，亦稱恆轉。恆轉至無而善動，相續而不已，以其變動不居，故本體顯現為萬殊之大用流行，而此大用流行表現為二方面之對立統一，即翕闢是也。宇宙之運動發展，乃藉此二勢用之相互作用，熊十力稱之為「翕

〔註23〕主參《新唯識論》〈功能下〉，頁432、440；《讀經示要》卷三，頁612、613；《體用論》頁224。

〔註24〕《新唯識論》稱「勝能」，如〈功能上〉，頁365；《讀經示要》稱「勢能」，如卷三，頁627、676。

〔註25〕主參《新唯識論》〈功能下〉，頁436、437、463、464。

闔成變」，欲探其詳，先觀「翕闢」說之歷史發展。

（一）翕闢說之歷史發展

翕闢之義對反，翕之義爲閉合、斂合、收縮、收斂，如《老子》第三十六章：「將欲歙之，必固張之。」韓非〈喻老〉引「歙」作「翕」；《荀子》〈議兵〉：「則勝不勝无常，代翕代張，代存代亡，相爲雌雄耳！」枚乘〈七發〉：「飛鳥聞之，翕翼而不能去。」收縮、收斂者，合也，故《爾雅》〈釋詁上〉：「盍、翕……，合也。」闢者，打開，開闢也，故《爾雅》〈釋訓〉云：「開，闢也。」至以翕闢二字爲一對哲學範疇使用者，《易》〈繫辭傳〉首啓之，如〈繫辭上傳〉第六章：「夫坤，其靜也翕；其動也闢，是以廣生焉！」又〈繫辭上傳〉第十一章：「是故闔戶謂之坤，闢戶謂之乾，一闔一闢謂之變，往來不窮謂之通。」闔即翕義，由此以明事物運動變化過程中相反之兩種狀態，亦即生成變化之二種勢用。另《老子》第五章：「天地之間，其猶橐籥乎？虛而不屈，動而愈出。」雖無翕闢二字，然與〈繫辭上傳〉第十一章義近，故程明道言老子乃竊弄闔闢者。〔註26〕又張載《正蒙》亦嘗曰：「闔戶，靜密也；闢戶，動達也。」〔註 27〕及至近代嚴復譯《天演論》，有：「天演者，翕以聚質，辟以散力」語，亦以翕闢爲宇宙生成變化之二勢用。熊十力「翕闢成變」論乃本諸前人基礎，更予推究闡，故其自謂《新論》談翕闢乃超出物表以冥會眞體之流行，乃探原之論，與前人諸說已然異貌。〔註28〕

（二）翕闢之義涵

宇宙實體內部，含二端相反之幾以成變，而遂其發展；而本心恆轉，亦以二種型態展開，此即翕闢是也。何謂翕？熊十力釋曰：

> 恆轉是至無而善動的，……動的勢用起時，即有一種攝聚。這個攝聚的勢用，是積極的收凝。因此，不期然而然的，成爲無量的形向。形向者，形質之初凝而至微細者也。以其本非具有形質的東西，但有成爲形質的傾向而已，故以形向名之。物質宇宙，由此建立。這個攝聚而成形向的動勢，就名之爲翕（《新唯識論》〈轉變〉，頁 317）。

由此以觀，翕乃本體顯爲萬殊之用時，一種積極收凝之攝聚勢用。然此翕勢

〔註26〕《二程遺書》卷十一〈師訓〉：「老子之言，竊弄闔闢者也。」
〔註27〕語出張載《正蒙》〈大易篇〉。
〔註28〕參《新唯識論》〈附錄〉，頁 648；《明心篇》，頁 216。又此處言翕闢之歷史發展，主參鄭家棟〈評熊十力的體用觀〉及景海峰〈試論熊十力的體用觀〉。

興起之同時，別有一種導使本體恆如其性，不爲物化之勢用亦起，此即闢也，熊十力曰：

> 然而當翕的勢用起時，卻別有一種勢用俱起。他是依據恆轉而起
> 的，……但恆轉元是沖虛無爲的，而其現爲勢用，卻是有爲的。……
> 這個勢用，是能健以自勝，而不肯化於翕的。申言之，即此勢用，
> 是能運於翕之中而自爲主宰，於以顯其至健，而使翕隨己轉的。這
> 種剛健而不物化的勢用，就名之爲闢（《新唯識論》〈轉變〉，頁 318）。

此明闢爲剛健自勝、不肯物化之勢用，與翕勢有成爲形質之傾向與物化之趨勢迥異，以下續探翕闢二者之關係。

（三）翕闢之關係

1. 翕闢之勢用相反：翕者，乃有方所、具成形及下墜之趨勢，其勢用恰與本體相反；而闢則無所不在，爲向上、伸張、猛進者。闢雖不即爲本體，卻爲本體自性之顯現。一爲不守自性、傾向物化之動勢；一爲持守自性、剛健不物化之動勢，故知二者勢用實相反。

2. 翕物闢心：翕之勢用爲凝聚，有成爲形質之趨勢，即依翕故，假說爲物；闢之勢用剛健，運行於翕中，即依闢故，假說爲心。〔註 29〕易言之，由闢之流行無礙而不可剖析、剛健而向上之勢用，說名爲心，此須反躬切體，方得識之。而翕者，非實在之物事，乃依收凝之勢用所詐現之跡象，說名爲物。

3. 翕闢乃一體二面，彼此相須：翕闢非異體，乃不可剖析之一體二面，雖勢用分殊，然闢必待翕而後得所運用；翕必待闢而後見爲流行、識有主宰。有闢無翕，則莽莽蕩蕩，無復有物；闢乏運用之具，則其勢用將無所依據以顯發之。有翕無闢，則完全物化，無主宰之勝用，宇宙僅爲頑固堅凝之死物。〔註 30〕故知翕以顯闢，闢以運翕。

4. 翕闢同時存在：變化之內容非單純、孤獨者，必有翕闢二面，方成變化，有翕即有闢；有闢必有翕，二者乃同時存在。當有機物未出現時，雖無從甄明闢或心，然其確實普徧周浹於翕而將形之一切物中而無所不在，惟因其表現資具尚未構成，故未得顯發。闢固至有機物發展階段始日顯，然不得疑有機物未出現前，無闢勢用之潛存。泰初有翕時，即有闢，二者同時俱存。〔註31〕

〔註 29〕見《新唯識論》〈轉變〉，頁 319。
〔註 30〕參《新唯識論》〈轉變〉，頁 321。
〔註 31〕參《新唯識論》〈轉變〉，頁 326。

5. 闢施翕受，闢主翕從：翕，唯主受；闢，唯主施。受者，順承義，謂翕之順承乎闢也；施者，主動義，謂闢行於翕而為之主。受之為義，表翕隨闢轉；施之為義，表闢反乎翕，而轉翕從己。又翕之收凝勢用與本體有乖反之趨勢；而闢則至健而不有，至動而恆寂，故可稱體起用，不失本體德性。故於闢可說為本原，闢畢竟包涵翕，而翕究為從屬。〔註32〕

6. 翕闢對立而融和，相反而相成：熊十力以為萬變之宇宙，涵有內在之矛盾以發展，然唯物論者僅承認翕之勢用，唯心論者僅承認闢之勢用，皆非確解。物與心，翕與闢，乃相反而相成，纔說闢，即涵蘊翕；纔說翕，即涵蘊闢，二者雖互相對立，卻又互相融和，由相反而歸統一，則可完成全體之發展。熊十力時求《易》義於《老子》中，如《老子》第四十二章：「一生二，二生三。」熊十力以此而言每卦三爻，其變化法則不外相反相成。復以恆轉是一，恆轉之現為翕，而幾至不守自性，此翕即是二，亦一生二是也。然恆轉畢竟常如其性，決不物化，故當翕勢既起，即有闢勢俱起，此闢即名為三，即二生三是也。一，乃虛擬體之將現為用，二、三為用之符號，二為近於物化之翕，三則據一而有，反乎二，而又轉二使從己，故得即用識體。由此一生二，二生三，以明變化必循相反相成之法則。〔註33〕

7. 闢向上，翕不定向下：熊十力以為闢具向上性，此同於《乾鑿度》言「陽動而進」。進者，即是向上，然卻未可言翕必是向下，由翕攝聚之勢用所詐現之跡象，得言其具向下之趨勢，然翕終順從闢，翕闢雖對立，畢竟相融和而不為二物，由此以觀，則翕亦為向上者。

（四）翕闢與生滅

1. 變化之內容

欲明析變化之內容，既須知翕闢之勢，亦須曉生滅之理。今先言生滅，次及二者之關係：

何謂生滅？熊十力以為凡法本無有，而今突起者，即名為「生」；凡法生已，絕不留住，還復成無，即名之以「滅」。一切法均在剎那間起滅，亦即凡法於一剎那頃纔生，即於此剎那間即滅，無一息之暫住，生時即乃滅時，此即佛說：「一切法，猶如幻化。於一剎那頃纔生起，即便壞滅，絕無有於此剎

〔註32〕 參《新唯識論》〈轉變〉，頁 329、330。
〔註33〕 參《新唯識論》〈轉變〉，頁 316、318、319。

那頃得留住者。」〔註34〕然佛家言刹那滅義在顯無常，而熊十力言凡物纔生即滅，刹那刹那，前前滅盡，後後新生，化機無一息停滯，故萬物乃得相續起而不斷絕。既明刹那滅滅不住，即乃刹那生生不息，故生滅相涵，說生已涵滅，說滅已涵生。以生滅滅生，無有窮極，方生方滅，方滅方生，無有滯礙，乃成變化。又生滅之變化亦如翕闢之變化，乃循相反相成之法則，如持一二三以明此法則，則前一刹那，新有所生，即為一也；而此新生法，即此刹那頃頓滅，此滅即為二，二與一適反。後一刹那頃，復新有所生，此即為三。此三，乃據一而起，而與三反。已至三，則又如前之一，有其相反之二，乃復有反，如同此三，故生滅滅生，無有窮極。〔註35〕

莊子〈齊物論〉：「方生方死，方死方生。」與熊十力方生方滅，方滅方生，頗見異曲同工之妙。而徵之〈繫辭上傳〉第十章言「不疾而速，不行而至」亦頗有契合處。凡一切事物刹那變異，乃法爾如此，非別有神力使事物變異，此奇妙迅速之變異，無一剎之停滯，故云「不疾而速」；又凡物前已滅，本不曾行往於後，然後物續前而起，雖前無實物往後，而刹那間有物續生，宛若前物至後，故言「不行而至」，《莊子》〈大宗師〉言舟山瞬息萬變，亦即此理也。〔註36〕綜上乃明熊十力生滅觀不惟受佛家思想之影響，亦有融《易傳》、《莊子》思想而發者。〔註37〕

翕闢與生滅乃變化之二大法則，闢既為流行無礙之勢用，故為刹那纔生即滅，無有暫住者；翕既為收攝凝聚之勢用，雖詐現物相，而實非固定質礙之物，故亦為倏忽生滅，無有暫住。翕闢皆刹那生滅滅生，故名大用流行。大化流行，無有窮盡，滅故所以生新，以生生不息，見為至誠，故《易》〈繫辭上傳〉第五章曰：「日新之謂盛德」。〔註38〕

2. 變化之道理

上言變化之內容，熊十力復言變化之理以三：〔註39〕

其一，變者，非動義：「動」者，移轉義，乃先計有時間、空間及一動之

〔註34〕語出《新唯識論》〈轉變〉，頁334、335。

〔註35〕參稽《新唯識論》〈轉變〉，頁338、339。

〔註36〕《莊子》〈大宗師〉：「夫藏舟於壑，藏山於澤，謂之固矣！然有夜半有力者負之而走，昧者不知也。」

〔註37〕主參《新唯識論》〈轉變〉，頁346、347。

〔註38〕主參《新唯識論》〈轉變〉，頁348、349。

〔註39〕變化之理有三，主參《新唯識論》〈轉變〉，頁350～356。

物，此物經時空之距離，由此狀態遷徙至彼此態者稱之。而「變」者，乃就大用流行以言，因其超越時空，故不得以一物事猜擬之，不曾有物移轉，而法爾有此奇妙之變。

其二，變者，活義：活義深廣幽奧，熊十力復說之以六：一者，無作者義，變非有作者造化之。二者，幻有義，恆轉現爲大用流行，其動勢純是刹那頓滅頓起，故爲幻有。三者，眞實義，恆轉即此變之實體，由變之實體上理會，則變乃至眞至實。四者，圓滿義，萬變不齊，一切均爲眞實、均爲全體之顯現，故隨舉一事一物，莫不各各圓滿，毫無虧欠。五者，交徧義，恆轉舉其全體，顯爲萬殊妙用，如網重重，然多不礙一，一不礙多，無量眾生，無量宇宙，各各徧滿於一法界而互不礙。六者，無盡義，無窮之妙用，爲絕對眞實之顯現，其力用盛大而不容已，法爾萬德具足，無有所待，故《易》曰德盛化神。〔註40〕

其三，變者，不可思議義：由體成用，乃至神而不可測，至詭而不可知，幾非思議所行境界，窮理至極，當超脫思議，歸趨證會。而證會之法在滌除知見，任寂寥無匹之性智恆現於前，唯有證會工夫，方稱學問極詣，方得相應而得眞解。

（五）翕闢與八卦

熊十力復藉《易》之八卦，即〈乾〉☰、〈坤〉☷、〈震〉☳、〈巽〉☴、〈坎〉☵、〈離〉☲、〈艮〉☶、〈兌〉☱，以明翕闢相互之旨。《易》以三爻成卦，復合二卦而名一卦。三爻成卦，熊十力以一生二，二生三義言之，前已略及。而前刹那頓變爲一生二，二生三，後刹那頓變亦復如是，故變動不居，而不易者乃變之則。合二卦以爲一卦者，明變無有止息，不盡於三爻。

先言〈乾〉、〈坤〉二卦：熊十力言〈乾卦〉表闢、〈坤卦〉表翕，而特重其幽明義。明者，乃勢用發現著明而易見之謂；幽者，爲勢用默運深潛而難知之意。翕闢原乃本體之流行，就闢言之，稱體而呈現，寂寞而無形，應說爲幽；就翕言之，有跡象昭著，乖其本體，故乃依成形義，假說爲明。幽以—表之，顯其絕待；明以－－表之，示其有對。幽爲明之蘊；明乃幽之表。幽明非截然二物，翕以明而爲闢之所資；闢以幽而爲翕之主也。熊十力以幽明言翕闢，此與〈繫辭上傳〉第四章：「易與天地準，故能彌綸天地之道，仰以觀

〔註40〕熊十力舉《易》之德盛化神，原出〈繫辭下傳〉第五章：「窮神知化，德之盛也。」

於天文，俯以察於地理，是故知幽明之故。」之言「幽明」，可謂大異其趣。

　　熊十力以☷表翕者，蓋〈坤卦〉合下二☷而成，其六爻皆爲偶數，此乃本體之流行，必於一方有所翕聚，翕聚則散殊成多，故爲偶數；以☰表闢者，蓋〈乾卦〉合上下二☰以成，其六爻皆奇數，明其無對故，闢爲依本體而起之勢用，非與體爲二，故於闢而識體。〔註41〕

　　次言〈震〉、〈巽〉二卦：〈震卦〉合二☳以成，故明☳即明☳，〈巽卦〉亦然。前已明陽爻表闢，陰爻表翕，震卦一陽在下居幽，爲動之主，其上二爻爲陰，乃翕象也，表闢之默運翕中，而爲其主宰也。闢之運翕，其力用盛大，故以雷象之。〈巽卦〉反之，一陰在下，二陽在上，明闢周徧含宏，無所不在，翕順以入闢，而爲其所含。〔註42〕

　　再及〈坎〉、〈離〉二卦：〈坎〉合上下二☵以成。坎者，陷也，一陽陷乎二陰中，故爲之所錮蔽而未得顯。易言之，即翕或物，足爲闢或生命之障礙，使墜於險陷，此乃〈坎卦〉所示，〈坤・文言〉曰：「陰疑於陽必戰，爲其嫌於无陽也。」即明生命被錮於物，未得統馭之，故必奮戰以破此重濁之勢，以轉翕從己。〈離〉合上下二☲而成，一陰在中，而陽破陰暗險陷以出，故爲明之象，表闢得以運翕也；又陰履中道，不爲陽之障，明翕不礙闢也。由〈坎〉而〈離〉，知生命必經險陷，若能持以升進、剛健之德，必能轉物而不失貞常。〔註43〕

　　末言〈艮〉、〈兌〉二卦。〈艮卦〉合上下二☶以成，艮之義爲止，☷陰爻伏於陽爻下，陰有靜止之象，陽爻可表本體，「此卦即明本體固具許多潛能，以其隱而未現，假說爲靜止之象，故此卦以『艮』立名。」；〔註44〕〈兌卦〉合上下二☱而成，☱陰爻居上，陽以象本體，此卦明本體具有許多可能性，於潛藏中，將乘機外現。〈兌卦〉由潛而顯，化幾通暢，故有欣悅之象。〔註45〕

　　由上述，知〈乾〉、〈坤〉二卦表翕闢，餘六卦則因翕闢錯綜之情不一而表翕闢不測之變，至若體用及翕闢之要義，亦於八卦中展現無遺。綜言之，

〔註41〕參稽《新唯識論》〈成物〉，頁512～516。
〔註42〕參《新唯識論》〈成物〉，頁516～519。
〔註43〕參《新唯識論》〈成物〉，頁519～535。
〔註44〕語出《新唯識論》〈成物〉，頁535。又〈艮卦〉由艮下艮上重疊而成，其象爲山，其德爲止。就卦爻言，一陽居二陰之上，可抑制陰之過度發展，此與〈震卦〉一陽始生於下，其德爲動者適反。熊十力以本體潛能之「隱而未現」而言，已大異原意，以〈艮卦〉陽爻在上，何得言其隱而未現？
〔註45〕參《新唯識論》〈成物〉，頁535、536。

本體由用而顯，本體之變動，即《易》所言生生，而此大化流行，乃由翕之攝聚成形及闢之剛健不物化之二種勢用以言之。翕闢相當於《易》之陰陽，亦可假名心物，翕以顯闢，闢以運翕，二者乃一體二面，同時俱存，相融互攝，相反相成，而闢具本體之性質與德行，故能運翕宰物，而宇宙之運動發展，亦依此翕闢之相互作用，熊十力乃稱之以「翕闢成變」。

三、乾坤互含

熊十力闡釋《易》之乾坤，乃緊扣「翕闢成變」之觀念以發議，其稱乾元為體，而乾元即太極；乾神為用，而乾蓋即闢也，坤蓋即翕也。乾坤者，《易》之門戶也，本於一元，而為實體流行之二方面，亦萬變、萬化、萬物、萬事之所從出。

（一）乾坤之性質

乾者，為乾元流行之主力。以〈乾卦〉六爻皆陽，故復稱以「乾陽」。熊十力於《原儒》、《乾坤衍》中屢以乾神及生命心靈稱「乾」，〔註46〕乾為神，神者，精神也，猶言心也。神者，非超越天地萬物而獨在，乃周徧潛運乎天地萬物中，而恆不失其渾一之特性。天地萬物，固為燦然萬殊，然精神則潛運乎其間。又《易》之所謂「乾」，表大生之強盛勢力，即依此勢力而稱以生命或心靈，生命心靈本不二，有二名者，特舉其生生不已之德言，則曰生命；特舉其炤明無闇之德言，則曰心靈。熊十力復以〈乾〉六爻為喻：蓋〈乾〉之初爻，乃潛龍隱藏之象，以譬生命、心靈於太初隱而未現，然其後發展之基，皆立乎此；二爻為見龍，以龍之出潛而見于地面，以喻生物始出，生命心靈由閉塞之物質層，驟然出潛而著明也；三爻，乾乾，以喻生命心靈健而進進，無已止也；四爻，或躍在淵之象，以生命之躍進亦不無障礙，恐其退墜也；五爻，飛龍在天，以喻生物進化，至於人類，其生命心靈之發展臻登峰造極之境。六爻居上，不復言生命，以生命無窮盡也。〔註47〕熊十力於「乾」復屢申其備剛健、生生、炤明、升進、亨暢諸性，而剛健為本也。剛健者，言其至剛而不折、至健以趨前、進進不息、永不退墜。生生者，以蕃然萬物，變化密移，每一瞬間，捨故生新，易言之，其乃生生不已。炤明者，言宇宙

〔註46〕參《原儒》〈原內聖〉及《乾坤衍》〈廣義〉。
〔註47〕熊十力以生命心靈發展之狀態詮解〈乾〉六爻，參稽《乾坤衍》〈廣義〉，頁322、323、362～364、390、391等。

開闔，物質層成就時，生命力已運其間，故無迷闇。升進者，言生命心靈，同爲向上以進，勇於創造。亨暢者，言其和暢開通，無有鬱滯也。〔註48〕綜上乃知熊十力以陽明、健動、開發無窮、升進不已、無形之形、無力之力……諸特質歸諸「乾」。乾者，精神也、生命也、心靈也、心體也……。

坤者，乾之反也。以〈坤卦〉六爻皆陰，故復稱以「坤陰」。〈繫辭上傳〉第一章言「坤作成物」、「坤以簡能」，熊十力因稱「坤」爲物、爲能，另亦有稱之「理」者。〔註49〕物者，物質也、材質也。坤爲質，無質則神無所托、有質方足以凝神。然質以實言，非虛疏無力，亦非固定之物事，其藉能以凝，如燃香楮，猛力旋轉，即現火輪，此火輪乃動力猛旋，聚凝火光而爲火輪，由此以悟質實藉乎能，而能質不分也。〔註50〕復言「坤」有柔順、迷闇、堅結、閉塞、下墜諸性，而柔順爲本。柔順者，若順承乾剛健中正之德，則柔順乃勝義；若柔順而不能自舉，無承乾之幾，則爲劣義也。迷闇者，以人生言，即依軀殼作主，如臨財苟且貪得、臨難苟且避害，如此則無往而不迷闇。凡坤諸性，均與乾相對爲言也。〔註51〕另本文第四章第三節嘗舉《讀經示要》例，以見熊十力以心、理、公屬乾；形、欲、私屬坤，此亦將乾坤相對爲說，不另贅述。

（二）乾坤之關係

1. 乾坤相對

乾陽爲神、爲心、亦謂之和、謂之大明；坤陰爲質、爲物、爲能，此乾坤之大別也。析言之，則乾性爲健，而坤具墮性；乾主進，坤喜退；乾主創造，坤樂因循；乾知來，坤藏往。知來者，表生命之流、心靈之運，奔赴無盡之未來，健健而無息無已，新新而不守其故；坤則適反，萬物待此材質以成，其德厚載，退而不先，於一切以往之故物，無不蓄藏。乾以至精而常爲未來開端，坤則藏往而載衆理。至若《易緯・乾鑿度》卷下言「陽動而進，陰動而退。」熊十力則釋以乾上升而不沈墜，開發而不閉錮；坤則分凝而閉錮，粗濁而沈墜。

〔註48〕言「乾」之諸德用，參稽《明心篇》，頁9。《乾坤衍》〈廣義〉，頁239、291、450。

〔註49〕稱坤爲理者，言物以理成故也，參《原儒》〈原內聖〉，頁478、479、480。然亦有以乾爲理者，參《讀經示要》卷三，頁685、686。〈坤・文言〉：「君子黃中通理」天理固屬乾，然坤含物欲，而亦稟天理以成，而納天理於形骸之內，故乾坤皆可言以「理」。

〔註50〕參《原儒》〈原內聖〉，頁466、477、478。

〔註51〕參《乾坤衍》〈廣義〉，頁451～453。

蓋凡眞元之功用，必有二面，純粹者，其精也；充實者，其材也。純粹之精，含萬德，蘊眾理，健動而無息，刹那頓變不守其故，此即乾神也；而材質成之，以敦其德，如其理，而有以成物，此即坤物也。精神材質相反，精者，純一也，而材則有分畛；精者，粹美也，而材則爲重濁。至若人之生也，稟乾以成性，資坤以成形，離乾坤無有萬物，離萬物亦無乾坤。〔註52〕

2. 乾坤互含

乾坤，名爲相對，實乃互含。〈乾卦〉中有坤象；〈坤卦〉中有乾象，此乃熊十力素所言倡者。其舉〈乾‧象〉：「雲行雨施，品物流形。」言雲雨有形爲坤象，日行日施，皆動義，則乾象。又乾有中正之德，中正即順也，順從眾志，不得以私意私見獨行，此〈乾卦〉中有坤象也。而〈坤‧象〉言「牝馬地類，行地无疆。」牝馬行於地上，其健无疆，則坤亦有健動，此〈坤卦〉中有乾象也。〔註53〕乾神入坤質，無弗遍包；坤質藏乾神，無有獨化。乾坤互含，如人身之五官四肢、五臟百體，相互含受，以成一體。如若眼耳各自獨立，則視聽如何相通相濟？手足如各獨立，則行持如何相互通濟？至若一元唯心論，存神捨質；一元唯物論，存質捨神，皆無當於實理，故《乾坤衍》中發乾坤互含以定一元之義曰：

> 乾幹運乎坤，是乾含坤也。坤含載乎乾，是坤含乾也。〈坤卦〉中有乾象，〈乾卦〉中有坤象，漢人以上說旁通，而旁通即互含之例所攝也。互含者，誠以乾坤，本是完然全體之兩方面，不可視爲各各獨立之兩物。變無獨起，化不孤成，宇宙萬有，更不是由多數獨立分子堆集而成。聖人立乾坤互含之例，發變化之妙縕，會陰陽爲一元，大哉乾坤互含之例，一元之義定於是（《乾坤衍》〈廣義〉，頁444、445）。

船山言「乾坤並建」，熊十力則言「乾坤互含」以修正之，而「互含」，與漢人言「旁通」亦不無關係也。

3. 乾主坤承

乾係乾元流行之主力，坤爲乾元流行之翕歙；乾運坤，坤載乾；乾道主

〔註52〕 參《原儒》〈原內聖〉，頁458、468、471、472、481等及《乾坤衍》〈廣義〉，頁242、367等。

〔註53〕 熊十力言「乾坤互含」，參《十力語要》卷一，頁100、101；《原儒》〈原內聖〉，頁457、460、470、483、484、498、561；《乾坤衍》〈廣義〉，頁444等。

動以導坤，坤不獨化，須承乾起化而成物；乾以剛健中正之德統坤，坤以永貞之德順乾；乾化坤，坤承乾，故曰乾爲主，坤承之。陰陽和，萬物乃資受陰陽之德以成性成形，成始成終，故曰「資始」、「資生」。熊十力復言「乾統天」者，表心靈統御物質，唯坤陰順乾陽退居於後，奉乾陽爲主，則無往而不利，故〈坤〉卦辭曰：「君子有攸往：先，迷；後，得主，利。」然乾坤變動，雖以乾爲主，坤承之，而主者，非先時而動；承者，非後而有，二者乃一齊同時俱有。〔註54〕

4. 乾坤相反相成

熊十力以爲宇宙開闢，必因實體內部隱含矛盾，有此相反相對之性質，蘊伏動機，方能成其變化，故乾坤互反以成變，此乃必至之勢、自然之理。然猶須明者，乾元之發用，其內部所呈二方之猝爾不諧，非恆久也。乾以健統坤，坤以順承乾，乾神以剛中之德，開發坤物，坤物乃以永貞之德承乾神，終乃相反而相成，臻至乾坤統一，保合太和之境。

綜上乃明乾元爲乾坤之實體，乾坤爲乾元之大用，乾能常保實體之剛健、炤明、純粹、向上、亨暢諸德。坤則化成物，有喪乾元本體之嫌，具柔順、迷闇、下墜諸性。乾坤之性固對反，然惟乾德剛健大明，乃得主動以開坤之闇，萬物乃稟乾以成性、資坤以成形，而爲乾坤完備之物。又乾陽坤陰，雖有一進一退之反，然畢竟終達至保合太和。

熊十力之體用系統中，實體、恆轉、乾元、太極等，爲體也；而闢勢、乾陽、精神、心靈與翕勢、坤陰、物質、形具等，相反相成，爲大化流行中之二種運力，藉以表用也。以心物言之，乾心坤物；心性剛健，恆保本體之德，物性退墜，不守本體之性；心以具剛健之德，故能認識物、解析物、體察物、改造物、統治物，而物則須順從心，以發展其德用，終至相反相成，歸於合一。心物者，即乃精神物質也，精神有統御天地萬物之德，其運行乎物，統禦吾人之五官百體，故熊十力言翕闢成變，言乾坤互含，言心物之統一，言精神物質之相須，去其一則乾坤毀而宇宙滅，然二者實以闢、以乾、以心、以精神爲主爲先，如此健德方能常爲一身之主，而不致迷亂，內部生活方能和諧通暢、無往不利。

觀熊十力於《原儒》中闡釋乾坤之義，多不執前哲之說，而《乾坤衍》〈廣

義〉中提揭〈乾‧象〉、〈坤‧象〉之蘊，亦多不符《易》之原有思想。凡所發言，均與其「體用不二」論相繫，又其言翕闢、乾坤諸大用，雖不固守經傳原義，亦能通達於其所自樹之體系內，而別立一格。

第三節　體用不二之易學特點

綜上分述體與用之義蘊，然體用究非兩片物事，亦非二重世界，更不得割裂而二之，故本節更由體用不二之觀點，以闡其哲學思想之要涵。

一、體用不二之觸發

熊十力體用不二之思想，實乃融受諸家、借鏡中西、取捨佛道、而歸宗於《易》以成。如孔子令門下於實事上致力，以悟仁體，熊十力因言「即工夫即本體」；船山以陽明後學流於浮虛不實，淪為狂禪之風，喪失儒門剛健淑世之道，熊十力因悟體不起用，則失體之性；陽明強調即體而言，用在體，熊十力更說以即用而言，體在用，欲人於流行過程中把握實體；佛教中華嚴、天臺事理相融之思想亦觸啟其實體、萬物之相融為一；道家以道為超越萬有之上，熊十力修正為道乃萬物自有；〔註55〕復言西學為蔽於用而不知體，〔註56〕由此以觀，熊十力體用不二之思想，乃綜會、批判、修正諸家之說以成，而其中尤以未得苟同佛法及觸啟於《大易》二者為最重要，故自招曰：

> 余之宇宙論，主體用不二，蓋由不敢苟同於佛法，乃返而遠取諸物，近取諸身，積漸啟悟，遂歸宗乎《大易》也（《體用論》〈明變〉，頁59）。

熊十力於佛家思想屢發論評，尤以大乘空有二宗為詳，空宗全部旨意之樞要，熊十力一言賅之曰「破相顯性」，空宗力破法相，正所以顯性，然熊十力以為相破盡，則性亦無存，相空則性亦俱空，終乃導致性相俱空。熊十力復以二語簡別己論與空宗迥異，空宗說「真如即是諸法實性」；熊十力則言「真如顯現為一切法」，前者見諸法均無自性，後者則明法相即乃真如之顯現。另空宗惟見性體空寂，而不悟性體為生生不息、變化不竭者，熊十力則力主見體之

〔註55〕如《體用論》〈贅語〉，頁2：「老莊言道，猶未有真見，略舉其謬：老言混成，歸本虛無，其大謬一也。老莊皆以為道是超越乎萬物之上，倘真知體用不二，則道即是萬物之自身，何至有大一、真。」

〔註56〕如《原儒》〈原內聖〉，頁393，言西學為用所蔽，不能於用而透悟其本體。

法，端在於流行識寂靜，亦即「即用顯體」。空宗求體而廢用，熊十力則言體用不二，復言有宗雖得領會法性眞實，以救大空沈空溺寂之偏，然仍堅持出世法，且有種子、眞如二重本體及種現二界對立諸謬，故熊十力之體用不二論，實乃欲正彼空有二宗之偏。〔註57〕

《大易》於熊十力之體用不二論觸啓尤深。「易」者，不易也，謂宇宙基本原理乃不易；「易」者，變易也，言宇宙乃剛健不息，時時變易。而宇宙之終極眞實即乃新新不已之大化流行，一切現象皆爲此終極眞實之具現，《大易》不易、變易之理，豈非已洞燭宇宙奧蘊之機先？又熊十力謂〈繫傳〉之「顯諸仁，藏諸用」，及「神无方而易无體」等已發體用不二之蘊，〔註58〕語曰：

> 顯仁者何？生生不息、謂之仁。此太極之功用也。藏用者何？用、即上文所言生生不息的仁。藏者，明太極非離其功用而獨在，……余讀《易》，至顯仁藏用處，深感一藏字，下得奇妙。藏之爲言，明示實體不是在其功用之外，故曰藏諸用也。藏字，祇是形容體用不二（《體用論》〈佛法下〉，頁216、217、220）。

> 〔《易》〈大傳〉曰：神无方而易无體，……無方無體、即萬物皆無定性之謂。……〕然聖人以物無定性，而見夫生動活躍，一切眞實，此體用不二之義，所以早發於《大易》也（《體用論》〈佛法下〉，頁238）。

熊十力假諸句以申體用義，與前賢之闡釋大異其趣。至若體用不二之具體意涵爲何？下續析之：

二、體用不二之內涵

（一）即用顯體，於用識體

本體無方所、無形相、求之而不得、難以直揭，故不妨由用以識體，即流行而識眞宰。由識用以把握本體，從用上解析明白，以顯示本體，此即其「即用顯體」、「於用識體」之謂。其要旨依原著歸納如下：其一，體雖不可說，然體顯爲無量無邊之用，用有相狀詐現，（相狀不實，故云詐現。）故不

〔註57〕熊十力評空有二宗，主參《新唯識論》〈功能上〉、〈功能下〉及《體用論》〈佛法上〉、〈佛法下〉。

〔註58〕「顯諸仁，藏諸用。」語出〈繫辭上傳〉第五章，「神无方而易无體」語出〈繫辭上傳〉第四章。

妨即用顯體。其二，用乃體之顯，體乃用之體，故析明大用流行，即可示體。其三，即用顯體者，流行不息而詐現萬殊之用，無其自體，故即於用而見其體，如繩無其自體，非獨立物事，乃麻之顯現，故即於繩相上直見其爲麻。其四，體雖至無而顯萬有，雖至寂而流行無滯礙，故離萬有，不可覓至無，離流行，不得覓至寂，故必於萬有識至無，於流行而識至寂，亦即須即用顯體。〔註 59〕其五，流行爲變化密移，若於流行而識主宰，則爲恆常；流行爲萬殊，若於流行而識主宰，即無差別；流行爲虛幻，若於流行而識主宰，即爲眞眞實實；流行無所謂自在，若於流行而識主宰，即一切自在；流行有其複雜性，若於流行而識主宰，即趨於太和。用固不即是體，然不可離用以覓體，以體全成爲萬殊之用，即用顯體，即可推見至隱；離用言體，則未免索隱行怪。〔註60〕其六，以心爲本體，此乃即用而顯體，又曰恆轉之動而闢者，此動即是舉體以成用，故知體非在用外，離用不得覓體。〔註61〕

由「即用顯體」義，乃明用爲體之完整顯現，離用無從識體，故當即於此大用流行中，以識流行之眞宰爲絕對眞實、常生常寂、恆久不變、自在貞一。熊十力復以即用顯體之思想遙寄於《大易》，謂「即用而識體也，乃《大易》之遺意」、「……即用而識體。是故即於變易而見不易，此《大易》了義也」、「《周易》不於功用或現象以外，建立實體。而收攝實體以歸藏於功用或現象。易言之，即以實體爲功用或現象之內在根源，故說即用顯體。」〔註62〕於用不泥其跡，直悟用即體之顯、體爲用之體、無體即無用、離用則無體，此即「即用識體」也。擴言之，於流行而識主宰；於化跡而悟眞實；於无常而識永恆；於變易而識不易；於相對而識絕對；於現象而識實體……，皆爲即用顯體之義。

（二）攝體歸用

即用顯體，乃辨用以明體，由現象而把握實體。此外，熊十力亦言「攝體歸用」。攝體歸用者，乃肯定現象眞實，以現象爲主，收攝實體而歸藏於現象中。熊十力以爲昔哲多於用外求體、物外求道，不悟道在物中、體於用見，故離體用爲二，而以實體爲主，以此故有攝用歸體、攝相歸性、攝俗歸眞之

〔註59〕前四點分別參稽《新唯識論》〈唯識下〉，頁 301、302、304。
〔註60〕參《新唯識論》〈功能上〉，頁 387。
〔註61〕參《新唯識論》〈明心上〉，頁 550、551。
〔註62〕分見《讀經示要》卷二，頁 433、405；《乾坤衍》〈廣義〉，頁 480、481。

迷。〔註 63〕攝用歸體者，即是只求證會本體、皈依本體，忘卻本體即乃吾人自性，亦不悟本體無窮德用即乃吾人自性德用，如佛家歸於寂滅，老子返于虛無，將實體由吾身外推而出，說爲絕對者，皆此類也。因鑑於此，熊十力乃發攝體歸用之論，以實體之自身全變爲萬物或現象，萬物外無獨存之實體。易言之，道即一一物，一一物即道，故人生不須遣世以求道，當即現實世界以闡道。由此以觀，熊十力之體用觀與人生論實乃密合無間。

（三）體用可分而不可分

熊十力體用不二之哲學思想，亦可於體用可分而又不可分之關係上見知。可分而不可分者，即指體用不一而不異。云何可分？言曰：

> 可分者，體無差別，用乃萬殊。於萬殊中，而指出其無差別之體，故洪建皇極，而萬化皆由眞宰，萬理皆有統宗。本無差別之體，而顯現爲萬殊之用。虛而不屈者，仁之藏也。動而愈出者，仁之顯也。是故繁然妙有，而畢竟不可得者，假說名用。寂然至無，無爲而無不爲者，則是用之本體。用依體現，體待用存。所以，體用不得不分殊（《新唯識論》〈功能上〉，頁 384）。

體無差別，既現爲用，則宛爾差別；體無形相，至現爲用，即宛爾有相；體本至虛，至顯爲用，則不可窮屈。體不得道說，用卻可言詮，故曰體用不一、體用可分。然體用可分者，究乃順俗之假設耳！體用雖不妨分說，然實際究無可分，如二者可分，則用乃別於體而獨存者，而體亦爲無用之體，由此推知，體用實不異而無可分，熊十力以二義明之：

> 一曰：即體而言用在體。夫體至寂而善動也，至無而妙有也。寂無者，是其德恆常而不可易也。動有者，是其化至神而不守故也。非恆德將焉有神化？無神化，何以顯恆德？唯具神化與恆德，故稱爲體。體者，絕對的眞實義。其德恆，其化神，所以爲眞實之極也。然而，寂無則說爲體之本體，動有亦名爲體之妙用，本然不可致詰，妙用有可形容，是故顯體必於其用。誠知動有，元無留跡，則於動有而知其本自寂無矣！故夫即用而顯體者，正以即用即體故也。所以說用在體者，在字須活著，意云此用即是體之顯現，非有別異於體而獨在的用故。
>
> 二曰：即用而言體在用。此與前義本一貫，特返覆以盡其蘊耳！前

〔註 63〕攝用歸體，參《新唯識論》〈功能下〉，頁 446；《原儒》〈原學統〉，頁 46；《乾坤衍》〈廣義〉，頁 304、306、308。

就體言，本唯一眞而含萬化，故用不異體。今就用言，於茲萬化皆是一眞，由體不異用故，故能變與恆轉及功能等詞，是大用之殊稱，亦得爲本體或眞如之異名。以體不異用故，遂從用立名。

綜上二義，可知體用若不一而實不二（《新唯識論》〈功能下〉，頁434、435）。

寂無，乃本體之常德：動有，乃本體之神用。寂無者，即《易》〈繫辭傳〉之「寂然不動」；動有者，即〈繫辭傳〉之「感而遂通」，〔註64〕由全體成大用言，寂無未嘗不動有，由大用即全體觀，則動有未嘗不寂無，故知體用之不異。要之，就宇宙言，萬象森羅，皆是大用燦然，亦皆是眞理澄然，故體用不可分；就人生言，全性成行，全行成性，亦見體用之不異。體用不一不異之關係，熊十力以冰水喻之：如水非堅凝、其現爲冰，即成堅凝，故水與冰非一；而水即冰之體，冰即水之顯，非異水而別有冰之自性，故不異。以漚水喻之，則大海水全成眾漚，非一一漚各有其體，故眾漚與大海水不二；然雖不二，而有一一漚相可說，故漚水畢竟有分。〔註65〕體用不二之深蘊，即於此體用可分而又不可分、體用不一而又不異之微妙關係上呈顯。

（四）即用即體，即體即用

此即前義中體用不可分所指陳之二義也。即體即用，指實體變成功用；即用即體，謂功用自身即實體也。就前者言，實體即功用；就後者言，功用即實體。復以漚水設譬，實體變爲生生不息之無量功用，譬如大海水變成騰躍之眾漚，此即體即用也；而眾漚各以大海水爲其自身，甲漚之自身爲大海水，乙漚之自身亦爲大海水，乃至無量數之漚皆然，皆即用即體之理也。用即體也，非用別成一物，與體對待，無異體而獨存之用，此即用即體也；體即用也，本體空寂無物，贊之以「神」，神故生，生故化，動故流行不息，故稱以大用。無異用而獨存之體，此即體即用也。〔註66〕由即用即體，即體即用，乃知體用之不異。

（五）證體知用

用者，即於體之顯現而名之，若不證體，即乃不識大用。證體者何？本

〔註64〕「寂然不動」、「感而遂通」語出〈繫辭上傳〉第十章。
〔註65〕冰水及漚水之喻分見《新唯識論》〈功能下〉，頁466；〈附錄〉，頁646。
〔註66〕參《新唯識論》〈功能下〉，頁463。

體呈露時，即自明自證，謂之證體。用由體變現，終將回歸本體自身。回歸之方如何？此非思辨、理論可達者，須透過證體工夫，即藉由本心之自明自覺，而付諸行動實踐之，方得與本體合一。故證體知用，當知「即工夫即本體」也。

（六）作用見性

熊十力於《新論》〈明心上〉復語及「作用見性」，謂性即吾人與天地萬物同具之本體，但以其爲吾人所以生之理言之，則謂之性；以其主乎吾身言之，則謂之心。而作用者，本體之流行也，凡心之力用，依根門而發現，[註67]爲見爲聞爲覺爲知，而非根所障、習所錮者，即此見聞覺知，而名爲作用。性體渾然至眞，寂然無相，不可言見聞覺知等作用，即爲性體，故但曰「作用見性」，然亦非離作用外，別有性體，故必於作用見性。作用見性者，即於流行而直見性體，性體流行，不一不異，若不於作用而見性，則體用必離異爲二。[註68]

（七）即工夫即本體

禪家言作用見性，儒者闡即工夫即本體，皆體用不二之意。工夫者，自本性以出，非離本體別有物，非離本體別有一心來用工夫，故工夫即本體之發現。未知工夫即本體，則工夫皆外鑠者，若無工夫而言本體，則必不得實證本體。工夫誠至，則本體呈顯，亦唯眞切下過工夫，方得實證本體即吾本心，然工夫重在保任，非於體外有所增益，但勿爲習染所縛，勿順軀殼起念，使本心恆爲主於中，炯然至明。若不能當下自識本心，即不能回歸主體。若失卻道德實踐工夫，即未能見得眞宰，故人能弘道，非道以弘人。

有本體即有工夫，無工夫即無本體。熊十力謂儒家揭求仁之旨，仁即本心，亦即吾與天地萬物同具之本體。然《論語》不言仁體，專於實事上指點求仁工夫，如樊遲問仁，子曰：「居處恭，執事敬，與人忠。」[註69]仁體即在居處、執事、與人之際，能恭、能敬、能忠之當下呈露，由此以見工夫即本體，本體即工夫。另「富貴不能淫、貧賤不能移、威武不能屈」、「舍生取義」、「殺身成仁」，[註70]由此富貴、貧賤、生死關頭當下之不走作，而見眞

[註67]　「根門」之義，參《新唯識論》〈明心上〉，頁557～560。
[註68]　「作用見性」乃參《新唯識論》〈明心上〉，頁557～564。
[註69]　語出《論語》〈子路篇〉。
[註70]　「富貴不能淫」諸句語出《孟子》〈滕文公下〉；「舍生而取義也」語出《孟子》〈告子上〉；「殺身以成仁」語出《論語》〈衛靈公〉。

工夫，而顯眞本體，故欲徹悟本體，實不外工夫之實踐也。〔註71〕

熊十力曰：「吾平生談本體，原主體用不二。」〔註72〕自謂體用不二論乃觸發於《易》，而實由諸家說法簡別醞釀以成，藉此以彰大道、質來賢。熊十力申發體用不二義，乃由於用顯體、即用識體、攝體歸用、稱體起用，體用不一不異、即用即體、即體即用、證體知用、全體成用、全用即體、用外无體、體外无用及作用見性、即工夫即本體諸層關係上詳爲論申。《原儒》一書爲其宇宙論括以十六句義，首四句曰：「一爲無量，無量爲一，全中有分，分分是全。」復自注曰：「一，謂本體，無對故名一。無量、謂用，用乃萬殊，故名無量。全與分，亦謂體用。」〔註73〕轉換之即乃「本體爲用，用爲本體，體中有用，用中是體。」體用不二之旨於此彰顯。熊十力復由宇宙論中體用不二之關係，演爲治化論之道器不二，人生論之天人不二，復擴爲理欲不二、理氣不二、知行不二、動靜不二、成己成物不二等，由此形成一內容完整、理論嚴謹之「不二」系統。

結　語

綜上三節所述，歸結如下：

（一）由易學本體論以觀：本體者，爲萬有之本原。然昔哲探求實體，或不免偏失一隅，熊十力乃一一發議批評，並提揭本體之義以六，言本體爲備萬理、含萬德、肇萬化、法爾清淨本然、絕對、恆久、幽隱、圓滿、變易而不易者。另歸結熊十力論著，復知其本體非離心外在、非理智所行境界，乃實證相應者、空寂眞常而能生化、涵具諸德、有其複雜性、變動性。又其於本體之名，爲行文之便及順俗故，乃不一其辭，與《易》相關之稱，則爲太極、乾元，另亦稱之爲體、實體、道、天道、天、理、性、命、性體、本心、能變、恆轉、功能、眞如、法性、性智、仁、仁體、良知、明德、至善等。熊十力嘗言「中學歸極見體」，見體者，乃本心之自覺自證，故宇宙本體即乃吾人道德之本源。

（二）由易學功用論以闡：實體之生化乃說爲流行，實體之變動乃名以

〔註71〕即工夫即本體，主參《新唯識論》〈明心上〉，頁565～574。
〔註72〕語出《新唯識論》〈明心上〉，頁583。
〔註73〕原出《原儒》〈緒言〉，頁12。

作用，亦有功能、法相、形下、器、氣、現象諸名。用者，非空而非不空，乃一動發之勢能，用不孤起，必有二面，由易學觀點以言，曰翕曰闢、曰乾曰坤。熊十力於前人基礎上更予推究闡論，而言「翕闢成變」，翕為攝聚而成形向之動勢；闢為剛健而不物化之勢用，二者之勢用適反，若以翕為物，則闢為心也。然二者乃同存相須之一體二面，闢為主翕為從，闢具向上性，翕雖向下然終順闢而向上，故翕闢雖對立而終歸融和、雖相反而終相輔成。另熊十力亦由翕闢與生滅以言變化之法則、道理；復由〈乾〉、〈坤〉、〈震〉、〈巽〉、〈坎〉、〈離〉、〈艮〉、〈兌〉八卦以明翕闢不測之變。又熊十力論乾坤之關係亦緊扣「翕闢成變」之觀念而發，蓋乾為乾元流行之主力，代表心、理、公、生命、心靈、精神，具剛健、生生、炤明、升進，亨暢諸德；坤則代表形、欲、私、物質、材質、能力，具柔順、迷闇、堅結、閉塞、下墜諸性，故二者乃相對，然由〈乾卦〉中有坤象、〈坤卦〉中有乾象，而明乾坤實互含，二者雖猝爾不諧，終將相反相成，臻趨保合太和之境。

　　（三）由體用不二之易學特點以言：熊十力主體用不二，實因未敢苟同佛法，而歸宗《大易》以成，由《易》不易、變易之理，明宇宙之終極真實即乃新新不已之大化流行也。而《繫辭傳》言「體仁藏用」、「神无方而易无體」，熊十力亦收攝之以解體用不二義。至若體用不二之內涵，則可綜會即用顯體、於用識體、攝體歸用、體用可分而不可分、即用即體，即體即用、證體知用、作用見性、即工夫即本體等識知。

第六章　熊十力易學之推闡

　　熊十力易學之義蘊，以體用不二爲中心，已申於前章，本章則擬由此加以推闡，以明其天人思想、知識論及治化觀。蓋人與天道，本爲一體；天與人間，實無間隔；人之生因於天，天之顯恃乎人；天人實不二。而善言天道者，必應乎人事以順天；必驗諸人道以合天；必盡乎人能以法天，故熊十力論探天人之蘊，重在實現天道於己身。而於知識觀，則探其對象、範疇與方法。並論衡中西學術；區分哲學暨科學；判別智與知識；融通德性之知與見聞之知；整合爲道日損之性智與爲學日益之量智。而於《易》之科學思想，即古格物之學亦多予勘探。至若治化論，則詳申治化之原、治化之道、治化之器、治化之極，且通貫諸經要義，欲樹建其理想之太平治世。以下分述之，以究其內蘊：

第一節　天人論

　　天，即道也，或曰天道，乃宇宙之本體，至極無上而於穆深遠，渾然大全而未可分割，無聲無臭而不可窮詰。既爲萬化之大原，亦爲吾人與萬物之所從生，於《大易》則稱以「太極」，復以〈乾〉、〈坤〉二卦與陰陽二原理以明天之如何生？蓋天乃通過一陰一陽之氣化流行而表現，陰陽爲宇宙之二大生元，陽者剛健，陰者柔順，乾坤健順之性雖異，然其作用則一而二、二而一，二者互相吸引，往來通貫，無有歇息，於此統一和諧之作用中，物稟乾以成性、資坤以成形，繁然大有之世界因而化生。故陰陽者，爲個物存在之實現依據，而太極者，則爲統攝乾坤陰陽成一體性之絕對本體。

　　熊十力之學問體系以《易》為本，復獨顯「乾元」，乾元，即產生健動妙用之本體，亦即天道也。〈乾・象〉：「大哉乾元，萬物資始，乃統天。」故乾元既為天地萬物憑藉以生之根本，亦為宇宙運行變化之原動力。萬物得乾元以生，故乾元之元，乃合於天之謂，亦即天德之表徵。〈乾・文言〉贊曰：「元者，善之長也。」蓋乾為天，而有始生及生生之大德，為眾善之主。熊十力因以此「善」字為包含萬理萬德為言，而萬理萬德，皆乾元性海之所統攝也。〔註1〕以乾元本體具無量盛德，乃得成為萬物之本體，如剛健、生生、誠、常恆等，皆乃本體所固有，皆為天道所本具。由天德之生生、健動，故天地之化，無一息之停滯。人則本天而生，由天所涵具生生之理、生生之道、生生之神用中，人乃繼陰陽之太和，而凝之為性命。至若熊十力所言天人之蘊如何？下分探之：

一、天人不二之天人觀

（一）天理與人欲

　　天理者，即吾人所以生之理，以其主乎吾身而言，則謂之本心。當本心發於日用之際，或感物而動時，欲因生焉！熊十力以為欲乃天理動發之幾，亦即吾人感物時，天幾之乍動者也。故天理即是人欲，而人之欲亦無非天理之動。以《詩經》〈國風〉之〈關雎〉一詩例之，君子見淑女，欲以為偶，此乃天理之動、人倫之常，非邪穢之思也。至求之不得，則寤寐思服，然猶無邪念。終其詩，未睹習氣之乘權，未見淫欲之妄發，竟全詩，皆性情之正、聲氣之和、天理之至。若睹淑女，則遽興邪欲，心懷忿怨貪染，呈露盡皆好惡之情，則天理喪盡矣！〔註2〕

　　熊十力別「欲」為「性欲」、「情欲」，性欲者，乃合於天理之大公者，《禮記》〈樂記〉：「感於物而動，性之欲也。」熊十力於《原儒》〈原內聖〉中詳為申釋。〔註3〕另於《明心篇》舉《論語》〈述而〉：「仁遠乎哉！我欲仁，斯仁至矣！」《大學》：「古之欲明明德於天下者，先治其國。」《孟子》〈盡心下〉：「可欲之謂善」及《易》〈乾〉九四〈文言〉：「君子進德修業，欲及時也。」謂皆乃人欲之正當者。〔註4〕至若情欲，則為人欲之私，不合於天理之大公，

〔註1〕參《原儒》〈原內聖〉，頁305。
〔註2〕熊十力引〈關雎〉詩為例，參《原儒》〈原內聖〉，頁428、429。
〔註3〕參《原儒》〈原內聖〉，頁426～432。
〔註4〕參《明心篇》，頁63、64。

此乃身失所主，順形骸之私而迷於逐物、失卻本心者，如見色思淫、見利思得皆屬之。然情欲亦得轉爲天理，此將於下章析言之。

　　人欲乃天理於人間開展流行之憑藉，熊十力肯定發而中節之正當人欲，復力主疏導情欲使歸於正。而於宋明諸儒以人欲天理截然二分——人欲盡淨，天理流行之說，與道家言去欲而無所簡別之疏，則發詞詆之。〔註5〕要之，天理即人欲，人欲無非天理，必天理與人欲並觀，方不淪爲縹緲空論。〔註6〕

（二）人得天而生

　　天乃人類之造生者與世界之化成者，故《易》〈序卦傳〉：「有天地，然後有萬物。有萬物，然後有男女。」而由〈乾〉、〈坤〉二〈象〉更推知萬物之始與生，皆源本於天，以其曰：「大哉乾元，萬物資始，乃統天」、「至哉坤元，萬物資生，乃順承天。」「生」，乃天地之大德，天地生化之功，及大生廣生之德，《易》屢讚之，故〈繫辭上傳〉第五章曰：「生生之謂易」，重言生生者，表其生而又生，創造不息。《易》以陰陽之運轉不窮以明此生生之理，而天道即於此陰陽迭運不已之生化歷程中顯現，人亦繼此陰陽之太和，而凝之爲性命。故〈繫辭上傳〉第五章曰：「一陰一陽之謂道，繼之者，善也。成之者，性也。」又〈乾・象〉亦曰：「乾道變化，各正性命。」以乾道指謂具化育功能之天道，人與萬物之性命稟受天道之命賦而來，故人性之內涵，亦由天道所全幅規定，則人性自亦兼具天道之內容與意義。人性本諸天，非徒《易》明言之，他如《詩》〈大雅〉之〈蒸民〉：「天生蒸民，有物有則，民之秉彝，好是懿德。」《中庸》：「天命之謂性」皆明示之。蓋天命者，即用顯體之謂，人稟天命以有生，稟本體至美之理以成人，剋就此至美之理之在吾人者，即曰性也，故性與天命非二。伊川即曰：「稱性之善謂之道，道與性一也。……性之本謂之命，性之自然謂之天，自性之有形者謂之心，自性之有動者謂之情，凡此數者皆一也。」〔註7〕蓋以性稟受天道以成，天有元亨利貞諸德，人亦有仁義禮智諸善，人之善乃本諸天之善，天具生生之理，人亦有好生之德，故人得天而生，人本天而立，非妄也。

〔註 5〕參《原儒》〈原內聖〉，頁 427、428；《明心篇》，頁 63、65。

〔註 6〕熊十力於《讀經示要》卷一，頁 183；卷二，頁 241～245 論申「去人欲，存天理，爲致知實功。」而於《原儒》〈原內聖〉，頁 426～437，則強調天理即是人欲，人欲無非天理；另於《明心篇》頁 63～66，則強調導欲於大與公，各書申論之重點不同，而於發展脈絡亦得窺其殊異。

〔註 7〕語出《二程遺書》卷二十五。

天道為人與物所以生成之因，故熊十力引揚雄「人不天不因」，以明若無天則吾人何所因而生？〔註8〕復於《原儒》申之曰：

> 何言乎人不天不因？人生非幻化，乃本乎一誠而立。誠者，天道也。

> 若不有天，則人將何所因而得生乎（《原儒》〈原內聖〉，頁308）。

復以生而不有、為而不恃、長而不宰為天之盛德，天縱任萬物以互相比輔、各得遂生、各得有為、各得自主，人道亦因之而成。故如能反求諸己，深察萬物之內蘊，必明吾人皆固有與天地萬物所共具而各足之大寶藏，此於《易》則謂乾元也，外推之則為天為道，凡一人一物皆具此大寶藏之全，皆得天之全以為其本體，如每一漚皆全具大海水，以大海水未可剖析故。人不天不因，天為吾人與萬物之所自出，故人絕非憑空而起，而以天為其內自本因、為其大寶藏、為其根源。〔註9〕《孟子》〈盡心上〉曰：「盡其心者，知其性也。知其性，則知天矣！」於心之自我觀省活動中，開顯性分所涵之天理，由此亦窺得吾人之性命，實有其來路深遠之形上根源。要之，人之所以生者，乃得於天之故；人之所以立者，亦得於天之故，天道成萬物，萬物以外實無天也。

（三）天恃人而成

〈繫辭下傳〉第二章：「古者包犧氏之王天下也，仰則觀象於天，俯則觀法於地，觀鳥獸之文，與地之宜，近取諸身，遠取諸物，於是始作八卦，以通神明之德，以類萬物之情。」人存於天地間，為萬物之靈，故能仰觀俯察，遠取近取，而〈乾‧文言〉曰：「元者，善之長也；亨者，嘉之會也；利者，義之和也；貞者，事之幹也。君子體仁足以長人；嘉會足以合禮；利物足以和義；貞固足以幹事。君子行此四德者，故曰：乾，元亨利貞。」此乃將元亨利貞由天道思想轉入人道範疇，成為君子踐履之四德，亦將天道寓諸人事之中，而〈乾‧象〉：「天行健，君子以自強不息。」〈坤‧象〉：「地勢坤，君子以厚德載物。」〈屯‧象〉：「雲雷屯，君子以經綸。」……〈大象傳〉由內外二卦之卦象，衍言德性之修養，此亦明《易》實寄天道於人事，以人於天地萬物中，猶腦之於人體，為神明獨司者。人未可恃天，而天實恃人以成其道，人能廢，則天道絕，故善言天道者，必即人道以徵驗之。

天道性命本一體之二面，而實行者恃乎人。故《論語》〈衛靈公〉：「人能

〔註8〕「人不天不因」句，揚雄原作「人不天不成」，參《法言》卷七，今仍依熊十力之用句行文。

〔註9〕此段言人不天不因，主參《原儒》〈原內聖〉，頁308～323。

弘道，非道弘人。」熊十力因之乃言惟反觀自省，以識本來面目，並存養擴充之，則日用之際，皆眞性熾然流行，此人能弘道也。人能體現大道，克治迷妄，自明自識之功進一步，即道弘大一步，其功之進無止息，道之弘大亦無止境，道待人以弘由此明矣！〔註10〕

〈泰・象〉曰：「財成天地之道，輔相萬物之宜。」財成輔相者，非人莫可爲，亦惟人始能即物以窮理，反己以據德，實現天道、發揚天道，故曰人道統攝天道。蓋善言天者，必徵驗於人道，熊十力引揚雄「天不人不成」以明此理，〔註11〕何謂「天不人不成？」熊十力釋曰：

> 何言乎天不人不成？天有其理，而充之自人。不有人充之，則理亦虛矣！天有其德，而體之自人，不有人體之，則德不流矣！然則，天若不有人，其理虛。其德不流，是天猶未能成其爲天也。故曰天不人不成（《原儒》〈原內聖〉，頁308、309）。

此與《論語》「人能弘道」，〈泰・象〉：「財成天地之道，輔相萬物之宜。」《中庸》：「天地位焉！萬物育焉」意義切近，均明人未可恃天，天實恃人以成，故吾人未可自餒自棄，自小自懈，當涵養充擴所稟於天之德源，當以自力發展本體之潛能，以完成天待人成之使命。〔註12〕

（四）天人不二

孔子於五十已知天命，孟子言盡心知性知天，《中庸》言天命爲性，率性爲道，張橫渠言性與天道無小大之別。〔註13〕蓋人天之蘊，古來發論者可謂多矣！而《易》以五、上爻表天，三、四爻表人，初、二爻表地，又〈繫辭下傳〉第十章：「易之爲書也，廣大悉備，有天道焉！有地道焉！有人道焉！」〈說卦傳〉第二章：「立天之道曰陰與陽，立地之道曰柔與剛，立人之道曰仁與義」均並揭天人。至若乾元天道運轉不已、生化不息，故吾人亦當奮發惕勵，自強不息，此〈乾・大象〉所示也。

前已明熊十力以爲人稟天道而生，天道不存，則人失其生之據，而天道

〔註10〕參《原儒》〈緒言〉，頁8；〈原內聖〉，頁302、303。
〔註11〕「天不人不成」句，揚雄原作「天不人不因」，參《法言》卷七，今仍依熊十力之用句行文。
〔註12〕熊十力闡揚天待人成之思想，參《原儒》〈緒言〉，頁9；〈原內聖〉，頁308、309、314、322。《明心篇》，頁167、168、177、183、197等。
〔註13〕張橫渠《正蒙》〈誠明篇〉：「天人異用，不足以言誠；天人異知，不足以盡明。所謂誠明者，性與天道，不見乎小大之別也！」

之成亦繫乎人，天道賴人道以徵驗，人能廢，天道亡。然天人果無別乎？蓋
熊十力亦言天人間有相反者：

> 一曰，天道高明悠久無窮，而人生陷於有對之域，不得無窮，其異
> 一。二曰，天道鼓萬物，一切任物之自然，非爲斯人之樂利而始生
> 物也。萬物誠有可資益於人，其危害於人者，則尤多而且屬，天人
> 之不相爲謀也彰彰矣！其異二（《原儒》〈緒言〉，頁7）。

天人雖相反，然當悟吾人之眞性即徧爲天地萬物之本體，而天地萬物之本體
即乃吾人之眞性。天人相通無間，未有判隔，天道、人性一以貫之，天爲人
倫道德之源，人倫道德爲宇宙本根之流行發現。故天人雖有分而實不二，一
言乎天，即對人而得名；一言乎人，即對天而得名。天仗人以成天道；而人
以天爲其內自本因，故天人雖對立而實相融。熊十力因曰：

> 人生論中，天人、相反也。而人道統攝天道，乃反而相成（《原儒》
> 〈緒言〉，頁7）。

熊十力復引《莊子》〈天下篇〉：「不離於宗，謂之天人。」謂「宗」者，即
乃天、道，爲萬化根源也。人之生以受限於形氣，乃漸乖離其宗，若能不離之，
則即人即天也。〔註14〕由即人即天義，乃識得萬物自性即道也，道不離物而獨
在，故道即一一物，一一物即道，人稟道而生，故亦當以弘道爲本務。至若易
道廣大悉備，而其綱要則在天人，如由乾元始物，而萬物各正性命處，即明示
天人本不二，物我乃無間。而《孟》〈盡心上〉言「上下與天地同流」、「形色，
天性也。」盡性所以踐形，踐形即乃盡性也，故其人生觀在於集義、養氣，以
究於至大至剛、充塞天地之盛，此亦即人即天地、即世間即乾元性海也。〔註15〕
若夫莊子之言天，則盛讚天化之偉，而渺人之小，如《莊子》〈大宗師〉：「浸假
而化予之左臂以爲雞，予因以求時夜；浸假而化予右臂以爲彈，予因以求鴞炙；
浸假而化予之尻以爲輪，以神爲馬，予因以求之，豈更駕哉！……」熊十力以
爲莊子雖自云與天地精神相往來，唯欲以人同天，而實不悟人即天，故莊子之
同人，乃委心順化而已。〔註16〕而佛家則未免捨人道，而索天德於寂滅之鄉。
〔註17〕至若西洋哲學，則以宇宙實體，爲外界存在之物事，未能通內外、物我

〔註14〕 參《原儒》〈原學統〉，頁75。
〔註15〕 參《讀經示要》卷二，頁268；《十力語要初續》，頁58、64。
〔註16〕 參《讀經示要》卷二，頁382、383；《明心篇》頁168、169。
〔註17〕 參《十力語要初續》，頁70。

爲一，未能通宇宙、人生爲一也。〔註18〕

　　熊十力反覆論申一切學術思想，以融貫天人爲依歸。當體天德以成人能，即人道而實現天德，由即人即天，進而盡人合天。《十力語要初續》更由此申言：

> 於器而見道，於氣而顯理，於物而知神，於形下而識形上，於形色而睹天性，於相對而證入絕對，於小己而透悟大我，於肉體而悟爲神帝。徹乎此者，不獨無生死海可厭離，實乃於人間世而顯天德。人生日新盛德，富有大業，一皆天德之行健不息也（《十力語要初續》，頁 69）。〔註19〕

　　要之，熊十力闡論天人關係，上承六經及先哲融形上形下爲一貫、合天人爲一體之傳統，故於《讀經示要》、《原儒》、《明心篇》諸書，反覆申論即人即天，即天即人；人不天不因，天不人不成；天人不二之思想，而於《新唯識論》體用不二之旨，黃艮庸亦言其乃「融貫天人，繼《大易》而有作。」〔註20〕天人雖不二，而熊十力所致力者，在於凸顯人之價值，以天在人、道在我，故不可遺人以同天，當賴我以凝道，盡人以合天。其重人之人天觀，強調主體之能動功能與改造力量，以人爲宇宙之主宰，倡導積極入世之人生觀，故下乃續探其本天道立人極之人生觀。

二、盡人合天之人生論

（一）持畏事天

　　《論語》〈季氏篇〉：「君子有三畏：畏天命、畏大人、畏聖人之言。」蓋始學入德，必由敬畏，而上下與天地同流，亦在不捨敬畏。〈季氏篇〉三畏，首及者天命之畏也。天命者何？《易》〈无妄・象〉曰：「動而健，剛中而應，大亨以正，天之命也。」程子《易傳》曰：「天命謂天道也。」而熊十力則言「動而健」者，明本體之流行；「剛中而應」者，九五以陽剛居中得位，二爻以陰柔居中而應五之剛，由此以明本體不待外索，眞實乃炯然在中也。「大亨以正」者，以不執小己而欲盡、理明，故本體之動，無虛妄也。結以「天之命也」，天，言

〔註18〕參《十力語要》卷二，頁 180、181。
〔註19〕引語錄自《十力語要初續》〈新論平章儒佛諸大問題之申述〉（黃艮庸答子琴），文雖爲黃艮庸——熊十力弟子所書，然曾由熊十力改定，故雖非語出熊十力，然亦可見一家之學。
〔註20〕語出《十力語要初續》，頁 69，即前註黃艮庸文。

本體之絕待無相；命，言本體之流行。天命，即本體，非超脫吾人而外在。熊十力復引《中庸》之「天命之謂性」，《論語》之「五十而知天命」，謂此二「天命」與〈无妄〉之言天命，義本一致。吾自家眞性，至富而備萬理，至剛而涵萬化，至大而藏萬善。人本諸天命以有生，天命之在人即性也，故性即天命，未可外性以覓天命。惟自識天命，而後方知敬愼順承。若夫非禮勿視、勿聽、勿言、勿動，戒愼恐懼，未敢違逆，此皆敬畏之實功也。〔註21〕

　　既畏天命，則事天之功未可忽可。孟子以存心養性爲事天之則。心者思慮之官，性者天之所命，當操而不舍，順而不害，以充擴吾固有之四端，此即事天之謂也。熊十力亦強調惟事天之功密，而後主宰恆定，百體從令，迷妄不興。而天命即自性、即本心、即性智，故事天乃事其在己之天、敬畏性智之明，未敢以私意私欲違礙，此即事天也。〔註22〕事天之義擴而言之，則不外乎知天、順天、象天、法天。知天者，即如《易》〈繫辭上傳〉第十一章：「明於天之道，而察於民之故。」順天者，主在順道以治變，應變而不失其常，如〈革〉、〈兌〉諸卦之〈象〉即言乎「順乎天而應乎人」，此以順天爲上也。象天者，即〈繫辭上傳〉第十一章：「法象莫大乎天地，變通莫大乎四時，……立成器以爲天下利，莫大乎聖人。」至若事天之積極義，則在乎法天，如《論語》〈泰伯〉：「巍巍乎惟天爲大，惟堯則之。」《禮記》〈郊特牲〉：「天垂象，聖人則之。」皆示法天之要，而《易》亦屢言之，如〈觀・象〉：「觀天之神道，而四時不忒，聖人以神道設教而天下服矣！」〈繫辭上傳〉第七章：「知崇禮卑，崇效天，卑法地。」第十一章：「天地變化，聖人效之。」天垂象，人法天，天人合一之理，因之顯矣！而法天之蘊如何？簡賅之，首當法天生生之德，以天地有大生廣生之德，萬物因乃資始資生，吾人亦當行仁以承天之生德，次當法天地健順之性，如之則男健而女順。擴而充之，尊卑、長幼、上下、君臣、夫婦均有其儀則也。

　　知天、順天、象天、法天，一以貫之，則事天之功幾備矣！蓋持畏事天，主在盡人以合天，船山於《周易大象解》即就《易》之各卦以申盡人合天之旨：

　　　　若夫學《易》者，盡人之事也，盡人而求合乎天德，則在天者即爲理。……君子無不可用之，以爲靜存動察、修己治人、撥亂反正之道。故〈否〉而可以儉德辟難；〈剝〉而可以厚下安宅；〈歸妹〉而

〔註21〕參《讀經示要》卷二，頁270～279。

〔註22〕參《讀經示要》卷二，頁278、279、286、287。

可以永終知敝;〈姤〉而可以施命誥四方,略其德之凶危,而反諸誠
之通;〈復〉則統天地雷風電木水火日月山澤已成之法象,而體其各
得之常。故〈乾〉大矣!而但法其行,〈坤〉至矣!而但效其勞,分
審於六十四象之性情,以求其功效,乃以精義入神,而隨時處中。
天無不可學,物無不可用,事無不可為,是以上達,則聖人耳順從
心之德也。

其言可謂簡要閎深!

(二)希聖盡能

儒家素以聖人為人倫道德之極致,如《孟子》〈離婁上〉:「聖人,人倫之
至也。」《荀子》〈禮論〉:「聖人者,道之極也。」而《易》亦屢讚聖人之德
業,凡三十餘處。如其以作《易》之功歸諸聖人,故〈繫辭上傳〉第八章曰:
「聖人有以見天下之賾,而擬諸其形容,象其物宜,是故謂之象。聖人有以
見天下之動,而觀其會通,以行其典禮,繫辭焉以斷吉凶,是故謂之爻。」
第十章亦言聖人作《易》之道四:「以言者尚其辭,以動者尚其變,以制器者
尚其象,以卜筮者尚其占。」第十二章:「聖人立象以盡意,設卦以盡情偽,
繫辭焉以盡其言。」……凡此均見聖人作《易》之功也。又聖人極深研幾,
洞悉天地奧蘊,如〈繫辭上傳〉第十章:「夫易!聖人之所以極深而研幾也。
唯深也,故能通天下之志。唯幾也,故能成天下之務。」第十二章:「天地變
化,聖人效之。」皆言聖人極盡宇宙妙道,細玩事變機兆,故可通達天下人
心,助成天下事務。至若聖人深具憂患意識,亦《易》所明言,如〈繫辭上
傳〉第五章:「顯諸仁,藏諸用,鼓萬物而不與聖人同憂,盛德大業至矣哉!」
〈繫辭下傳〉第七章:「作易者,其有憂患乎?」憂患意識者,即乃吾心即宇
宙、宇宙即吾心之同體關懷,即乃人溺己溺、人飢己飢之悲憫胸懷。而所發
者,即為為天地立心、為生民立命、繼絕學、開太平之偉大承擔。

聖人立居天地,推究天人變化之蘊,為天地間德業之承繼者、闡揚者、開
創者。故《易》〈乾〉九五〈文言〉復贊大人曰:「夫大人者,與天地合其德,
與日月合其明,與四時合其序,與鬼神合其吉凶。先天而天弗違,後天而天奉
時。」熊十力亦謂聖人大公至正、無偏無私,德如天之無不覆、地之無不載,
智如日月之大明遍照,深明自然人群之變而掌握之。又德合陰陽,以其明不測
之吉凶,皆本乎陰陽萬變之不齊。復謂聖人學而不厭,誨而不倦,智周萬物,
道濟天下,修教化以啓群智,立制度以舒群力,備器用以遂群生,極於位育,

而盡性之功畢。〔註23〕另引釋《莊子》〈天下〉：「以天爲宗，以德爲本，以道爲門，兆於變化，謂之聖人。」謂聖人能率性以行，體現天德於己，使天性主宰形骸。以其一切率由天理，復明變化之幾，故能造起萬化而無滯。〔註24〕因聖人提挈人生之恆久至道，開展天人合契之德，故爲實證天命者。熊十力曰：

> 吾畏天命，即不得不畏聖人，以聖人爲人倫之至。吾對之，有高山
> 仰止之思，則嚴畏自不容已。由於聖人起嚴畏故，則精神一於向上，
> 胸懷日以沖曠，神智開豁，而德充於內（《讀經示要》卷二，頁 280）。

熊十力以爲既畏天命、畏聖人，即又不得不畏聖人之言，如六經提揭修齊治平誠正格致之道，字字由天命自性流出，吾當精思而力踐之。〈繫辭下傳〉第十二章：「聖人成能」，參天地之功者，聖人也。吾人自亦當希聖盡能，以裁成天地，輔相萬物爲務，藉人道揚天道，開拓天地萬物一體之德量。

（三）立志反己

木不得無根，水不得無源，孔子十有五而志於學，孟子以志爲氣之帥，欲人持志而無暴其氣。〔註 25〕蓋志於人，猶木之根、水之源，未可一息或無者也。故熊十力於《讀經示要》詳申志之義與立志、責志之要。〔註 26〕復引陽明〈示弟立志說〉：〔註27〕

> 夫學莫先於立志。……君子之學，無時無處，而不以立志爲事。正
> 目而視之，無他見也；傾耳而聽之，無他聞也。如貓捕鼠，如雞伏
> 卵，精神心思，凝聚融結，而不復知有其他。然後此志常立，神氣
> 清明，義理昭著，一有私欲，即便知覺，自然容住不得矣！故凡一
> 毫私欲之萌，只責此志不立，即私欲便退聽。……或怠心生，責此
> 志，即不怠；忽心生，責此志，即不忽；懆心生，責此志，即不懆；
> 妒心生，責此志，即不妒；忿心生，責此志，即不忿；貪心生，責
> 此志，即不貪；……蓋無一息而非立志責志之時，無一時而非立志
> 責志之地（《讀經示要》頁 239～243 引）。

此文責志之意可謂切矣！而責志之本在乎立志。熊十力以「志」者，乃自內

〔註23〕分參《明心篇》，頁 175、176；《讀經示要》卷二，頁 267、268。
〔註24〕參《原儒》〈原學統〉，頁 75。
〔註25〕參《孟子》〈公孫丑上〉。
〔註26〕參《讀經示要》卷二，頁 239～256。
〔註27〕王陽明〈示弟立志說〉，見《王陽明全書》中《文錄》卷二〈說〉。

以立，蓋天理之心乃人人固有，反己自識而勤加保任，使常爲主於中，如是則迷妄不興，此即心有存主，而非內無其源，徒欽羨於外也。〔註28〕如有志，則能知其在己、盡其在己、實其在己；如有志，則眾人亦聖人，天人冥會相通；若無志，則縱親承聖人謦欬，眾人猶爲眾人，天人隔障而不通。

　　吾人之性，乃得天之全，故人即天也，然人生不免爲形氣所限，而漸物化，遂失其天，故去其幾希，則與禽獸同，此孟子所言也。〔註29〕熊十力因於《十力語要初續》明揭「志」者，乃天人樞紐也，曰：

> 夫能反己，而毋自欺者，必先有立志，以爲之本。……余以爲志者，天人之樞紐。天，而不致流於物化者，志爲之也。志不立，則人之於天，直是樞斷紐絕。……循此樞紐，而動用一順乎天。久之，則人即天，而天即人。先儒所謂盡人合天，合之一字，猶是贅詞。天人畢竟不二，非以此合彼也。但就始學言，必以志爲天人之樞紐，此則吾平生親切體驗之言，垂老而益識之明，持之堅也（《十力語要初續》，頁 154）。

天人繫乎一志，故當樹此樞紐，至若陽明言責志者，此即工夫入手處。工夫無懈弛，則本體無窮盡，行止一皆順乎天也。立志而外，熊十力亦強調返己之學。〔註30〕唯藉返己之學方能與道相通、與道冥契，故曰：

> 吾人唯於性智內證時，大明洞徹，外緣不起，夐然無對，默然自了，是謂證量。吾人須有證量之境，方可於小體而識大體，於相對而悟絕對，於有限而入無限，是乃即人即天也（《原儒》〈緒言〉，頁 13）。

值此科學益興，逐物之學益熾之際，進德唯賴返己工夫眞切。返己之實功者何？曰不違仁也，下因續言「敦仁修德」之人生觀。

（四）敦仁修德

　　人爲天生萬物中最靈秀而美善者，人性既由天道所賦，則天地有好生之大德，人心亦具生生之理，人性與天性實兩相通貫。然人稟受天性於內在之本體者何？一言以蔽之，曰仁也。夫子之道，忠恕而已矣！忠恕者，即仁也。孟子則由孺子將入於井，而興發怵惕惻隱之心，以明仁乃人人內具本有者。《易》言仁者九處，要者如〈乾·文言〉：「君子體仁足以長人」，此乃就人之

〔註28〕 參《讀經示要》卷二，頁 247、248。
〔註29〕 《孟子》〈離婁下〉：「人之所以異於禽獸者幾希？庶民去之，君子存之。」
〔註30〕 參《明心篇》，頁 178～203。

能體現天道而言，故黃師慶萱《周易讀本》闡曰：「體法上天好生之德，身體力行仁道，於是仁便成為生命的主體。……只有體仁的君子，才能使眾人發展其天命的仁性，而成為眾人的領導者。」另〈繫辭下傳〉第一章：「天地之大德曰生，聖人之大寶曰位，何以守位曰仁。」蓋聖人守位以仁，即得澤被群生，贊天地之化育，故朱震《漢上易傳》卷八曰：「天地之大德曰生者，仁也。聖人成位乎兩間者，仁而已矣！不仁不足以參天地。」

　　仁為人生之總德及生命實踐之內容，故馬浮曰：「仁是心之全德」。〔註31〕熊十力深明孔子為道之學，以求仁為主，故屢申仁體，謂此乃於用而識體，已申於前文第五章。仁即本心，本心備生生、剛健、炤明、通暢諸德，總括之曰仁德，唯踐仁方足以知天，故熊十力言得天在乎得仁：

> 人之所以生者，得天而生也，其所以立者，得天而立也。得天者，求仁而得仁也。……夫仁心之存乎人者，剛健、炤明、生生而能愛，不為小己之私欲所縛，常流通於天地萬物而無間隔，此乃根於實體之德性，而為一切德性之源泉也。……仁心是人所本有，反己而求之即得，求仁而得仁，不至陷於不仁，仁心以天為其根，故曰得仁即得天也（《明心篇》，頁161、162）。

故人若喪仁即喪其天，唯得仁方得立人極、盡人能、弘天道。孔子畢生行事重在踐仁，年至五十，始云知天命，故孔子踐仁實為天命之印證。牟宗三亦謂，仁有「覺」、「健」二大特質，其作用便是遙契性與天道。〔註32〕至若踐仁之方，夫子答顏淵以「克己復禮為仁」；答仲弓曰「己所不欲，勿施於人」；答樊遲以「愛人」；答司馬牛則曰「仁者，其言也訒。」〔註33〕以仁德備萬善，故其答言雖殊向而實同功也。熊十力上承孔子，其人生論亦以踐仁為本，而求仁之法，則重日新、日損之工夫，何謂日新、日損之功？熊十力曰：

> 日損之學，要在一生之中，時時、在在，於生心動念，舉手下足，乃至履萬變、當大艱，恆不忘反己照察，肅清內伏之一切雜染惡根，直以猛力殲滅，無俾遺種（《明心篇》，頁28）。

　　孔子洞徹人生之本性，其道以敦仁為宗，專向至善發展。慎獨工夫，

〔註31〕語出馬一浮《復性書院講錄》卷二，〈論語大義一——詩教〉。
〔註32〕參牟宗三《中國哲學的特質》第五講。
〔註33〕夫子答仲弓語，原出〈顏淵〉及〈衛靈公〉；餘三者均本出〈顏淵篇〉。

固以擴充善幾爲主，而謹防非幾之萌，有礙於仁的發展。此聖人敦
仁日新之學（《明心篇》，頁 44）。

故日損之功在精察冥闇、照見私欲、克盡雜染；日新之學在日就弘實吾人之
性命，使固有善端、明睿之智、惻隱之幾，均日新日擴。由此二工夫以篤厚
人性、求仁得仁，天道亦因之弘矣！

仁乃諸德之本，由此以推，凡義禮智信、公忠誠恕，均賅之矣！以「誠」
例之，《中庸》曰：「誠者，天之道也；誠之者，人之道也。」吾藉誠之之工
夫，即得復天賦之誠。又曰：「唯天下至誠，爲能盡其性；能盡其性，則能盡
人之性；能盡人之性，則能盡物性；能盡物之性，則可以贊天地之化育；可
以贊天地之化育，則可與天地參矣！」本諸至誠，向外感通，由盡己、盡人、
盡物之性，終至天地人三位一體。故誠者，乃天道人德之源，非誠無以去僞
求眞，發揮良知良能，故《易》〈乾〉九二〈文言〉欲人「閑邪存其誠」，至
若熊十力則以「忠信」言「誠」，詳見本章第三節。

復以「禮」例之：推禮之源，實本乎性，而其實踐於人事物，則爲人事
之儀則，人能念念由禮，則人道即乃天德之顯現，人間必然文理粲然，無一
毫之濁亂，故孔子欲人「立於禮」，〔註34〕以禮爲人道所由立。而禮之要，首
在持以居敬工夫，使怠慢邪僻不作；次當精思力踐，且隨時因地而制宜，以
合義爲上。熊十力闡禮，得參本章第三節。要之，時刻敦仁修德，則事無踰
越者，凡所舉措，均得達致中和、宜於人倫、且合於天理也。

第二節　知識論

一、中西學術論衡

五四以降，西風東漸，民主主義抬頭，科學之風興熾，反傳統思想高漲，
素爲維護道德文化與維繫社會秩序之儒家權威因乃倍遭考驗與詆議。熊十力
逢此科學領域日益興擴，哲學價值日遭折損；西學大興，中學漸沒之際，乃
挺而發論，一則正視西方文化，審視其特點，洞察其缺憾；一則掘發中國文
化之精髓，肯定心性之學之價值，然亦不盲目護衛。

熊十力謂科學之厚惠於吾人者三：其一，科學精，而後乃具勘天之勝能，

〔註34〕語出《論語》〈泰伯篇〉。

得以發揮潛能，馭控自然、解除危害、改造生活、利用厚生，使無復有窘束之患。其二，科學興，則重分析研究與實事求是之精神，故能析觀社會之不平，周知各方之利害，使人道益趨光明。其三，科學起，則見理明而迷信熄，故得解除神權囿制，憑任理性以作主。西洋學術因重科學，故能基實測以遊玄，而無空幻之患；由解析而會通，以免於粗疏之失。〔註35〕由此以觀，科學重客觀方法、重實測之術，於知能之域，極盡發展，使吾人之嗜欲，得暢遂而不抑遏，此殆其功也。然科學之所窮，究非無盡、究非萬能，以其未得洞識宇宙真相，未得窮探人類精神之根源，未得渾物我、通內外、遊無待、振無窮，故科學而外，猶恃哲學以識明窮理盡性至命之學也。

熊十力以為，西方重科學，中國重哲學，而哲學、科學範疇迥異，要之：科學所探究者，為客觀之事理，為事物之法則；哲學所窮究者，乃事物之根本原理及吾人所以生、宇宙所以成等究竟之理。科學為各種專科知識之學；哲學則窮究萬化大源。故科學於宇宙，析其分殊；哲學於宇宙，明其本源。科學重理智，其方法為外求；哲學求識本體，側重反求諸己。科學析入精詳；哲學見得遠大。綜言之，科學為知識之學；哲學乃德慧之學。〔註36〕以中國學術之菁華多見存經書，熊十力故著《讀經示要》，而其他著作亦多闡經典奧蘊，故其「哲學」一詞亦通謂「經學」。究極而言，科學、經學實不相違，亦不相伐，二者相互發明，未得偏廢，故曰：

> 經學如不有科學為羽翼，則尚德慧而輕知識，固不免以空疏無用貽譏。科學如不有經學為歸宿，則且有以知識而破碎大道之憾（《讀經示要》卷二，頁309、310）。

蓋中土學人所重者，乃盡性至命之學，即哲學；而西人則窮物理世界，重格物之學，即科學也。前者多樂冥悟、尚默契；忽思維、輕實測，故當以後者正其陂。然亦未可偷襲剽竊、生吞活剝，而當慎思明辨、細加篩檢。珍視固有寶藏、穩固經學根柢，如之方不困於嗜欲無饜之追逐，復以科學方法與技術，官天地、府萬物，以提昇人類生活之品質。中西學術並濟，哲學科學並備，以哲學領導科學，如是則哲學方不流於空疏，科學亦不墜入歧途。熊十力論衡中西學術，可謂得其宜也。

〔註35〕參稽《讀經示要》卷二，頁291、292。
〔註36〕科學、哲學之特點，領域殊異，參見《讀經示要》卷二，頁291、292、301～310、332～337。

二、智與知識

　　《新唯識論》、《體用論》、《明心篇》等闡論本體論、宇宙論、人生論之思想，熊十力亦名之以「境論」。〔註37〕而於《原儒》〈緒言〉中言其擬撰《量論》、《大易廣傳》二書，以為《新唯識論》羽翼，而《量論》卻分為〈比量〉、〈證量〉二篇，〈比量篇〉論辨物正辭及窮神知化，〈證量篇〉論涵養性智。〔註38〕蓋熊十力之「量論」，亦即「知識論」或「認識論」之謂。〔註39〕《量論》雖未及著成，然其意於《新唯識論》、《十力語要》、《讀經示要》、《原儒》、《明心篇》、《十力語要初續》，均時而散見。此乃以知識論、宇宙論非分殊無關，離體用而空談知識，則支離而破碎；離知識而空論體用，亦殘憾而不全。熊十力於《明心篇》賅「知識論」之範疇為「智」與「知識」，於《新唯識論》則曰「性智」與「量智」，於《讀經示要》則言「致知」、「格物」，今分論之：

　　　　熊十力於《明心篇》，發「智」之四義，曰：

> 一義，用晦而明，光而不耀，智之恆德也。……二義，無知而無不知者，智之性也。寂然無妄想，故說無知，感物而動，明燭物則，故說無所不知。……三義，……天人之會，複雜無量，變態無窮，而有主之者，則吾人性靈之發用，所謂智是也。智主乎內部，則性海流通，一切意念乃至事業，莫非天機油然之動。……四義，知識不即是智，然知識雖以客觀世界為引發因，故得生，而吾人知識之成，必有內在的了別作用，主動以深入於外物，方得成就知識。……感攝外物而起之了別用，確以吾人本有的智為其內因（《明心篇》，頁110～115）。

智，乃本心天然之明，常凝於內，不向外馳散，澄明而不亂、專一而不雜，為貫乎天人之際之主宰，即乃本心、真性、仁、良知之謂也。而於知識論則稱為「智」、「智慧」、「德慧」等。熊十力以為，吾於本有之智，當盡力推而擴之，而私意、私見、私欲等習藏中惡習種子，務求斬絕剷盡。熊十力於《明心篇》闡智與知識甚詳，蓋智與知識迥別，然非無關也。智，為本心天然之明；知識，則乃習種乘天明之動而起，迅應外物之感，而引心以化於物，方成之者。知識為客觀現實世界之反應，然知識之成，則賴內在之主動力──即「智」者，以

〔註37〕《新唯識論》〈初印上中卷序言〉，即提及「境論」之名。

〔註38〕見《原儒》〈緒言〉，頁1～15。

〔註39〕《新唯識論》〈初印上中卷序言〉，明指「量論」，相當俗云知識論或認識論。

深入乎物、了別乎物，而後方得以成。凡爲格物之學，必採擇客觀之法，必先之以假設，而作假設時，實賴內心天然明幾，即「智」之當下啓示。易言之，知識之開展，賴智之發用於事物，故一切知識之發用，莫非智之流行。熊十力又謂吾人當以自力利用此明幾之智，努力以辨物、理物，如是方得有精確之知識，若未克盡人力，即無求知之可能。熊十力論智與知識，重在保任良知，以智作主，藉以引領知識之正確發展。以其慨今之世人，偏向知識一途發展，競逐知識，以掌握權力，遂至本心亡失、良知殆盡，故發論以挽之也。至若道家之言玄冥之智，佛家證眞如之智，而於知識則斥摒之，此亦熊十力未爲首肯者。惟孔門敦仁之學，誠積而明，極乎上達，此智之盛也。尊智而不輕知識，格物而主以致良知，本末一貫而融通之，此熊十力論說之大要。〔註40〕

　　智，即陽明「良知」之謂也。〔註41〕《讀經示要》亦詳申《大學》「致知」、「格物」及陽明「良知」諸意。〔註42〕陽明以致知之知爲良知，此良知乃吾人與天地萬物共有之本體，朱子則以知爲知識之知。熊十力以爲陽明所釋深契《大學》之旨，朱子之釋雖未合《大學》原義，然以其極端重視知識，故得矯魏晉玄談者揚老莊反知說之弊及佛家重宗教精神之偏，復能下啓近世重科學知識之風。至若「格物」之義，熊十力則採朱子「即物窮理」之訓，即物以窮理，知識乃得成立，故知識當在格物處說。依本體之明，以量度事物，則一切知識均爲良知之發用，以致知立本，而從事格物，則必無支離之病。以良知之格量作用，周運乎事事物物，如是必有則而不亂。而格物工夫不已，吾良知亦流通不息，擴展不已。〔註43〕熊十力於《明心篇》亦闡《大學》格物致知義：

> 《大學》曰：致知在格物。此知字，即《易》與《論語》之所謂智。
> 孟子、王陽明亦謂良知，是乃吾人本心天然之明。……必推動、擴
> 大吾本心之明，用於外在的一切物，窮究事物之規律與其本質，而
> 變化裁成之，以盡物性，而利於用，於是吾人始有經驗事物、鑽入
> 事物、制馭事物、創造事物、利用事物的知識，故曰致知在格物也
> （《明心篇》，頁116、117）。

〔註40〕 本段言「智」與「知識」，主參《明心篇》，頁109、124、125、128、129、135、150 等。

〔註41〕 《明心篇》，頁114：「陽明言良知，本承孔門所說之智，而開演之。」

〔註42〕 參稽《讀經示要》卷一，頁172～196。

〔註43〕 本段闡「致知」、「格物」義，主參《讀經示要》卷一，頁176、179、189、192～194；《十力語要》卷三，頁412。

將良知推動擴大至事物以運用之，是為格物，格物而後方成就知識，吾當培養本心之明，以發起一切，使智不滯虛淪寂，由是知識方見神龍變化之妙。〔註44〕

於《新唯識論》〈明宗〉，熊十力則探究性智、量智之異。性智略同於前述之智、德慧、良知，乃人與生即具之認識真理之能力，於宇宙論中，則為萬有之本源，為吾人所以生之理。「他元是自明自覺，虛靈無礙，圓滿無缺，雖寂寞無形，而秩然眾理已畢具，能為一切知識底根源的。」〔註45〕而量智，亦名理智，「是思量和推度，或明辨事物之理則，及於所行所歷，簡擇得失等等的作用故，故說名量智。」〔註46〕性智圓滿而明淨，雖不離感官經驗，然亦不滯之，而量智雖原本性智，為性智之發用，然終自成一迴異性智之勢用，以其緣一切日常經驗發展，藉官能作用之外馳以認知，故為後天所具。至若量智與知識，二者義近，詳區之，則「量智作用，經驗於事物，始成知識。」〔註47〕量智，為向外認知之作用，而此作用經驗事物後之所得，即知識也。於知識論，熊十力強調智與知識合一，亦強調斷盡妄習、掃除雜染，如是則性智得轉化量智，量智亦得為性智之發用。

由上乃明，熊十力重哲學而不廢科學；言智而不偏棄知識；申良知而不遺物；論性智而未捨量智；倡反己之學而猶尚博物；重德性之知而未忽聞見之知。以中國傳統學術思想之主流，素重道德而輕忽知識；素重哲學而輕忽科學，故於物質文明，實難與西方抗衡，熊十力乃兼重之以挽其傾，然其思想之重心仍在重建道德根基，須藉哲學以引領科學；藉智慧以引導知識；藉良知之明以發展格物之學；藉性智以主宰量智，如是則一切意念，一切事業均合於本心而不偏曲，精神與物質得以並驅而不違，並享而不悖。

三、科學日益之學

於反己中求實體，於實踐中體真理，此中學之所重；任運理智與思維，本徵驗、避空幻、免粗疏，此西學之所長。熊十力強調中西之學當並濟而不廢，已明乎前。至若科學日益之學，固興於西方，然亦非貧於中國也。舉凡天文、算術、地理、醫藥、機械、水利等，漢之前已精，而儒家孔、孟、荀，

〔註44〕參《明心篇》，頁123。
〔註45〕語出《新唯識論》〈明宗〉，頁249。
〔註46〕同註45。
〔註47〕語出《十力語要初續》〈答徐令宣〉，頁25。

名家之惠子，《周禮》、《大學》等亦有相關之思想。至若《大易》一書，於格物之學發論尤多，茲分述之：

（一）古科學思想

熊十力論古科學思想，以為自伏羲畫八卦即已萌芽，而天算、音律、藥物諸學，五帝之世已興。指南針或云黃帝或云周公，此涉乎物理學；《周禮》有壼涿氏掌除水蟲，此乃微生物學；木鳶則墨翟、公輸並有製作，此飛機之始；秦李冰已精水利工程學；漢世煉丹，關乎化學；東漢張衡之地震儀，涉天文學；而地圓之論，《周髀算經》等已言之；五洲之說，鄒衍已言於戰國時。……由此乃明中國古代非無科學思想。《尚書》〈皋陶謨〉言「天工人其代之」，鼓勵發揮人力、克盡人力、改造環境，科學思想已含蘊其間。〔註48〕至若孔子，亦重格物之學與實測之術，《論語》〈子罕〉載孔子之言曰：「吾少也賤，故多能鄙事」、「吾不試，故藝。」孔子因應生活之需而備格物之知識與諸多技藝，由此乃明。又〈為政篇〉：「知之為知之，不知為不知，是知也。」〈八佾篇〉中言夏殷之禮，而以杞宋之文獻不足徵為憾，凡此皆見孔子探察事物，必博求證據，非妄臆猜度。〔註49〕至若《孟子》〈離婁下〉載「舜明於庶物，察於人倫。」舜精於格物於此可知；而〈梁惠王上〉言養民德，自制產始。〔註50〕則孟子之重民生，亦得明矣！若夫《荀子》〈天論〉言制天裁天，其格物精神尤顯，其言曰：「大天而思之，孰與物畜而載之。」謂與其尊大並思慕大自然之豐厚，未若積畜裁制之，使用無不利；「從天而頌之，孰與制天命而用之。」謂與其因風雨之不時，雷電之可畏，山川之險阻，乃頌天之偉，未若制裁天之所命而為我之所用；「望時而行之，孰與應時而使之。」謂與其坐待豐年之收成，未若順應四時之候而耕耘，與其望時而待，未若努力興作；「因物而多之，孰與騁能而代之。」謂與其求量之多，未若運智能以達質優量豐；「思物而物之，孰與理物而勿失之也。」謂與其慮度未然以坐待變化，未若把握現實，治理事物，而不失時宜；「願於物之所以生，孰與有物之所以成。」明致力於物成之要也；「故錯人而思天，則失萬物之情。」明物之生在

〔註48〕 參《讀經示要》卷二，頁 418；《原儒》〈緒言〉，頁 20；《十力語要初續》〈答某生〉，頁 40。
〔註49〕 參《讀經示要》卷二，頁 338；《原儒》〈原學統〉，頁 25；《明心篇》，頁 23。
〔註50〕 參《孟子》〈梁惠王上〉：「是故明君制民之產，必使仰足以事父母，……今也制民之產仰不足以事父母，……奚暇治禮義哉？」一段。

天，而成之在人，故未可廢人以思天，當盡吾智吾力，以理萬物、厚吾生。《天論》以人智裁物質，以與天地參之思想，與今日西洋重科學格物之精神，實相繫合也。〔註51〕熊十力復謂名家如惠施偏尚逐物之學，以《莊子》〈天下〉載南方畸人黃繚北遊，訪惠子，「問天地所以不墜不陷，風雨雷霆之故，惠子不辭而應，不慮而對，徧為萬物說。」莊子乃評惠子，言其「散於萬物而不厭」、「逐萬物而不反」、「弱於德，強於物，其塗隩矣！」惠子專向知識一塗發展，故忽於反己之學，而其具科學家之熟識與風範，則其長也。〔註52〕

　　由上所述，知諸子百家，各精於專門之業，若謂中國古無科學知識，實乃自薄太過，惟後未能發皇、光大之，百家之業，乃日就衰竭。又《大易》一書，於古格物之學申之尤詳，下因續言之：

（二）《易》格物之學

　　《易》之所探，廣大至賾，於天文、地理、人倫、物理、事理，無不賅舉，非徒蘊含豐厚之哲學思想，亦含括豐富之科學精神。科學者，統系之學也、條理之學也，凡真知灼識，均由科學而來，而今之科學，即古格物之學也。《易經》由表至蘊，由卦爻構成至經傳思想，隨處呈顯者，盡皆科學方法與思想。如其以陰陽之符號及數理邏輯以象徵宇宙人生之萬象萬變：━━為陽，━ ━為陰，一陰一陽推而擴之，則為八卦，則為六十四卦、三百八十四爻，以擬議神秘之自然、象徵萬物之情狀，其理至簡，而所含賅備。由簡化繁，此演繹也；以簡馭繁，此歸納也。又陽曰九、陰曰六，六爻由下而上，曰初二三四五上，六爻陰陽相配，天下萬形萬狀，因範圍之矣！另六十四卦分上經下經，上經以天地為始，多言天理，下經多闡人道人倫。至其列卦次序，〈序卦傳〉以之為一因果系列，後卦與前卦或相因或相反，孔穎達《周易正義》則以為六十四卦排列乃二二相偶，而非覆即變。覆者，〈屯〉、〈蒙〉、〈需〉、〈訟〉、〈師〉、〈比〉之類；變者，如〈乾〉、〈坤〉、〈坎〉、〈離〉、〈大過〉、〈頤〉、〈中孚〉、〈小過〉之屬，故知《易》之卦序排列亦備科學之法。又者，因爻位之異，其用字遣詞，皆有定則，如初爻多以趾、足、履、尾取象；二、五爻多用中、黃等；五爻最尊，常用天、君、帝、王、公、大人、君子等；三、四爻多用或、往來、憂、嗟嘆；上爻多以首、頂、角等物事取象。……蓋《易》之為書，隨處俯拾，無不見其科學方法，無不備具條理系統。熊十力明格物

〔註51〕參《讀經示要》卷二，頁347～349；《原儒》〈原學統〉，頁25。
〔註52〕參《原儒》〈原學統〉，頁63、64；《明心篇》，頁68、69、98、99。

之學，乃治化之具，而《周易》於先人格物之功，載之尤詳，其具備科學精神，實無可疑也。故熊十力於《原儒》〈原外王〉，申《易》之倡格物學，及其明社會發展，以需養爲主，並列舉〈繫辭傳〉數章以申之。〔註53〕而其他諸作亦屢申《易》之格物精神，下引《易》經傳中相關章節，並申熊十力之意。

〈繫辭上傳〉第四章：「知周乎萬物而道濟天下，故不過。」朱子《易本義》曰：「知周萬物者天也，道濟天下者地也，知且仁，則知而不過矣！」船山《周易內傳》注曰：「過，差也，萬物之情理，皆天地之化所發見，而君子知之，必盡以通志成務而利天下。」李光地《周易折中》案曰：「知周萬物，義之精也。然所知者，皆濟天下之道而不過，義合於仁矣！」蓋天地化生萬物而無不覆載，人智亦周及萬物而無不覺照，故當準天地之道，以濟成天下萬物。船山之言，強調通志成務，使品物咸亨之道；而朱、李言知周萬物，則更以合仁爲度；至於熊十力則闡曰：「聖人之尊知而異乎反知也，於此可知矣！」〔註54〕並欲人由此尊重知之價值，發展求知之愛好。萬物之理，固深廣無盡，而人類知能，亦無可侷限，若努力無有止殆，則亦庶幾得臻周知之境。至若《老子》欲人絕巧棄智，如十八章：「智慧出，有大僞。」十九章：「絕聖棄智，民利百倍。」六十五章：「民之難治，以其智多，故以智治國，國之賊；不以智治國，國之福。」蓋老子言「智慧」、「智」之義，即近似前所述「智與知識」之「知識」也，老子棄智，以智慧固能創設權衡、斗斛、器物、法令等，以利民便民，然機智生則巧詐起；智慧出而虛僞生；奇物起而嗜欲盛，老子知其弊故遏抑之。然熊十力則以爲大僞雖隨智慧以生，然作僞畢竟非智慧；盜，隨難得之貨以生，而盜與難得之貨，究非相依不離；亂，隨可欲之物以生，而亂與可欲之物，其關係亦非必然也。故智慧不可錮蔽，而去僞非無其道也。若興禮樂，本天下爲公之道，以立制度，則民雖多智慧而易治。蓋樂以致知，禮以達敬，禮樂交脩，則萬物之智，皆順循和敬以起用，導民以天下爲公，人道因樹，民智乃利濟天下矣！〔註55〕

〈繫辭上傳〉第四章：「範圍天地之化而不過，曲成萬物而不遺。」朱子

〔註53〕參《原儒》〈原外王〉，頁173～193。

〔註54〕語出《原儒》〈原外王〉，頁173。

〔註55〕主參《原儒》〈原外王〉，頁173～180。另《讀經示要》卷二，頁269、333、349、419；卷三，頁803。《原儒》〈原外王〉，頁186、260等亦語及「知周萬物而道濟天下」句。

《易本義》：「範，如鑄金之有模範；圍，匡郭也。天地之化無窮，而聖人爲之範圍，不使過于中道，所謂裁成者也。」而《中庸》亦有「致曲」之說：「其次致曲，曲能有誠，誠則形，形則著，著則明，明則動，動則變，變則化，唯天下至誠爲能化。」此二句殆以聖人既參天地，當以天地之化爲範，於萬物匡郭之而不踰越，分裁之而無所遺。熊十力亦贊成朱子之釋「範圍」二字，以「範圍」爲人力制限之謂，「曲成」者，則因萬物固有之性能成就之。熊十力復由此二句而申言人類當爲自然之主宰，使天地之範，盡操之在我。如大禹以人功改造天地，去水患以利百姓；如江河險而難涉，先民乃造船行水；又如辨土宜以利農事、採金木以製器具、操縱雷電以盡能備物、變化動植物品種使日進優良，此皆範圍天地、曲成萬物之謂也。熊十力之論申不侷限前人之說，至大而不失其宜也。〔註56〕

〈繫辭上傳〉第五章：「富有之謂大業，日新之謂盛德。」《周易集解》引王凱沖曰：「物無不備，故曰富有，變化不息，故曰日新。」又胡炳文《周易本義通釋》曰：「富有者，萬物不有，而無一毫之虧欠；日新者，無時不然，而無一息之間斷。藏而愈有，則顯而愈新。」此贊道體所發之盛德大業，使萬物豐富其所有，復使萬物日新其所得。而熊十力則偏就人事以言，謂人體天行之健，而富創造力，故乃屢成大業。人之智慮、德行，及一切群紀、政制、器械，……皆日新而不守其故，此德之盛也。〔註57〕

〈繫辭上傳〉第十章：「以制器者尙其象」，「制器尙象」乃聖人之道四者之一，餘三者曰「以言者尙其辭」、「以動者尙其變」、「以卜筮者尙其占」。來知德《易經來註圖解》卷十三曰：「制器者，結繩網罟之類是也。」《周易折中》引程子曰：「制器作事，當體乎象。」此乃強調取象自然，制器以利用之要也，亦即《尙書》〈皋陶謨〉「天工其代之」之意也。器者，器用也。〈繫辭傳〉言及器者，他處猶多也。如〈繫辭上傳〉第八章：「負也者，小人之事也；乘也者，君子之器也。小人而乘君子之器，盜思奪之矣！」此以車騎爲君子所用之名器。〈繫辭上傳〉第十一章：「見乃謂之象，形乃謂之器，制而用之謂之法。」此以具體成形者言器。〈繫辭上傳〉第十一章：「備物致用，立成器以爲天下利，莫大乎聖人。」備物者，畜養萬物；致用者，發揮萬物之功用；立成器者，即制器之謂也。聖人制器創物，以利天下之需也。《周禮》〈考工記〉亦云：「知者創物，

〔註56〕熊十力申此二句，參《原儒》〈緒言〉，頁9、10；〈原外王〉，頁181、182。
〔註57〕參《原儒》〈原外王〉，頁183；《讀經示要》卷三，頁818。

巧者述之、守之，世謂之工，百工之事，皆聖人之作也。」生百物者恃乎人工，古已明矣！以聖人備物而致用、制器而利民，故熊十力謂聖人注重格物之學也。

〔註58〕〈繫辭上傳〉第十二章：「形而上者謂之道，形而下者謂之器，化而裁之謂之變，推而行之謂之通。」道爲形上之層次；器乃形下之層次，當依形下之器以把握常變之道，取象自然以代行天道，進而化裁事物、創制事物，如是則天地官而萬物役。熊十力亦爲此數句作注，言道者器之體、器者道之用，形上形下，非二界也。化而裁之以下，均就器以言，器泛指物質界，物質界端賴人工之變化裁成，並施布於天下萬民以享其利，故謂之事業也。〔註59〕〈繫辭下傳〉第五章：「弓矢者，器也，射之者，人也，君子藏器於身，待時而動。……是以出而有獲，語成器而動者也。」君子工於制器、善於藏器、宜於用器，殆其所示者也。〈繫辭下傳〉第十二章：「象事知器」，此亦明取象自然、創事知器之要。上所言者，均爲「器」也。至若「象」者，〈繫辭下傳〉第一章：「象也者，像此者也。」象，乃把握道之具體憑藉，故當「尙象」。〈繫辭上傳〉第八章：「聖人有以見天下之賾，而擬諸其形容，象其物宜，是故謂之象。」此明聖人擬象議爻而繫辭，以窮盡宇宙人間諸事物。章學誠《文史通義》〈易教上〉指陳《易》乃「以象爲教」〔註60〕面對天地萬物，因象而窮理，法象而推其變化，科學因興焉！

〈繫辭上傳〉第十一章：「子曰：夫易何爲者也？夫易開物成務，冒天下之道，如斯而已者也。是故聖人以通天下之志，以定天下之業，以斷天下之疑！」以言《易》能開通萬物之志，成就天下之務也，此亦古重科學之一證。熊十力因由「開物成務」而言聖人格物之學，以爲萬世開太平也。〔註61〕

〈繫辭下傳〉第二章：「古者包犧氏之王天下也，仰則觀象於天，俯則觀法於地，觀鳥獸之文，與地之宜，近取諸身，遠取諸物，於是始作八卦，以通神

〔註58〕 熊十力引「備物致用，立成器以爲天下利。」二語，參見《原儒》〈原外王〉，頁183。另頁186、193、260、262，與《讀經示要》卷三，頁803亦言及此二句。

〔註59〕 參《原儒》〈原外王〉，頁183、184。

〔註60〕 章學誠《文史通義》〈易教上〉：「夫易開物成務，冒天下之道，知來藏往，吉凶與民同患，其道蓋包政教典章之所不及矣！象天法地，是興神物，以前民用，其教蓋出政教典章之先矣！」又曰：「夫懸象設教，與治憲授時，天道也。禮樂詩書，與刑政教令，人事也。天與人參，王者治世之大權也。」

〔註61〕 熊十力語及「開物成務」者，見《讀經示要》卷二，頁333；卷三，頁803、823及《原儒》〈原外王〉，頁186、193等。

明之德，以類萬物之情。」吾人認識事物事理，其發端在乎「觀察」，《易》理之顯示萬象，亦皆由觀察以得。〈繫辭傳〉中屢申觀察之要，如〈繫辭上傳〉第二章：「聖人設卦觀象」、「君子居則觀其象而玩其辭，動則觀其變而玩其占。」〈繫辭上傳〉第四章：「仰以觀於天文，俯以察於地理。」晝夜上下，此天文也；南北高深，此地理也。觀天文、察地理，乃能知情明狀，彌綸天地之道。天地萬物，無不可觀，天垂象、地成形，故觀象於天、觀法於地，復觀鳥獸萬物之文彩習性與山林、川澤、丘陵、原隰等地形地物之所宜。「近取諸身」者，如〈說卦傳〉以八卦分屬首、腹、足、股、耳、目、手、口之屬是也。〔註62〕「遠取諸物」者，如〈說卦傳〉以八卦分言馬、牛、龍、雞、豕、雉、狗、羊是也。〔註63〕〈繫辭下傳〉第二章續曰：「作結繩而爲網罟，以佃以漁，蓋取諸〈離〉。包犧氏沒，神農氏作，斲木爲耜，揉木爲耒，耒耨之利，以教天下，蓋取諸〈益〉。日中爲市，致天下之民，聚天下之貨，交易而退，各得其所，蓋取諸〈噬嗑〉。神農氏沒，黃帝、堯、舜氏作，通其變，使民不倦；神而化之，使民宜之；易窮則變，變則通，通則久，是以自天祐之，吉无不利。黃帝、堯、舜垂衣裳而天下治，蓋取諸〈乾〉、〈坤〉。刳木爲舟，剡木爲楫，舟楫之利以濟不通，致遠以利天下，蓋取諸〈渙〉。服牛乘馬，引重致遠以利天下，蓋取諸〈隨〉。重門擊柝以待暴客，蓋取諸〈豫〉。斷木爲杵、掘地爲臼，臼杵之利，萬民以濟，蓋取諸〈小過〉。弦木爲弧，剡木爲矢，弧矢之利，以威天下，蓋取諸〈睽〉。上古穴居而野處，後世聖人易之以宮室，上棟下宇，以待風雨，蓋取諸〈大壯〉。古之葬者，厚衣之以薪，葬之中野，不封不樹，喪期无數，後世聖人易之以棺槨，蓋取諸〈大過〉。上古結繩而治，後世聖人易之以書契，百官以治，萬民以察，蓋取諸〈夬〉。」凡上十三卦，以言制器尚象之事，由網罟至於書契，皆乃觀其窮而變、變而通，而發明者也。熊十力於《原儒》亦徵引此章，以明民群以需養爲先，而生產資具之發明與改造，爲群道變動之所由。〔註64〕

　　〈繫辭下傳〉第六章：「夫易，彰往而察來，而微顯闡幽，開而當名辨物，正言斷辭，則備矣！」彰往察來，即〈繫辭上傳〉第十一章：「神以知來，知以藏往。」微顯闡幽，即〈繫辭上傳〉第十一章「探賾索隱」。《易》著，既

〔註62〕〈說卦傳〉第九章：「乾爲首，坤爲腹，震爲足，巽爲股，坎爲耳，離爲目，艮爲手，兌爲口。」

〔註63〕〈說卦傳〉第八章：「乾爲馬，坤爲牛，震爲龍，巽爲雞，坎爲豕，離爲雉，艮爲狗，兌爲羊。」

〔註64〕參《原儒》〈原外王〉，頁188、189。

彰明過往之經驗，亦體察未來之遷變。熊十力以為彰往察來，乃據所明著已知之理，以考察所未知者；微顯闡幽者，乃藉分析之術，以明理之至微難窮，以洞見事物幽深未可知之內蘊；開而當名辨物者，謂辨析術精，則物理無所遺，持現代辨析術賦予舊說新詮，亦有可觀者乎！〔註65〕

〈繫辭下傳〉第七章：「復小而辨於物」，此得與前並觀，〈復〉䷗，一陽復始，動乎隱微，故曰小，然不為物欲所迷，故能辨於物。熊十力以為物理世界繁賾至極，必恃分析術始察其奧，始能由表入裡，故〈復卦〉示吾人格物學分析之法。〔註66〕

熊十力言《易》格物之學，其擇例多採諸〈繫辭傳〉，由上明矣！然偶或亦擷他例以言，如〈泰‧大象〉：「天地交，泰，后以財成天地之道，輔相天地之宜，以左右民。」程子《易傳》曰：「財成謂體天地交泰之道，而裁制成其施為之方也。輔相天地之宜，天地通泰則萬物茂遂，人君體之而為法制，使民用天時，因地利，輔助化育之功，成其豐美之利也。如春氣發生萬物，則為播植之法，秋氣成實萬物，則為收斂之法，乃輔相天地之宜，以左右輔助於民也。」藉財成、輔相之德業，以育養全民，此聖王之化功也。《漢書》卷九十一〈貨殖傳〉亦申言之曰：「於是辯其土地川澤邱陵衍沃原隰之宜，教民種樹畜養，五穀六畜及至魚鼈鳥獸萑蒲材幹器械之資，所以養生送死之具，靡不皆育，育之以時，而用之有節。草木未落，斧斤不入於山林，……然後四民因其土宜，各任智力，夙興夜寐，以治其業；相與通功易事，交利而俱贍。非有徵發期會，而遠近咸足，故《易》曰：『后以財成輔相天地之宜，以左右民。』『備物致用，立成器以為天下利，莫大乎聖人。』此之謂也。」闡發可謂精詳。熊十力亦因之申言吾人於自然當盡裁成、輔相之功。裁成者，謂明於物理，而製成工具，以改造自然。如天高未可攀、海深不可及，而人乃發明飛機、潛艇以征服之，此即財成之道也。輔相者，自然界經人工之開發、陶鑄、改造、制作、操縱，天地宇宙乃因之改觀、擴張，而厚利於萬民也。〔註67〕

綜上所述，知熊十力於《讀經示要》、《原儒》中屢引〈繫辭傳〉之「知周萬物」、「範圍天地」、「曲成萬物」、「富有之謂大業」、「制器尚象」、「備物

〔註65〕熊十力詮「夫易，彰往而察來，……」參《原儒》〈原學統〉，頁 61、62。
〔註66〕熊十力言「復小而辨於物」，參《原儒》〈原外王〉，頁 180、181。
〔註67〕熊十力言裁成、輔相，參《原儒》〈原外王〉，頁 217、218；《讀經示要》卷二，頁 267、269、294、296、349 等。

致用」、「開物成務」、「仰觀天文」、「俯察地理」、「彰往察來」、「微顯闡幽」、「復小而辨於物」、「財成輔相」等，以明倡導科學理論、倡言格物之學，莫盛於《周易》。《易》雖爲哲學典籍，然亦蘊含豐富之科學理論，殆無可疑。熊十力申之，要在使吾人得藉格物之功以開物、裁物、備物、成物，以利安身而福利萬民。而格物之學，乃所以究治化之具也，下因乃續言熊十力之治化論。

第三節　治化論

一、治化之要義

（一）治化之原──本仁心、發仁政

熊十力言體用，則力申返識固有仁體；言天人，則以得仁即得天；而於人生論，亦本乎孔子仁學，倡言敦仁而日新、反己以合仁；若其治化論，亦續承體用、天人、人生諸論之脈絡，力主本乎仁心，以發爲仁政。

仁乃天地萬物之體原，聖人言治，亦根於仁，化民以仁，民乃能自識本性，而發惻然不容已之幾；而興物我同體之量；而動民胞物與之懷，如是遂能節私欲、塞利害、行互助，同樂而互尊、日進而均安，故群固而國治矣！故王道者，即仁道也。仁道既行，即如天地之無物不履、無物不載，即如甘霖之普降、雨露之滋潤，民均受彼福祐，大同之世得引領而俟之矣！故熊十力以仁政爲治化之原。由是推擴之，則人治、禮治、德治、寬治、富治賅之矣！故其綜群經之言治也，發以九義，〔註68〕而以仁爲先，又曰：

> 誠恕、均平、道德、禮讓、中和、乃至萬善，皆仁也。仁之隨事發
> 見，因有種種名目。……格物通變，仁之用也。制禮作樂，是仁術
> 也。政刑之施，與一切利用厚生之計，若皆原於道德禮讓之意以爲
> 之，則亦莫非仁術也。以人治人者，人之性，莫不同故也，莫不同
> 者，同此仁體故也。治道必極乎萬物得所，而蘄向群龍无首之盛者，
> 則亦仁體自然不容已之幾也（《讀經示要》卷一，頁116、117）。

熊十力言治化之道，悉皆歸嚮於仁治，由是可明。而於《讀經示要》卷三詳論春秋之治，闡發三世之義，亦皆以仁爲本。至若仁政之施、仁道之行，端

〔註68〕熊十力綜羣經之言治而發以九義，參稽《讀經示要》卷一，頁41～115。

俟一君之仁，故《孟子》〈離婁上〉曰：「君仁莫不仁，君義莫不義，君正莫不正，一正君，而國定矣！」《大學》亦曰：「堯舜帥天下以仁而民從之，桀紂帥天下以暴而民從之，其所令反其所好，而民不從。」故以身作則，所發皆仁，而民無不仁矣！若夫《中庸》言成己成物，蓋盡己性進而盡物性，此仁之發擴也；而《大學》言明明德於天下，始於修齊，極於國治而天下平，此亦仁之推顯也。執政者之本務，在推擴彼生生不息之仁心，化民以仁，使無拘滯於形骸、無蔽於私欲，而有天地萬物一體之量，如之則仁體全顯，仁道始成矣！熊十力以治化之本，繫諸一「仁」，既合於中國傳統之治道精神，亦符合人性之本然。以仁為治，殆萬世不易之定則也。

（二）治化之道

1. 本誠恕，行均平

誠者何也？熊十力詮之曰：「本仁以接物處事，則不捨忠信，而謂之誠。」謂持忠信於日用踐履之間，是為誠也，故熊十力亦以「忠信」釋「誠」。〔註69〕睽諸舊典，屢以忠信發言，如《論語》之〈學而〉及〈子罕〉言：「主忠信，無友不如己者。」〈學而〉：「為人謀而不忠乎？與朋友交而不信乎？」〈公冶長〉：「十室之邑，必有忠信如丘者焉！」〈述而〉：「子以四教：文、行、忠、信。」〈顏淵〉：「子曰：主忠信，徙義，崇德也。」〈衛靈公〉：「主忠信，行篤敬。」凡上數見，則夫子以忠信為教，因明之矣！蓋人不忠信，則無實也，則無誠也，無實則易為患，不誠則無物，故人道惟在忠恕。《易》〈乾〉九三〈文言〉亦以進德在乎忠信，曰：「忠信，所以進德也。」忠者盡己，信者信實，盡己之心，信實待人，此誠之之道也。至《春秋》屢闡「忠」、「信」之義，熊十力亦賅舉數例：如「上思利民，忠也。」（桓六年季梁語）、「棄事不忠」（閔二年羊舌語）、「公家之利，知無不為，忠也。」（僖九年荀息語）、「以私害公，非忠也。」（文六年史駢語）、「無私，忠也。」（成九年范文子語）、「臨事不忘國，忠也。」（昭元年趙孟語）……，此論言「忠」也。〔註70〕「信，國之寶也，民之所庇也。」（僖二十五年晉文語）、「民未知信，未宣其用」（僖二十七年子犯語）、「信以守禮」（僖二十八年晉侯儒語）、「信者善之主也」（襄九年子展語）、「君人執信」（襄二十二年晏平仲語），……此申言「信」也。〔註71〕而於「忠」、「信」之義

〔註69〕語出《讀經示要》卷一，頁116。以忠信言誠，見卷一，頁47。
〔註70〕參《讀經示要》卷一，頁49、51。
〔註71〕參《讀經示要》卷一，頁49、50、51。

界，熊十力曰：

> 信者，以其所執守者眞實而堅固言。忠者，以其公以體物，立事不
> 偷言。〔體物者，如在國則視國事爲己事，在天下則視天下事爲己
> 事。……〕合言之，則一誠而已矣（《讀經示要》卷一，頁50）。

次言恕：本仁以待人，復能推己以度人，此之謂恕。〔註72〕蓋己之所欲，推之他人，亦如己也；己所不欲，推之他人，亦人之所不欲也。本吾之心，推及他人，推諸萬物，此以天下爲量，即《大學》之「絜矩之道」及「有諸己而后求諸人」之謂也。〔註73〕《論語》〈里仁〉亦曰：「曾子曰：『夫子之道，忠恕而已矣！』」《孟子》〈盡心上〉曰：「強恕而行，求仁莫近焉！」孔孟於推己度人之恕道，蓋深體之也。而《大學》言恕，由身修而家齊而國治而天下平，至治之休因見矣！若治國不行以恕，則懷一己之私，私其己而侵他人，私其國以侵他邦，亂亡之日，實未遠矣！

復言均平，熊十力曰：「本仁以理財立政，則務求兩利，毋私一人以害全群，毋私一國以害世界，是謂均平。」〔註74〕《論語》〈季氏篇〉曰：「不患寡而患不均」，財均則人和，貧富殊懸則民怨沸鼎。《大學》亦強調「仁者以財發身，不仁者以身發財。」不仁者殖貨而亡身，至若仁者則散財而得民，故當以義爲利，不以財貨爲利。治道在乎均平，當力避商賈之壟斷民貨，愼防貪官之吞噬民膏，若失均失平，則爲禍大矣！《易》〈損卦〉上九：「弗損益之」〈象〉曰：「弗損益之，大得志也。」〈序卦傳〉亦曰：「損而不已必益，故受之以益。」蓋有所損則有所益，損極則弗損、弗損則弗益也。熊十力則藉〈損〉、〈益〉二卦以申言曰：

> 《易》之〈損〉、〈益〉二卦，明兩利爲眞利。損己益人，非利也。
> 損人益己，亦非利。損上益下，非利也。損下益上，亦非利。國家
> 與人民之利益，必斟酌以得其平。一國與他國之利益，必斟酌以得
> 其平，此〈損〉、〈益〉之宏恉（《讀經示要》卷一，頁44、45）。

此藉〈損〉、〈益〉二卦以言均平之義也。蓋誠、恕、均、平，治道之未可忽

〔註72〕《讀經示要》卷一，頁116：「本仁以待人，則能以己度人，而謂之恕。」
〔註73〕《大學》：「所惡於上，毋以使下；所惡於下，毋以事上；所惡於前，毋以先後；所惡於後，毋以從前；所惡於右，毋以交於左；所惡於左，毋以交於右，此之謂絜矩之道。」又曰：「君子有諸己而后求諸人；無諸己而后非諸人。所藏乎身不恕，而能喻諸人者，未之有也。」
〔註74〕語出《讀經示要》卷一，頁116。

者。而均平之治，非恕無可行，恕則本乎誠，誠則同己於物，故人我無隔、物我無間。由是以觀，誠恕均平，此治道之大要也。〔註75〕

2. 重禮樂、權儀則

禮，源乎天理，因乎人性。《論語》〈爲政篇〉勉執政者：「道之以德，齊之以禮。」如是方得「有恥且格」，欲道民以德，首當齊民以禮。以禮齊民，譬之於御則轡也。熊十力亦謂禮爲德之形見處，德雖民性所固有，然若不齊以禮，則無以觸其善幾，無以成其德。〔註76〕故復本性、觸善幾者，莫如用禮。

儒家之禮教，廣大悉備，坐立舉措、冬溫夏清、昏定晨醒等有其禮，而冠、昏、喪、祭、聘、鄉、射等亦有其禮。熊十力曰：「禮者，因乎人性所固有之德，而稱其情，以爲之儀則。」〔註77〕儀則之制，乃從其性情之眞。以其適情而不淫、率性而不偏，故民循彼儀則制度，自有養性陶情之樂。治道之歸宗性情之宜，此乃天之經、地之義、人之極也。熊十力以爲儀則未可無，自家居、社會酬酢、國家制度，均有其禮。禮失則亂，亂則反，故治道未可須臾離禮也。然禮雖不可無，而儀則非不可更也。因時移勢異而制其宜，此之謂「權」也。禮者，時爲大，一成而不變，僵滯而固守，均非所宜。〔註78〕

禮者，人道之極也，治化之器也。禮之未可忽，由上明矣！熊十力復由禮而言讓，以其感爭競之爲禍大矣！爭競則性迷而形拘、私己而禍人，故乃倡言互助，而互助精神在一讓字。讓者，非退畏也，乃以退爲進，如不忍自私以薄親，此讓於親也；如草木方春不折、鳥獸不傷胎孕、數罟不入洿池，此讓於萬物也。導國之本，尤重禮讓，執政者不讓於民，則與民爭利，故《荀子》〈大略〉：「天子不言多少，諸侯不言利害，大夫不言得喪，士不通貨財，從士以上，皆羞利而不與民爭業。」〔註79〕熊十力曰：

> 夫禮讓之治，據德而不回，由義以建利，敦信以守度，明恥以有立，
> 正名以幹事，盡己以體物，是故禮讓之治，高矣美矣（《讀經示要》
> 卷一，頁70、71）。

禮教而外，熊十力猶以爲當輔以樂教，蓋禮樂之原，一也，熊十力曰：

> 樂出性情之和，禮本性情之序。故禮樂之原，一而已矣！知道，即

〔註75〕熊十力言「誠恕均平」，參《讀經示要》卷一，頁43～56。
〔註76〕參《讀經示要》卷一，頁76。
〔註77〕語出《讀經示要》卷一，頁79。
〔註78〕參《讀經示要》卷一，頁83、84、88、89。
〔註79〕參《讀經示要》卷一，頁62、65、66、67。

知性。知性，則知所以陶情。知性情，則禮樂之全體大用，不待煩
言而喻矣（《讀經示要》卷一，頁87）。

此以禮樂本原乎性，性者，生生之謂也。生生之無滯礙，生生而亨暢，故言
「和」；又具條理故，乃說為「序」。故體知大序，則可制禮；得其大和，則
可作樂。先王亦以禮樂為教，《禮記》〈樂記〉曰：「是故先王之制禮樂，非以
極口腹耳目之欲也。將以教民平好惡，而反人道之正也」、「是故先王之制禮
樂，人為之節。」而鄭玄〈樂記注〉亦謂：「禮節民心，樂和民聲。」順乎民
心民情而不逸不淫，此禮樂之大用也。另《荀子》〈樂論〉亦曰：「樂和同，
禮別異，禮樂之統，管乎人心矣！」五倫之分、四民之別、親親之殺、尊賢
之等，此別異也，而樂則引群我以共鳴，浸潤其中，故和樂而善。熊十力闡
發禮樂於治道之大用，殆本諸經典之遺訓。

3. 行人治，輔刑法

因人自性之固有而導之，此人治也。《中庸》：「以人治人，改而止。」順
民之性，因人之善，觸之使興，導之使覺，而非穿牛鼻、絡馬頸，強力使之
然。前述誠恕之教、均平之治、仁政之施、禮樂之化，均宜乎人治之精神。
人治者，重德不重力、重賢不重勢、崇理性而反強權、以情度情、以類度類
之謂也。《論語》〈為政篇〉強調「為政以德」，而《大易》亦屢申德治，如〈漸·
象〉：「君子以居賢德善俗」，〈繫辭下傳〉第七章則三陳九德，〔註80〕若六經
闡論治道，亦莫不本諸德。德治者，人治也，制禮樂、平好惡、引善端，使
民不令而行、不禁而止，皆乃人治也。〔註81〕

儒家言治，本乎人治精神以行仁政、施德教，然猶須權之以義。熊十力
云：「義者，仁之權也。」〔註82〕仁者，泛愛眾物，然濟變之道在乎「義」，
以義權得失、衡輕重、通其變，故義者，宜也。孔子欲人以直報怨者，亦義
之宜也。〔註83〕熊十力云：

夫儒者言治，禮為本，而法為輔。德為本，而刑為輔。寬為本，而
猛為輔。德、禮、寬，皆仁也。法、刑、猛，皆義也。義反於仁，

〔註80〕〈繫辭下傳〉第七章：「履，德之基也；謙，德之柄也；復，德之本也；恆，
德之固也；損，德之修也；益，德之裕也；困，德之辨也；井，德之地也；
巽，德之制也。……。」

〔註81〕熊十力言「以人治人」，參《讀經示要》卷一，頁75～90。

〔註82〕語出《原儒》〈原外王〉，頁219。

〔註83〕《論語》〈憲問〉：「以直報怨，以德報德。」

而適成其仁（《原儒》〈原外王〉，頁 220、221）。

其以禮治或流於文飾；德治或失之縱弛；寬治或偏於姑息，故當輔以法、刑、猛，此變通之法也。儒者之言治也，本人治而參法治，如〈樂記〉即以禮樂刑政四者並舉，謂「政以一其行，刑以防其姦。」〔註84〕他如《易》〈旅・大象〉：「君子以明慎用刑，而不留獄。」〈噬嗑〉卦辭：「噬嗑，亨，利用獄。」等，均乃本諸德治而不廢刑法之例也。

4. 隨時宜，興變革

道，有經有權，有常有變，經立大常，權應萬變，守經常而馭萬變，以權變而固經常，乃得保貞固而趨日新。權變者，隨時宜以更，不僅守故常也。儒家重常，屢見之矣！如《孟子》〈萬章〉：「孔子，聖之時者也。」以其或仕或止或久或速，均能推時宜以彰聖德；《論語》〈憲問〉：「夫子時然後言，人不厭其言。」《中庸》：「仲尼曰：『君子之中庸也，君子而時中。』」至若《大易》之重時，尤顯矣！其屢由時位以斷吉凶，而其卦爻所呈者即為六十四類卦時，三百八十四種爻時，故王弼《周易略例》曰：「卦以存時，爻以示變。」欲人適時而變也。另〈艮・象〉曰：「時止則止，時行則行，動靜不失其時，其道光明」。此申「隨時」之義也，〈乾・文言〉：「君子進德修業，欲及時也。」此勉人「及時」以行也。而〈彖傳〉言「時義」、「時用」、「時」而讚以「大矣哉」者凡十二卦，〔註85〕他如襃以「時中」、「與時偕行」、「應天時行」者，亦多矣！此皆欲人法天而時行，因時而善變也。

熊十力倡言治道當以隨時更化為權，蓋人類由茹毛飲血，迄耕稼陶漁，至工商大盛，此隨時更化，不守故常也。而社會範圍由個人而家庭而部落而民族而國家而國際，代更代擴，亦時之所趨；至若經濟制度、學術思想、道德信條、俗尚慣習、政制法令，亦皆變動不居，因時而宜，故熊十力乃時舉《易》之〈隨〉、〈鼎〉、〈革〉三卦，以明隨時革故取新之義。〔註86〕〈隨・象〉曰：「隨，剛來而下柔，動而悅，隨。大亨貞，无咎。而天下隨時，隨時之義大矣哉！」程子《易傳》釋曰：「君子之道，隨時而動，從宜而變，

〔註84〕 《禮記》〈樂記〉：「禮以道其志，樂以和其聲，政以一其行，刑以防其姦，禮樂刑政，其極一也，所以同民心而出治道也。」

〔註85〕 見〈豫〉、〈隨〉、〈遯〉、〈姤〉、〈旅〉、〈險〉、〈睽〉、〈蹇〉、〈頤〉、〈大過〉、〈解〉、〈革〉等十二卦之〈象傳〉。

〔註86〕 參《讀經示要》卷一，頁 57；卷三，頁 817。《論六經》，頁 112。《原儒》〈原學統〉，頁 24、88、115；〈原外王〉，頁 212、213、231 等。

不可爲典要。」今人傅隸樸《周易理解》詮曰:「君循民之需要,及時施其善政,以爭取民之悅隨,民在君而施其可悅之政時而隨其君,上下皆須不違時宜。」申釋可謂貼切。而〈雜卦傳〉:「革,去故也;鼎,取新也。」熊十力取此三卦以明治道當通變不倦,隨時創進,復舉〈繫辭上傳〉第五章:「日新之謂盛德,富有之謂大業。」〈繫辭下傳〉第二章:「通其變,使民不倦」、「窮則變,變則通,通則久。」第八章:「變動不居」、「唯變所適」等以輔釋隨時革故取新之要。〔註87〕窮、變、通、久等,乃存乎人群之公則,凡所舉措,當宜於民,如之方得保德業之富有,使日新而無窮也。熊十力雖申時宜之要,然以爲言「變」當明以二義:

> 一曰:「仁義以立本」。仁義,眞常也。……萬變皆眞常之發現,故變而莫不有則。每一段改革,即是一段創造,當其改故創新之際,必有實而非僞,必有序而非亂。萬變貞於仁義,即變原於不變,不變而變,是以改故而無所滯礙,創新而無有窮竭,人治所以同天化也(《讀經示要》卷三,頁818、819)。

> 二曰:「變者,改故創新,宜治時,而不貴因時。」……因時者,時然,而不得不然。……治時者,勇於自創,以拯天下於昏迷,主動而不爲被動,此剛健之極,誠明交盡,故每突變而無不利也(《讀經示要》卷三,頁821、822、823)。

仁義者,眞常之道,萬變之源,謀變革而不本諸仁義,則易失正鵠,故熊十力本仁義以言變,欲人求新謀變之際,仍當持守大體,本諸正軌,方不致迷途失返。又慨前人多以因時爲重,順應自然,靜以俟幾,非動以創化,故乃力言治時之積極義,欲人先時而識,察時而導,以主乎時也。其治時之說,乃本諸船山《春秋世論》:「太上治時,其次先時,其次因時,最下亞乎時。亞違乎時,亡之疾矣!治時者,時然而弗然,消息乎己,以匡時者也。」其以治時爲說,確能闡發並提昇《易》聖人重「時」之精神。

　　「革」者,非徒爲興革、變革之義,亦革命之謂也。〈革〉☲,兌上離下,兌澤離火,水滅火,火涸水,相爲變革。革者,革除蠱敗之弊害也,如古井歷久,泉塞質穢,故不可革之,以利人益物。由井革之道,推諸於政,則朝政腐敗,民不聊生時,必起而革命,以除蠱敗,故〈象〉曰:「天地革而四時

〔註87〕參《讀經示要》卷三,頁 776、817、818;《原儒》〈原外王〉,頁 170、191等。

成，湯武革命，順乎天而應乎人。」蓋湯之革命，東面而征則西夷怨，南面而征則北狄怨，民望若大旱之望雲霓；武之革命，以應民心而除暴紂，此皆順天道之所趨，應民心之歸嚮以伐暴，故言「順天而應人」。順乎天，應乎人，以德而革暴，其革乃當，故〈彖〉曰：「革而當，其悔乃亡。」熊十力言變，既以造時為上，因時為下，而由〈革卦〉申革命，亦強調造時而勿待時。造時者，乃力撥今昔之頹廢，順群情、行至道，以開創變動、光明、亨通、久大之新局，而非徒沿陳已往之頹勢，陳陳以相因。〔註88〕復托諸〈乾〉六爻，以言革命、民主之義。曰：

> 〈乾〉之初爻曰潛龍。〈文言〉曰：「潛龍勿用，下也。」此言群眾卑賤處下，不得展其用，乃受統治者壓抑之象。二爻，見龍在田，則革命潛力已發展於社會，是為見龍之象。九三，君子終日乾乾，大功未成，不得不乾乾也。九四，或躍在淵，或躍，則幾於傾覆統治，而奪其大柄矣；然猶未能遽遂，故曰在淵，仍處下也。九五，飛龍在天，則大功竟成，主權在人民，上下易位矣！故為飛龍在天之象。上九，亢龍有悔，明統治崩潰，乃天則之不爽也。是故通六爻而玩之，由潛而見，而乾乾，而躍，而飛，明明是庶民群起，而舉革命，行民主之爭（〈六經是孔子晚年定論〉——《原儒》附錄，頁563）。

〈乾〉六卦之所示，非必應合熊十力所言，確有舉革命、行民主之思想，殆以熊十力既慨於時局之動盪，復承受外來思想之激盪，而於歷朝上位者之剝削、控制人民，慨憤尤深，因之對民主、平民之渴求益殷，故乃托〈乾〉六爻以發革命義，期以革命為手段，步步臻至理想之國境。

5. 重需養，厚民生

上節已論《易》格物之學，而於熊十力闡發《易》之科學精神，亦已申述之。蓋科學所重，在以人力制天，在乎開物成務，而其旨則在厚惠民生也。《尚書》〈大禹謨〉：「正德、利用、厚生。」正德為本，然民生物用之事亦大矣！《論語》〈顏淵〉：「足食，足兵，民信之矣！」此亦明倉廩實之要。《易》〈序卦傳〉：「有天地然後萬物生焉！……物穉不可不養也，故受之以需。需者，飲食之道也。」〈需·大象〉：「君子以飲食宴樂」，蓋飲食養育者，民生之要也。而熊十力亦言「社會發展，需養為主，資具為先。」「〈需卦〉明飲

〔註88〕參《原儒》〈原外王〉，頁213。

食之道，民群繁殖，則需養之事急，《尚書》言民生，厥惟食貨，義與此通。」
〔註89〕未有民困頓而乏食飲，猶可爲治者；未有遺忽養欲給求之事而得言仁
義者，故重需養、厚民生，此治化之器也。熊十力於德治、禮治、法治之外，
亦未忽視均富之治，曰：

> 政之大者，莫如富教。儒者推上世井田之意，以行均產，備物致用，
> 立成器以爲天下利，使民有爲疾用舒之樂，此皆富政之大者也（《韓
> 非子評論》，頁 83）。

民生需養，當重生產資具之發明與改進，蓋備物致用，以利天下也。又凡理
天下之財，當以均平爲定則。而利用、厚生，必歸本正德，此皆爲治之要道。

（三）治化之極——國咸寧、臻大同

　　熊十力於《讀經示要》卷一言六經治術，發以九義，而終之以群龍无首。
謂群龍無无者，乃人類至治之境也。其於《讀經示要》詳闡〈乾〉用九：「見
群龍无首，吉」之義，〔註90〕復以治化之義申曰：

> 復次以治化言，則人道底於至治之休。其時，人各自治，而亦互相
> 爲理也。人各自尊，而亦互不相慢也。人各自主，而亦互相聯繫也。
> 人各獨立，而亦互相增上也。人皆平等，而實互敦倫序也。全人類
> 和諧若一體。無有逞野志，挾強權，以劫制眾庶者，此亦群龍无首
> 之眾（《讀經示要》卷三，頁 656、657）。

此由「无首」導出自治、自尊、自主、獨立、平等諸義，誠發前人所未發，
又曰：

> 群龍所以象眾陽也。陽之所象又極多，其於人也，則爲君子之象。《春
> 秋》太平世，人人有士君子之行，是爲眾陽，是爲群龍。無首者，
> 至治之隆，無種界，無國界，人各自由，人皆平等，無有操政柄以
> 臨於眾庶之上者，故云無首（《讀經示要》卷一，頁 106）。

治化之極，人皆有士君子之行，均有陽剛正大之德，彼此協助，互相制約，
一律平等，無有首長。熊十力既假「群龍无首」以言至治之休，復舉〈乾·
象〉：「首出庶物，萬國咸寧。」通貫以言。〔註91〕蓋世至大同，萬國和同，

〔註89〕參《原儒》〈原外王〉，頁 186、187。
〔註90〕參《讀經示要》卷三，頁 651～657。
〔註91〕參《讀經示要》卷一，頁 112～115。《原儒》〈原學統〉，頁 30；〈原外王〉頁
　　　191；〈原內聖〉頁 401；《原儒》附錄——〈六經是孔子晚年定論〉，頁 535、

人人各得其願，人人各以己之所欲，而度他人之所欲，自遂而無損人，故人皆平等、人各自由也。熊十力之理想盛世，藉《易》之「群龍无首」、「萬國咸寧」以申，而於《春秋》則曰「貶天子、退諸侯、討大夫。」慕太平之治世，於《禮記》〈禮運〉則言天下一家，於《周官》則申均聯之義，諸經通貫以言，論詳後文。

二、群經之言治

綜前所述，知熊十力治化論之內涵多取諸《易》義而發論，如〈乾〉九三〈文言〉：「忠信，所以進德也。」此以「忠信」申「誠」之義，在上者教民以忠信，民遂能推己及人，而無虛妄猜詐之情事。復以〈損〉、〈益〉二卦，明人我兩利為真利，未可損人益己、損民益上、損他國益己國。另以〈隨卦〉明隨時之義，言治道當隨時更化，因時而宜。又以〈鼎〉、〈革〉明革故取新之要，以〈繫辭上傳〉第五章：「日新之謂盛德，富有之謂大業。」明適時興變，故德業富有日新而無窮，以〈繫辭下傳〉第二章：「通其變，使民不倦」、「窮則變，變則通，通則久。」〈繫辭下傳〉第八章：「變動不居」等，以言治道當隨時變異，創進日新，使漸進於美。另以〈乾〉六爻寄託革命義，以〈需卦〉明民生乃治化之器，以〈乾〉之用九：「見群龍无首，吉」明至治之隆，無種界、國界，人各自由，人皆平等。以〈乾·象〉：「首出庶物，萬國咸寧」明太平盛世之休，凡此均已論舉於前文，無待贅述。

此外，熊十力亦以〈否〉、〈困〉、〈明夷〉、〈剝〉等，明天下險阻多矣！〔註92〕復屢舉〈比卦〉，以明群眾必互相輔助、貴禮義、戒爭競、重謙讓，而後方得共存同榮。〔註93〕另舉〈繫辭上傳〉第十一章：「吉凶與民同患」，言仁者之心，未嘗遺萬民而捨萬物，而能以民之吉凶為吉凶，以民之憂患為憂患。〔註94〕以〈泰卦〉明世至太平，天地交通，萬物無閉塞隔絕之患，人道臻至治之休。以〈否卦〉明泰安日久，人將習於偷，而轉泰為否。否者，互相隔絕，不通不安之象。故居泰之世，用心宜深而詳，方得長治久安。〈否〉之上九曰：「傾否」，蓋否運已極，必傾覆頹勢而更新之。〔註95〕以〈同人

538、542、559～566 等。

〔註92〕參《十力語要初續》，頁 31。

〔註93〕參《讀經示要》卷一，頁 64；卷三，頁 724～726、882、895。

〔註94〕參《原儒》〈原外王〉，頁 190；〈論六經〉，頁 124。

〔註95〕參《讀經示要》卷三，頁 730～734；《原儒》〈原外王〉，頁 216；《十力語要

卦〉明善道大昌，人類去私以歸大同。以〈大有卦〉言人類改造自然之力量，與靈性生活之發揚，無不極其大也。〔註96〕以〈既濟〉言人類於太平之世，須以義正我，而後方得恆保太平。以〈未濟〉示群生無圓滿之境，故當自強也。〔註97〕

由是觀之，熊十力之治化論於其闡釋《易》義時，已然呈顯無遺，蓋治化之本、治人之道、治化之器、治化之極，均藉《易》以言說，或本諸前賢論治之精髓，或賦予一己獨到之新義，而融爲周遍完整之治化論體系。然其言治化，非徒以《易》發論，猶參佐群經，會而通之，今逐次略述：

熊十力於《讀經示要》卷三，論申《春秋》之內涵，謂《春秋》之治，期於天下之歸仁。以仁爲本，必貴義而賤利，領導者行事由乎公義，輕忽私利，則群眾亦化而從其義，如之則法不犯、刑不用，自爲有道之國。夫惟先義而後利，則能敦誠信而遠欺詐，守禮讓而抑侵奪，自正而後責人。《春秋》惡利，利者，私利也，以利私己，以利私民族，皆謂私利，若《易》言「智周萬物」、「備物致用」、「立成器以爲天下利」等，明物備物，豐天下之財以厚斯民之生者，其利非私，此即《春秋》之所謂義。故利之用當求其正，不以財利爲逐、不爲私欲所蔽，而當本諸公益以合義。復謂《春秋》立三世義，與《易》之〈鼎〉、〈革〉諸卦，相互發明，貴乎乘時興變，貴乎治時而不因時，以力求德業之富有日新、發展無窮。〔註98〕

熊十力闡發《春秋》之三世義，特爲精詳，〔註99〕何謂三世義？何休《公羊解詁》於隱公元年曰：

> 所見者，謂昭、定、哀，己與父時事也。所聞者，謂文、宣、成、襄，王父時事也。所傳聞者，謂隱、桓、莊、閔、僖，高祖、曾祖時事也。……於所傳聞之世，見治起於衰亂之中，用心尚麤觕，故內其國，而外諸夏。先詳內，而後治外。錄大略小，內小惡書，外小惡不書。大國有大夫，小國略稱人。內離會書，外離會不書是也。於所聞之世，見治升平，內諸夏，而外夷狄，書外離會，小國有大

初續》，頁31。

〔註96〕參《讀經示要》卷三，頁739、740；《原儒》卷一，頁128、194。
〔註97〕參《原儒》〈原外王〉，頁222。
〔註98〕參《讀經示要》卷三，頁798～823。
〔註99〕熊十力闡發《春秋》三世義，參《讀經示要》卷三，頁786～798、823～910；《原儒》〈原外王〉，頁193～229等。

夫。……至所見世，著治太平，夷狄進至於爵，天下遠近小大若一，
用心尤深而詳，故崇仁義。……

熊十力於《讀經示要》卷三亦微引前文，續曰：

據此，《春秋》爲所以十二公之世，分爲所見、所聞、所傳聞之三世。
實借以寄託其最高之理想。所傳聞世，見治起於衰亂之中，是爲據
亂世。所聞之世，見治升平，是爲升平世。所見之世，著治太平，
是爲太平世（《讀經示要》卷三，頁789）。

熊十力即藉此三世之說，以闡申其由遠而近、由亂而治，終臻美善太平之政
治進化論。據亂世者，熊十力謂乃列國林立，互相爭競之世。各國之民，持
以狹隘之國家思想，而於他國，雖諸夏之族亦擯斥之。其時社會充斥種種弊
端，統治者獨擅其利，民生困窮而未得自覺自拔，此誠衰亂之世也。至其詳，
得參《讀經示要》、《原儒》釋解。〔註100〕升平世，以民族思想爲根荄，一
切政教亦均本之矣！諸夏之國，休戚與共，聯合日密，以和同之力，攘夷狄
暴行。此時民品已進、民質漸優，所尚者，德也，非力也。民皆自覺自主，
不容梟桀弄權、敗法亂紀，外則以講信修睦爲務，雖有君之名，而實坐擁虛
號耳！〔註101〕熊十力復綜賅治升平之大法以四：一曰獎諸夏能持霸權，以
制夷狄，夫霸之爲霸，在能修內治以勤遠略，依禮讓以固盟好，重民意而整
武備，矯迂緩而佑法治，保弱小以禦侵略，崇仁義以別鳥獸。霸者強健不捨，
以天下爲憂，故能攘夷狄、存禮義、合同類、保弱小、佈公道、持大體。二
曰誅戰魁禍首，以懲惡勸善。三曰獎夷狄能慕禮義者，使同之諸夏。四曰罪
弱小不自立者，國雖小，若內修善政，外聯與國，則他國未敢啓他心。小國
若不自立，致他邦以可乘之機，此罪不可逭也。〔註102〕至太平世，世界臻
至大同，天下遠近小大若一，人人均有士君子之行，有天地萬物一體之量，
莊敬自強以畜德，體仁同物以復性，好惡發於天眞，言行必求合一，各勤其
職，各出其能，各守其分，以其高尚純美之行，立乎強而歸乎中和。〔註103〕

〔註100〕熊十力論據亂世，參《讀經示要》卷三，頁 792、793；《原儒》〈原外王〉，
頁 207～209。

〔註101〕熊十力論升平世，參《讀經示要》卷三，頁 793～795、826～832、873～876；
《原儒》〈原外王〉，頁 209～211。

〔註102〕主參《讀經示要》卷三，頁 877～908。

〔註103〕熊十力論太平世，參《讀經示要》卷三，頁 795～798、832～845、872；《原
儒》〈原外王〉，頁 211～222。

　　至若《禮記》〈禮運〉一文，熊十力亦詳爲詮解，且配合《春秋》三世以爲說，謂「今大道既隱，天下爲家，各親其親，各子其子，貨力爲己，……是謂小康」一段，即公羊家所謂治化起於衰亂之中。禹湯等六君子，以聖德領導萬民，使由於禮義，成其小康，將由此而離亂進太平也。而「大道之行也，天下爲公，選賢與能，講信修睦，……是謂大同」一段，謂由升平而趨太平之治道。而《論語》〈公冶長〉：「子曰：老者安之，朋友信之，少者懷之。」與此之理想相侔也；子路曰：「願車馬，衣輕裘，與朋友共，敝之而無憾。」即「貨不必藏於己」之意；顏淵：「願無伐善，無施勞。」即不必爲己之意也。〔註104〕

　　《大易》、《春秋》、《禮記》〈禮運〉外，熊十力復闡《周官經》之外王學，《原儒》中以四義爲說：一者，《周官》之治道，大要以均爲體，以聯爲用。建六官以掌政事，雖各治而實相繫，期使天下歸諸太平。二者，《周官》爲撥亂起治之書，承據亂世衰敝之餘，奮起革命以開升平之運，欲爲太平立基也。其三，《周官》之政治主張在取消王權、廢除統治，實行民主。其四，《周官》之社會理想，在本諸《易》格物精神，以發展工業、滅私有、歸國營，蘄至乎天下一家也。〔註105〕

　　詳上所論，熊十力之治化論，實以仁爲主，採人治、重德義、倡禮樂，輔以崇法、正名、推原於衣食，藉裁成輔相之功、格物致知之用，以利用厚生。復提倡民主革命，主張廢除階級、消滅獨裁，依均聯之原則以定制度，而隨時更化。又融《大易》、《春秋》、〈禮運〉、《周官》等爲一貫，採三世漸進之法，以爲萬世變通無窮之論，闡釋〈禮運〉大同之宏偉理想，而藉《周官經》以落實其規模，欲達天下爲公、群龍无首、萬國咸寧之太平盛世。熊十力之治化論，匯粹經義以發，其詮釋雖未免有過度引申之嫌，然其所論，既取材於諸經，復融通其時之政治、社會、經濟需求，並聯結西方之科學精神、民主政治，而最要者，在根源於本心良知，在立基於內聖之學上，致力以開展出合乎熊十力理想、合於中國本土之治化內涵。故熊十力所闡外王之道，未可因其若干穿鑿、若干比附而輕忽之、泯滅之，當正視其穿針引線、步步密縫、苦心經營、用心開擴之精神與價值。

〔註104〕熊十力闡《禮記》〈禮運〉，參《讀經示要》卷三，頁231～237、824～826、845～852；《原儒》〈原外王〉，頁237～241。

〔註105〕熊十力言《周官》外王學，參《原儒》〈原外王〉，頁243～276。

結　語

綜上所論，試匯其要如下：

（一）於天人論方面：熊十力以《易》之太極、乾元爲天道之表徵，人之萬德萬善萬理均本出於此。復以人欲爲天理於人間開展流行之憑藉，凡合於天道大公之性欲，發而皆中節之正當人欲，均予肯定。而順形骸之私，迷於逐物之情欲則倡言導之使正，如之則天理即人欲，人欲無非天理。若言天人關係，則人得天而生、本天而立，天有元亨利貞諸德，人亦承之而有仁義禮智諸善，無天則人何所因而生？然天亦恃人以成，蓋實現天道、發揚天道者，非人莫爲，故人道統攝天道，由是乃明即人即天、即天即人、天人不二、相反相成。吾當體天道以成人能，即人能以實現天道。次言盡人合天之人生論，一爲持畏事天，天爲希聖盡能，三爲立志反己，四爲敦仁修德，由推己及人、成己成物之步步踐履中，以弘揚人道、發揚天道。

（二）於知識論方面：西人擅科學、中土精哲學，當中西學術並濟兼備，以哲學領導科學，使科學不墜入歧途；以科學輔濟哲學，使哲學不流於空疏。又詳區智與知識、性智與量智、致知與格物之別，並藉智慧引領知識；藉性智主宰量智；藉良知之明以發展格物之學，使一切作爲，一切事業，均宜於本心而不偏。復申舉古代之科學成就，並闡論《易》〈繫辭傳〉之「知周萬物」、「範圍天地」、「曲成萬物」、「富有之謂大業」、「制器尙象」、「備物致用」、「開物成物」及〈泰・象〉之「財成輔相」……等，以明《易》格物之學。欲藉格物之功，以利用安身、福利萬民。

（三）於治化論方面：本仁心、發仁政，此治化之原也。本誠恕、行均平；重禮樂、權儀則；行人治、輔刑法；隨時宜、興變革；重需養、厚民生，此治化之道也；國咸寧、臻大同，此治化之極也。其治化論之內涵，多取諸《易》義以闡。復融《大易》、《春秋》、〈禮運〉、《周官》以爲說。其治化論乃本諸仁治，輔以德治、禮治、人治、寬治、法治。……而推原於民之衣食。復倡民主革命，主除階級、廢統治、行均聯，欲達天下爲公、群龍无首、萬國咸寧之太平盛世。

第七章　熊十力易學之綜結

　　熊十力於《易》，不拘泥字句以爲說，多慧識要義以詮解，如其掌握〈繫辭傳〉「生生之謂易」及〈大有卦〉、〈无妄卦〉，乃至〈說卦傳〉：「窮理盡性以至於命」之義，復神會船山易旨，而發爲尊生、彰有、健動、率性諸說，且融會體用、天人以爲言，辨識儒釋道之異旨而發論，此即本章首節所欲探究者。又熊十力易學闡論固精，然亦不乏小疵，則其論易之侷限爲何？待商榷處爲何？此於第二節中論述之，另第三節則就熊十力學術於當代學界回應之盛、影響之大，嘗試論探。

第一節　熊十力易學之要目

　　熊十力論《易》，神契船山，《讀經示要》中暢論船山尊生、明有、健動、率性四大易旨，已略述於第二章，而熊十力亦汲之以爲鴻歸，且更予發皇，本節乃即熊十力之生、有、動，及情一於性之易學要目論述之。

一、尊生而不可溺寂

　　生生思想，周徧於《易》，舉凡宇宙生機之浩浩不息、天地變化之無窮機趣、吾人生命之日新不已，《大易》一經，莫不闡之甚明，故〈繫辭上傳〉第五章綜賅之曰：「生生之謂易」。若由用字觀，《易》中「生」字凡四十一見，而多語涉玄要，如〈坤・彖〉：「至哉坤元，萬物資生。」〈觀〉六三爻辭：「觀我生，進退。」〈咸・彖〉：「天地感而萬物化生」，〈繫辭下傳〉第一章：「天地之大德曰生」皆屬之。另上爻爻辭如〈否〉上九：「傾否。」〈豫〉上六：「冥豫，成有渝。」

皆明物極必反，終始反復，故新新不已，生生不息。由卦序觀，上經始乎〈乾〉、〈坤〉，下經始乎〈咸〉、〈恆〉，乾坤爲天道生化萬物之始；咸恆之卦象取少男少女之相感應，乃人道之始。由卦之名義觀，如「屯」甲文象草木之方萌芽出土，故義爲始生；「泰」者，天地交而萬物生也，反之則曰「否」；「復」者，一陽復生，示天道之反復，生機之暢旺。由四德觀，朱子《易本義》於〈乾〉下注曰：「元者，生物之始」；「亨者，生物之通」；「利者，生物之遂」；「貞者，生物之成。」由「易」義觀，易者，易簡也，變易也，不易也。而孔穎達《周易正義》序引崔覲和劉貞簡云：「易者，謂生生之德，有易簡之義；不易者，謂天地定位，不可相易；變易者，謂生生之道，變而相續。」變易者，生而又生也，萬物萬事皆因之而化也；不易者，言生生之道之不更易；簡易者，言生生之理，至簡易也。由爻位觀，《易》卦六爻由下而上，曰初二三四五上，表事物之由下而上漸進發展，六爻之變化即象徵萬物落入時空之變化，又上爻不名以「終」、「末」，知易道變化本無結終。由爻象爻辭觀，一卦諸爻取象，每自下而上，由低而高，由近及遠，而顯其新新不已，生生不竭，如〈乾〉初曰「潛龍」、二曰「見龍」、三曰「惕龍」、四曰「躍龍」、〔註1〕五曰「飛龍」、上曰「亢龍」。綜上所述，明宇宙懷生生之大德、具生生之大道、蘊生生之大理，而《易》道隨處所見，皆尊生也，乃闡宇宙之德之道之理者也，熊十力於《大易》尊生之學，領受獨深，凡其言述體用、論究翕闢、闡明本心、廣明仁學、廓清釋老，莫不通貫《易》之生生思想，藉以網絡內外、融通上下。

（一）生生思想之闡揚

〈繫辭上傳〉第十一章：「是故易有太極，是生兩儀，兩儀生四象，四象生八卦，八卦定吉凶，吉凶生大業。」此明宇宙創化之歷程，而太極居處原始至高之位。朱子《語類》曰：「太極只是一個渾淪底道理」，船山《周易內傳》卷五：「陰陽之本體，⋯⋯此所謂太極也」、「其實陰陽之渾合者而已。」李光地《周易折中》卷一四引陳淳：「易只是陰陽變化，其所以爲陰陽變化之理，則太極也。」故太極爲渾淪未判之元氣，亦爲陰陽渾合之狀態。其蘊含宇宙生化之理，有此根本先設之理，方得架構宇宙生生之系統，推出宇宙生生之模式，實現宇宙生生之理想。

〔註1〕〈乾〉九三：「君子終日乾乾，夕『惕』若，厲无咎。」九四：「或『躍』在淵，无咎。」故分稱「惕龍」、「躍龍」。

　　《易》建太極爲本。太極者，即乃天地萬物之體原也。《易》所窮者，爲宇宙所以成之理；爲事物根本之理；爲吾人所以生之理。而熊十力所窮究者，亦在直探此生化之源，此源即其所謂「體」也。因體乃變動不居，故復名以「恆轉」、「能變」，本體備萬理，含萬變，肇萬始，而「生生」者，即本體諸德之端也。熊十力由變化識體，本體非兀然僵固，乃流行不已，生生不息，化化不停，刹那刹那，舍故生新，無斷絕，無滯息，而宇宙萬象，則皆實體之生生與變動耳！太極，即用顯體言，亦名乾元，本文第五章已述及。

　　太極爲宇宙生化之體，至兩儀乃有變化之實。道爲形而上之實體，陰陽則生化之二大勢用。《爾雅》〈釋詁〉曰：「儀，匹也。」陰陽相匹，故曰兩儀。陰陽相感，乃有太陽少陰少陽太陰四象，四象演爲八卦，疊爲六十四卦，推爲三百八十四爻，各卦爻有其卦時爻時，有其象徵之時態事態，故得以範圍天地之化。前人釋「生生之謂易」亦多繫乎陰陽之觀念以詮，如荀爽注曰：「生生之謂易，陰陽相易轉相生也。」《九家易注》：「陰陽交合，物之始也；陰陽分離，物之終也。」韓康伯注曰：「陰陽轉易，以成化生。」虞翻注曰：「陰陽消息轉易相生，故謂之易。」皆以陰陽二氣交互不息，故能行化生之事矣！若《莊子》〈天下〉則曰：「易以道陰陽」。而〈繫辭上傳〉第五章：「一陰一陽之謂道」，戴震《原善》序申曰：「一陰一陽，蓋言天地之化不已也。……一陰一陽，其生生乎？其生生而條理乎？以是見天地之順。」陰陽迭運不已，宇宙之大化流行遂無一時或息。又《易》以〈乾〉、〈坤〉爲綱，〈繫辭上傳〉第六章：「夫乾，其靜也專，其動也直，是以大生焉！夫坤，其靜也翕，其動也闢，是以廣生焉！」此贊乾坤生物之廣大。《易》言變化，亦屢由剛柔之交互以立言，〈繫辭上傳〉第二章即曰：「剛柔相推而生變化」，〈繫辭下傳〉第一章：「剛柔相推，變在其中矣！」另乾象天、坤象地，〈咸・象〉：「天地感而萬物化生」，〈益・象〉：「天施地生」，〈繫辭下傳〉第一章：「天地之大德曰生」，〈繫辭下傳〉第五章：「天地絪縕，萬物化醇。」〈序卦傳〉：「有天地，然後萬物生焉！」凡此均明天地相交，萬物化生。

　　本體具根源性及化生性，實體之動而現爲大用流行，蓋陰陽相感，所以展現生機；乾坤相合，所以滋生萬有；剛柔相推，所以產生變化；天地相交，所以生成萬物。熊十力於大用流行，亦設之爲二相反勢力之消長，此殆由《易》觸悟以得。此二勢力者，曰陰陽曰乾坤曰翕闢曰心物。蓋太極寂然無形，至其顯爲大用，則有陰有陽，二者勢反而實相融，萬物因乃生焉！言乾坤，則

申言乾元至神至健之作用，爲萬物所資之以始，而乾之生化勢能，必假坤爲資具，以遂其生化。萬物各稟乾以成性命，資坤以成形體。陰陽雖性異，而乾坤非二物，性異者，以其乃一元實體內含載複雜性，乾之爲用，健健无息，進進不已，无一瞬守其故；坤之爲用，則樂于因循。言其非兩物，以乾坤之實體爲一也。《明心篇》即申言宇宙眞機在此乾陽、坤陰二運力相互摩盪中，雲行雨施、成性存存之理：

> 《大易》以乾元爲乾坤之實體；乾坤，爲乾元之大用，體既成用，
> 即用外無體。……而乾能保持乾元本體之剛健、炤明、純粹諸德；
> 坤則化成物，有喪失乾元本體之嫌。惟乾德剛健、大明，乃得爲主
> 動，以開坤之闇，聖人故於〈乾卦〉，特言乾道變化，各正性命，此
> 明乾德開導乎坤，而成變化，萬物各各稟受乾德之大正，以爲其性
> 命也（《明心篇》頁 41、42）。

《易》主言宇宙之變易，以陰陽、乾坤二動力，變易不息，乃生化萬物。而熊十力之翕闢成變說，則明顯表現傳統儒學陰陽化生論之影響。恆轉動而成翕，有翕則有闢，翕闢對應，所以成變。翕爲收攝凝聚之勢用，闢乃開發升進之勢用；翕有物化之勢，闢乃本體自性之顯發，剛健、自勝而不物化，周徧運行乎翕而轉翕從己。翕闢之變動，爲一永不止息之生化過程，即《易》之「生生」也。若其言心物，則曰：「余宗《大易》乾坤之義，說心物是大用之兩方面，……此兩方面元是生生不已，變動無竭之大流。」〔註 2〕心爲精神，物者質力，物性固閉墜退，心性則持本體生生、剛健之德幹運乎物，主導以開發之，至賾而不厭，至動而不倦，終趨保合太和，完成大生廣生之德業。要之，熊十力言本體空寂而剛健，故恆生生不已、化化不停，即此生生化化說爲流行，亦名爲用，而宇宙實體即藉乾坤、翕闢、心物等變化不已之大用以表顯之。

（二）生命哲學之表彰

船山於《周易內傳》卷五釋「生生之謂易」曰：

> 易之所自設，皆一陰一陽之道，而人性之全體也。生生者有其體，
> 而動幾必萌以顯諸仁，有其藏必以時利見而效其用。鼓萬物而不憂，
> 則无不可發見，以興起富有日新之德業。此性一而四端必萌萬善，
> 必興生生不已之幾。

〔註 2〕語出《體用論》，頁 221。

此由天至人通貫以言，蓋天之好生之德落於人則爲仁爲善，貫於人性則爲四端。生生不已者，天之德也，人既得天而生，即稟受天賦生生之德，而爲吾人之眞性，而爲人人均有之本心。故熊十力亦多融本心、仁、性以生生義，曰：「天地萬物之體原，謂之道，亦謂之仁。仁者，言其生生不息也。」〔註3〕「本心即萬化實體，……以其生生不容已，則名爲仁。」〔註4〕「余早歲，曾有一種思想，以爲宇宙只是一大生生不息眞幾，吾人稟生生不息眞幾而生，是爲吾人之眞性。」〔註5〕「生生便是油然一團生機，充滿大宇、大生廣生，其在人，則名之爲仁。」〔註6〕就本心言，其周匝流徧，充塞彌漫，若能保任充擴，則能轉化後起染垢，進贊天地化育，故熊十力屢言明心之要，欲人時保心靈之湛然澄淨、通透暢達。就人性言，〈乾‧象〉：「乾道變化，各正性命，保合大和，乃利貞。」此指點吾人與萬物之性命皆源自天道，人性稟受天道之命賦而來，人性之內涵由天道所規定，故天人性命乃一本也。而〈繫辭上傳〉第五章：「一陰一陽之謂道，繼之者善也，成之者性也。」謂人乃稟受天命而得人性，故當善體天道大生廣生之德，思起而繼之，並致力於自我之實現。要之，人性由天道所賦，當本天道以立人道，行人道以契天道，勠力涵養充擴此好生之德。就仁德言，〈乾‧文言〉曰：「君子體仁足以長人。」蓋內在之仁體即乃乾元天道，乾道之長善即乃仁體之潤物，君子既以成德爲義，體仁則遍潤，故足以長人。〈繫辭上傳〉第四章：「安土敦乎仁，故能愛。」地以博厚載物爲德，人則呈其博愛之仁德而無所不被，故朱子《易本義》曰：「仁者愛之理，愛者仁之用。」安土敦仁而能愛，此所以成物也。〈繫辭下傳〉第一章：「天地之大德曰生，聖人之大寶曰位，何以守位曰仁。」天地有生生之大德，而「仁」即生機之發露，故聖人守位以仁，則能仁民愛物，澤被群生，張載〈西銘〉曰：「民吾同胞，物吾與也。」孔子稱仁以己立立人，己達達人，故知仁爲人性之極致。熊十力於本體，亦時以生生不息之仁體爲申，復論言體仁識仁之要：

> 元，始也。言其爲萬物所資始也，始萬物者仁也。故〈文言〉曰：「元者善之長也。」夫生生之謂仁，生生者備萬理，眾善自此出，故是善之長。又曰「君子體仁，足以長人。」前言元者善之長，是剋就

〔註3〕語出《讀經示要》卷一，頁41。
〔註4〕語出《讀經示要》卷一，頁137。
〔註5〕語出《讀經示要》卷二，頁403。
〔註6〕語出《原儒》〈原內聖〉，頁313。

仁體言，此言君子體仁，則剋就吾人分上而言。夫仁體者萬物所資始，而以其在人言之，則曰性。以其主乎吾身言之，則曰心（《讀經示要》卷三，頁 629、630）。

君子務本源之學，所謂仁學是也。……〈繫傳〉云：「大德曰生」；《易緯》云：「虛無感動，清淨炤哲。」皆指仁體言之。故求仁之學，只在返而識得固有仁體，任其流行無間，勿使私意私欲得起而違礙之，日常語默動靜，皆是仁體呈露，是謂不違仁（《讀經示要》卷三，頁 640）。

〈觀卦〉六三〈象〉曰：「觀我生，進退，未失道也。」九五〈象〉曰：「觀我生，觀民也。」船山名其居為「觀生居」，一則修持個人生命，使之圓滿無虧；一則充擴好生之德，關懷群體大我。而熊十力於〈觀卦〉奧蘊，亦體受獨深：

夫義理之深遠至極者，莫如生生之蘊。《易》之〈觀卦〉曰：觀我生云云，蓋返己而自察生活內容，與我生之意義，為慧日歟？為濁流歟？為與萬物為一，遊無窮歟？為束於小己之形、昏昏狂圖，若飛蛾歟？此眾人之所昧然不省，而君子之所乾乾終日者也。〈觀卦〉又曰觀其生云云，蓋總觀天地萬物，而體會其生生不已之健力，是乃無弛散，無窮盡者也（《乾坤衍》〈廣義〉，頁 381）。

余於《大易》〈觀卦〉，觀我生之沖旨，蓋不忍不自振於衰年（《乾坤衍》〈廣義〉，頁 356）。

熊十力觸悟〈觀卦〉之旨，知吾與天地萬物生生之理，非可向外推求，當反躬以自省，故乃重視人之價值，發揚仁之精神，惕勵奮進，未嘗稍挫。一則強調本心仁體，以別於自私自利之習心與幻化不實之識心，而本心之流露無非仁也。由是於穆不已，日新又新，窮神知化，窮理盡性以至於命，內聖之學，由是立矣！一則由本心外推，強調開物成務，官天地府萬物，由親親仁民而愛物，外王之業，因之立焉！此皆吾人之生命上承天之好生之德，因乃發皇光大所致者也。

（三）耽虛溺寂之抨擊

熊十力言本體之流行，亦說為一翕一闢之生滅滅生而不息。《易》曰：「生生之謂易」，曰：「不疾而速，不行而至。」若由生滅之觀點言，宇宙大化蓋乃剎那剎那，纔生即滅，纔滅即生，無剎那頃守其故，乃瞬瞬皆新新而起，

無一息之停滯。熊十力曰：

> 儒家根本大經，即孔子《周易》。《周易》側重生之方面，……，由
> 易道而言，刹那刹那，滅滅不住，實即刹那刹那，生生不已。刹那
> 刹那，故故不留，實即刹那刹那，新新而起，是故《大易》直說生
> 生之謂易（《原儒》〈原內聖〉，頁 505）。

若其言體，則融靜寂於神化、謫變、健仁之中；融空寂真常於生化之內，其
言至妙也。曰：

> 性體不能不說是寂靜的，然至寂即是神化，化而不造，故說為寂，
> 豈捨神化而別有寂耶？至靜即是謫變，變而非動，故說是靜，豈離
> 謫變而別有靜耶？夫至靜而變，至寂而化者，唯其寂非枯寂而健德
> 與之俱也，靜非枯靜而仁德與之俱也。健，生德也。仁，亦生德也。
> 曰健曰仁，異名同實。生生之盛大而不容已，曰健。生生之和暢而
> 無所間，曰仁（《新唯識論》〈功能上〉，頁 379）。

> 生化，只是空寂真常之本體中，有此不容已之幾。真故，萬德具足，
> 不得不生化。常故，萬德貞恆，不得不生化。空故，上德不德，其
> 生化本無心也。寂故，靜德圓滿，其生化不可窮也。我們知道性體
> 是空寂真常的，也就知道性體是生生化化的（《新唯識論》〈功能上〉，
> 頁 396、397）。

本體雖寂靜，然寂靜中即見生機流行，生機流行畢竟寂靜，當證空而觀生，
歸寂而知化。熊十力沿循儒家傳統。力彰此生生不息之真幾，於生化之體悟
特深，而佛家則於空寂領會深切。熊十力以為佛氏觀空不可非，可非者在其
耽空、在其滯寂，如之則不悟生生之盛，不識化化之妙。故佛家思想，畢竟
反人生，悍然逆揭宇宙大生廣生之洪流。若儒家之道，則順生生不息之幾，
新新而弗用其故，進進而不捨其健。又佛家見物物均刹那滅滅不住，因倡諸
法無常、諸行無我，視世間為一生死苦海，而思厭離解脫。儒家則以滅滅不
住即乃生生不已，由之以開展人文活動，成就輔贊天地化育之盛德大業。茲
引其言以觀其異：

> 佛家證到本體是空寂的，……易言之，不免有耽空滯寂之病。……
> 夫滯寂則不悟生生之盛，耽空則不識化化之妙。此佛家者流，所以
> 談體而遺用也。儒者便不如是，……儒家特別在生生化化不息真幾
> 處發揮，他們確實見到空寂，如曰「神无方，易无體。」曰「寂然

不動」。……《大易》只從生化處顯空寂，此其妙也。佛家不免耽空
滯寂，故乃違逆生化，而不自知（《新唯識論》〈功能上〉，頁391、
392）。

儒家言體，特著重生化一面，欲人反己自識此真幾，而存誠以充之，積健以
體之，如之則我即天，天即我也。熊十力抨擊佛氏耽虛溺寂之弊，欲人思誠，
以存生之理；積健，以盡生之道。夫尊生而不溺寂，此其易學思想之根荄也。
要之，熊十力融佛入儒，歸本《大易》，承繼船山，發揮體用不二、翕闢成變
之理，直探心體創生妙化之功能。

二、彰有而不可耽空

　　船山闡《易》，特彰實有。《周易外傳》卷二曰：「天下之用皆其有者也，
吾從其用而知其體之有，豈待疑哉？用有以為功效，體有以為性情，體用胥
有而相需以實。」此由宇宙萬象之為實在，進而肯定大用流行中所顯示之道
之為真實。宇宙為實也，為有也，無真正之空無，然世人則多以幽者為無，
明者為有，船山因於《正蒙注》卷七辨之曰：「明有所以為明，幽有所以為幽，
其在幽者，耳目見聞之力窮，而非理氣之本無也。……故乾非無陰，陰處於
幽。坤非無陽，陽處於幽也。……幽以為蘊，明以為表也。故曰易有太極，
乾坤合於太和而富有日新之無所缺也。」謂宇宙陰陽二氣流行不息，動靜往
來伸屈不窮且日新不已。而或幽或明，皆有者也。另常人亦屢以散為無，以
聚為有，船山亦於《正蒙注》卷一斥之曰：「聚而明得施，人遂謂之有；散而
明不可施，人遂謂之無，不知聚者暫聚，客也；散者，返於虛也，非無固有
之實，人以見不見而言之，是以滯爾！」凡人因聚因見而謂之有，因散因不
見而謂之無。然聚非常存，必有散也，散非消滅，散而復聚，散聚皆有，故
不當為耳目所限囿。船山重「有」，故反對道家有生於無之說，於《正蒙注》
卷七評曰：「老、莊之徒，於所不能見聞而決言之曰無，陋甚矣！」船山重「實」，
故乃排斥釋氏消礙入空之說，如《正蒙注》卷二：「釋氏以真空為如來藏，謂
太虛中本無一物，而氣從幻起以成諸惡，為障礙真如之根本，……妄欲銷隕
世界以為大涅槃！」又其「實有」之論，以誠為中心，《尚書引義》卷二：「夫
誠者，實有也。」誠者，通乎天人，由之立論，而言實有，自不流於佛老之
空寂虛無。船山非空無，以擊頹靡；明實有，以振人心，其期人積之富有，
動之以時之用心可謂深矣！

　　熊十力上承船山，亦以宇宙爲眞實之彌漫。眞實者，言其恆久也，不息也。其云「無」、「有」與「體」、「用」之關係曰：

> 夫大用流行，自無而有。《易緯》云「易起無，從無入有」，此義深微至極，但切忌誤會，以爲從無入有，可分先後二階段，先時是無，後時由無成有，若作是想，便成大迷謬。夫無者，言乎宇宙本體，所謂太極或太易是也。體則寂然無形，故説爲無，非空無之無。有者，言乎本體之顯爲大用，所謂乾元是也。……體用，非不異，而復非異，云何可分先後？是故言無，即已有；言有，即本無。……有也者，言其生生之盛也，言其變化不測也（《讀經示要》卷三，頁665、666）。

由此明其言「無」者，乃寂然無形之謂，非是空無也，是即船山「耳目之未覺未察耳！」若就大用流行旺盛生機、變化不測言，則曰「有」也。又曰：

> 夫體至寂而善動也，至無而妙有也。寂無者，是其德恆常而不可易也。動有者，是其化至神而不守故也。……體者，絕對的眞實義，其德恆，其化神，所以爲眞實之極也（《新唯識論》〈功能下〉，頁434）。

由上引論益見其體乃「寂無」而非「空無。」寂無者，謂本體之無聲無臭、無方所、無時分，無形跡，故言至無。然體非死體，乃動動不已，健行無息，故曰妙有。熊十力之學，貴在見體。見體者，謂徹見眞實之存在，即洞見生生不息、翕闢開闔之宇宙本體。本體爲絕對之眞實。眞實者，非凝然堅住之實物，而爲恆處生生化化之物事也。此眞實之流，刹那刹那，故滅新生，無有斷絕，故曰有也。熊十力斥幻有、重眞實，其言屢見，如：

> 余以爲，宇宙萬化、萬變、萬物、萬事，眞眞實實、活活躍躍、宏富無竭。人道盡心之能、用物之富，盛顯其位天地、育萬物之鴻業。
> 聖人所以讚大有，而不以有爲幻也（《體用論》〈佛法下〉，頁212）。

〈大有卦〉，下乾上離，乾爲天，離爲火，火在天上，則光輝被於萬物，擁有者富。其〈彖〉曰：「大有，柔得尊位大中而上下應之，曰大有。其德剛健而文明，應乎天而時行，是以元亨。」乾德剛健，離德文明，剛健創生而不息，此內在之德性也；文明富有致无疆，此外在之德業也。熊十力屢申引此卦，以彰其實有之義，曰：「〈大有〉之卦，明所有者大，人類改造自然之力量，與靈性生活之發揚，無不極其大也」、「《易》有〈大有〉一卦，萬物皆大有也」

非空非幻，**眞眞實實**，富有不竭，故美之曰大也」、「《易》有〈觀卦〉及〈大有卦〉，〈觀卦〉言觀生，生生不竭，所以爲大有」、「《易經》有〈大有〉一卦，贊宇宙萬象之盛也。」〔註7〕由茲以明宇宙、萬物、人生均乃大生大有，日新不已。

　　宇宙自有眞源，此眞源含藏萬有，眞眞實實，無窮無盡，而萬變亦皆乃眞實之流行。其所觀之有，實乃宇宙人生天然本有之眞際。若夫佛老，熊十力則以之爲耽空執虛，其分予論評曰：

> 宇宙間，萬變不窮，萬化不測，唯其富有而已，《易》之〈大有卦〉，明有者大，若爲耽空者戒也。龍樹之學，遮有以明空，雖云其密意，但對凡情迷執有實物，而遮之。然般若一往遮撥，則其流極不免耽空。故乾坤變化，乃大乘所不言，而空教終有反人生之傾向（《讀經示要》卷三，頁606）。

> 惜乎老氏不悟乾元，而迷執有太虛，……，若徹悟乾元，則周徧於六虛之一大環者，乃是眞眞實實，乾元性海，何有空洞處，可名虛空乎《原儒》〈原内聖〉，頁374）。

其意殆以佛家力言蕩相遣執，欲人不起執著，由内則言心法念念起滅非有實在；由外則言自然界諸物變動均無其自性，此乃泥空見太過也。至若老子以虛無說道，乃落入洞然無象、莽然無際之境，故熊十力乃以有爲說，彰有而不使耽空。

三、健動而不可頽廢

　　宇宙之營育成化乃前後交奏、新新不停、更迭相酬、生生相續。「生」之創化作用，主於「動」、「變」之過程中完成；而宇宙之盈然大有，亦由「動」、「變」中呈顯，故《易》亦屢以變動神化爲言，如〈繫辭上傳〉第二章：「剛柔相推而生變化」，〈繫辭下傳〉第一章：「剛柔相推，變在其中矣！」第五章：「窮神知化，德之盛也。」第八章：「《易》之爲書也不可遠，爲道也屢遷，變動不居，周流六虛，上下无常，剛柔相易，不可爲典要，唯變所適。」而熊十力亦繼尊生、明有之易學綱領後，言以「健動」之要義也。而此要義，亦與船山之論說相繫。船山以太虛乃本動者也，而其言乾坤，於《周易内傳》

〔註 7〕引文分見《原儒》〈原學統〉，頁128；《乾坤衍》〈廣義〉，頁349；《體用論》〈贊語〉，頁8及〈佛法下〉，頁210。

卷一曰：「純乾之爲元，以大和清剛之氣，動而不息，……發起生化之理。」
卷二：「坤之爲德，純乎虛靜，……虛而含實，靜而善動之理存焉！」謂物之
本、事之始、人之生皆係乾元剛健不息之動而來，而坤則靜而不廢動之誠，
故與乾建妙生萬物之功。以其宇宙觀之重「動」，故《外傳》卷六曰：「動者，
道之樞，德之牖也。」其重動之宇宙觀落實之，則爲自強不息，日新不已之
人生觀，故其學多究眞知實踐，言經世濟民，藉之以對治虛浮頹靡之時風，
以針砭消極遁世之釋老。

　　本論第四章述及本體諸義，嘗言本體顯爲無量無邊之功用，故言其爲變
易；然體雖現爲萬殊之用，畢竟不曾改移其清淨、剛健、無滯礙諸自性，故
復稱以不變易。熊十力名本體以「恆轉」、「能變」，以其爲一能生且無始無
終、變動不已之萬物根源。功用者，即依實體之變動不居爲言，如以乾坤名
用，則乾神者，乃乾元流行之主力，其德以剛健爲本，即至剛不可折、至健
而直行，進進而不止不墜，〈乾・文言〉：「大哉乾乎，剛健中正，純粹精也。」
此即明其剛強勁健之德。又乾之象爲龍，龍者，神變之物也，假之以明其生
生不息、健動無竭。乾以剛健之德化坤，坤亦以陰順之德承乾，萬物乃資受
陰陽之和以生。若以翕闢爲言，則闢爲剛健之勢用。剛健者，具清淨、純固、
堅實、勇悍、升進與不可窮屈、無竭盡諸義，以其至剛至健，故能成萬化。
又熊十力亦舉《易緯》以三義言本體，而云「變易」者，則以本體備萬德、
涵眾理，故顯爲大用流行，現似萬物，變動不居，故謂之變易也。〔註8〕至
若萬物所以終始者，實皆乃乾元剛健之德，隨時成化，無有窮竭故也。而人
亦得此動而健者以生，是本體在人，即爲吾人之性；而此澄明性德，周徧吾
身，馭物而不失其則，則曰本心。

　　熊十力言天道之剛健流行，屢以《易》〈无妄卦〉爲釋，〈无妄卦〉下震
上乾，震爲雷爲動，乾爲天，雷行承天而動，其動至健，而鼓盪勃然之生機。
其〈象〉曰：「動而健，剛中而應，大亨以正，天之命也。」熊十力以爲「動
而健」者，顯本體之流行也。健者，至剛義，純粹義。變動不居，於穆不已，
以其剛健，故生生而未可窮竭，無有留滯。「剛中而應」者，則就人而言之，
人得此動而健者以生，故本體不待外索，已炯然在中也。〔註9〕

　　熊十力既暢發健動之旨，而於釋老、宋儒及陽明則未得首肯。以爲儒道

〔註8〕參稽《讀經示要》卷三，頁 615。
〔註9〕參稽《讀經示要》卷二，頁 272～275。

相較，則儒體乾而貴剛健；道法坤而守虛靜。儒爲積極入世之學；老莊則流於悲觀厭世也。儒言行健不息；道則不悟眞體流行，其德本健。於佛家，熊十力則不滿其毀宇宙、反人生、抗造化之宇宙觀。言宋儒，則謂其多受佛氏禪宗影響，守靜之意深，寡欲之功密，然健動之力則疏於培養，致用之道終有所未宏，至於王學末流則亦有鑿空及流放之弊，是以熊十力乃力戒逞臆玄談，而宗慕船山、亭林、習齋諸儒之究實學，且發言論詆老莊等寂靜之風所導致人性之拘隘、世風之頹廢，並歸嚮乎《易》剛健之學。

> 《易》〈无妄〉之〈象〉曰：「動而健」，此全《易》主旨也。天道人事，於此得其貫通。佛氏出世之道，以寂靜爲主。宋以後儒者頓染其風，而誤解周子主靜之說，不免厭動喜靜。故言進修，則難語於有本有末。言治化，則不足以備物致用。進退之節雖嚴，而胸懷拘隘，氣魄薄弱，不能勇往以當改造宇宙之任。蓋厭動喜靜者，必流於頹廢而不自知也。夫動而健者，天之化道也，而人體之以自強，所謂盡人合天是也（《讀經示要》卷三，頁606、607）。

> 吾《新論》談本體，雖申陽明之旨，而融虛寂於生化剛健之中，矯老釋之偏，救陽明之失，於是上追《大易》，範圍天地之化而不過。人生毋陷於迷亂，毋流於頹廢，其在斯乎（《讀經示要》卷二，頁472）。

《易》於天道，曰天行健、曰剛健中正、純粹精也、曰動而健、曰變動不居、曰生生。天之健德，威勢迅疾，絕無凝滯，由此可窺矣！既言乎健德，則萬德統矣！健，仁也；仁，生生也；生生，則大有也。《易》於天道推之人事，則曰自強不息，曰開物成務，曰去故取新、曰聖人成能，此蓋體天之健，竭智盡力以裁成天地、輔相萬物、期與民共趨富有日新之盛德大業也。熊十力言天健人健之理曰：

> 君子以自強不息者，此言人當體乾元之健德，盡其在己，而無所虧也。……人道當體天德之健而實現之，積至剛以持之終身，百年之內，萬變之繁，無一息不在強毅奮發之中。智周萬物，而不敢安於偷以自固。道濟天下，而不敢溺於近以自私。……立成器以爲天下利，……盡人道而合天德，故曰君子以自強不息也（《讀經示要》卷三，頁668、669）。

此由天道推及人生及治化之道，觀其立說，可謂直達天人之際者也。

四、率性而無事絕欲

　　欲言率性之旨，當先分究船山、十力之言天道與性、性與心之義。船山於《讀四書大全說》卷十言天道與性命曰：「天之所用爲化者氣也；其化成乎道者理也；天以其理授氣於人謂之命；人以其氣授理於天謂之性。」船山之言天乃由氣以言，由氣之化育流行即顯天之道。天道之氣化非僅化成人，亦化成物，故人道即人之分於天道以成性，由是乃有「道大性小」、「道外無性，而性乃道之所函」之說。〔註10〕而言性與心，於《讀四書大全說》卷二則曰：「性爲體，心爲用。」性體心用者，謂性之理具於心爲心所知，而呈其用於心，心之如何皆必循理，故曰性爲體，心爲用。而《四書訓義》卷三十七曰：「生我之理爲性，我受所生之理而有神明之用，以盡其理曰心。」此亦見心性之別也。至於熊十力，於船山道大性小及心性之別，則未嘗首肯：

> 《論語》子貢曰：「夫子之言性與天道，不可得而聞也。」此中性與天道，是一非二。孟子言知性則知天，是其微也。……天者，無待之稱。道體本無待，故有時用一天字，有時合用天道爲複詞。性則剋就此道在人而言。人之生也，道生之。故說此道爲吾人所以生之理，而別名爲性。性與道非二也。……王船山妄駁二氏同人於天，遂以性與天道，強分層級，此乃以褊心而誤解聖言，不可從（《讀經示要》卷一，頁20、21）。

> （船山）反對陽明，而不悟心即是性，則工夫似無入處，由陽明之說，本心即是性，非心之外別有性也（《讀經示要》卷二，頁484）。

熊十力以天道性命本爲一事，因從言異路，故乃多名，然實無本支之別或層級之判，此於第五章已言及。熊十力於船山之言道、性、心雖未以爲是，然於其率性以一情欲之思想則甚表贊同。大抵船山以爲情欲者，乃人禽之所同，而性爲人所獨有，情不可寵，欲不可縱；情不可窒，欲不當絕，應率性盡心以節情導欲，而後人禽之辨乃嚴，而熊十力於《讀經示要》，亦屢辨其旨：

　　先言欲與性：熊十力以爲人稟性以成形，形生而交於物，則欲因萌之矣！人化於物，則滅天理而窮人欲，舉凡悖逆詐僞，淫佚作亂，脅弱暴寡之事無不興焉！然欲固不可使之氾濫，然亦不可阻絕之，當欲其所可，而無欲其所不可。

〔註10〕《周易外傳》卷五：「道大而性小，性小而載道之大以无遺。道隱而性彰，性彰而所以能然者終隱。道外无性，而性乃道之所函，是一陰一陽之妙，以次而漸凝於人，而成乎人之性，則全《易》之理不離乎性。」

欲欲之當理，則必有主於中，此唯見性而後能耳！性者，純粹至善也，唯見性而後邪欲不復乘權，如之則欲皆當理，而欲即性矣！此即《中庸》所謂中節之和也。若就本心言，本心之自明自了，是謂見性。本心乃吾內在固有之權度，如保任此權度，則邪欲不得妄興，欲皆從心而不踰矩，欲即成性之欲，此其宜之者也。〔註11〕若熊十力言率性而無事於絕欲之旨，下文彰之甚明：

> 生生之本然，健動而涵萬理、備萬善，是《易》所謂太極，宇宙本體也。其在人則曰性。吾人率性而行，則飲食男女，皆有則而不亂。推之一切所欲，莫不當理。如此，則欲即性也，何待絕欲而後復其性乎？夫性者，生生之本然。其存乎吾人者，即《大易》所謂「乾以易知」之知也。……吾人反己而識自性。凡生心動念處，必皆有所不忍縱，不可亂者，必有不為物役，而恆超然不容瞞昧者，此吾人天然自有之則也。誠能順此天則，而無違失，則從心所欲，而皆天理流行，故曰欲即性也。凡以絕欲為道者固甚謬，若反對絕欲，而不知性，不務率性之功，則未有不殉欲而喪其生生之本然也。《易》之道，以率性為主，故無事於絕欲。備物致用，大通而無不正，一皆暢其真性，《易》道所以為至也（《讀經示要》卷三，頁607、608）。

次言情與性：熊十力以為情性之別在乎性為本有，而情則後起之妄，乃緣形感物而生。以例言之：自性以觀，愛人之親與己之親，本不當有別，以萬物同體故也。自情以言，則薄人親而厚己之親，此因形氣之感，乃必至之勢也。若《論語》言從心所欲而不踰矩，矩者，性也；不踰者，情也。《中庸》言中節，節者，性也；中節者，情也，由之情性之別顯矣！蓋性體沖寂，而資情以流行，然亦帥情以救其不及。本性以帥情，則情乃順性而不淫；本乎天性固有之善以稱其情，由之以制定禮樂儀則，則能循天秩、得天和。熊十力言奉性以治情，此亦同乎船山也。〔註12〕

此外，熊十力亦假「窮理盡性以至於命」以申率性之理：

> 窮理者，謂窮究吾人與宇宙萬有所共同之真實本源也。盡性者，謂已證知此真實本源，即是在己之真性，則不可以小己之私蔽之，當率由吾性，以顯其至善，而無所虧損，故曰盡也。至命者，謂此真實本源之賦予於吾人，即是吾之真性固已。然吾人常易為形骸所役

〔註11〕參稽《讀經示要》卷一，頁53～55、91、93。
〔註12〕參稽《讀經示要》卷一，頁75～105。

以殉乎私，欲則未能盡吾之性，……然爲仁由己，先難後獲，誠使盡性之功不懈，則至於命而莫之禦矣！至命，即復其本體（《讀經示要》卷二，頁304）。

反己求誠，反身而識，率性而行，盡性以爲，則私欲不爲之障蔽，情不爲之氾濫，其所闡弘者，可謂深矣！廣矣！

第二節　熊十力易學之商榷

班固《漢志》:「五者（謂五經），蓋五常之道，相須而備，而《易》爲之原。」《易》於天道之本然，及其流行周洽、化育萬物之事，均曲盡詳闡，可謂精微奧妙，故堪列群經之首，而爲一切學術之源也。熊十力自著《新唯識論》以來，即假《大易》之道，通內聖外王爲一貫；持體用不二以終始，雖未發專著，以竟釋經傳，然或探究易史、或評騭易家、或詳闡易理，凡所著作，皆繫本乎《易》、歸宗乎《易》，殆無疑義也。如其經學思想系列諸作中，《讀經示要》於歷代易學自伏羲、文王、周公、孔子、孟、荀以來，歷漢、魏、宋迄明清之易學及重要易家均嘗探及，復闡其尊生、彰有、健動、率性之易學要旨。而於〈乾〉、〈坤〉二卦，則詳說精闡。若〈屯〉至〈同人〉，亦爲釋大義。而於〈繫辭傳〉則節釋一、二。《原儒》〈原外王〉分就《易》、《春秋》、〈禮運〉、《周官》提撮要義，而於《易》則略舉二義：其一，倡導科學理論，莫盛於《易》，提舉〈繫辭傳〉以明。其二，明社會發展，以需養爲主，資具爲先，始乎蒙，終於乾元用九、天下文明。〈原內聖〉探天人不二、心物不二諸義，及孔子之人生論、宇宙論，發《大易》之奧蘊、獨顯乾元、理探乾坤、語究陰陽，以述明內聖外王大備之鴻歸。《乾坤衍》〈辨僞〉總辨六經眞僞，獨詳於《易》；〈廣義〉則假〈乾〉、〈坤〉二〈彖〉之奧衍，以弘廣易義。若於體用系列諸作亦時弘易理，如《新唯識論》屢闡翕闢成變之義，以翕爲收攝凝聚之勢用，闢爲開發升進之勢用，翕闢對應，所以成變，由之衍言乾坤、心物諸義。《體用論》更明言其學宗主於《易》，〔註13〕《明心篇》申實體具複雜性、體用不二、心物未可分割，而自謂此三原理均原本《大易》。〔註14〕由是觀之，熊十力由早期著作《新唯識論》、《讀經示要》

〔註13〕《體用論》〈贅語〉，頁6:「余之學宗主《易經》。」
〔註14〕語參《明心篇》自序，頁1、2。

及至晚期諸作《原儒》、《乾坤衍》、《體用論》、《明心篇》等無不歸旨於《易》、結穴於《易》，其所發論，精義具顯，卓識特出，規模宏闊，固不待言，然所發言，或以別蘊深意、或疏於稽考，仍未免有待商榷釐清者，姑揀擇若干，簡述如下：

其一，凡所立論，有前後殊異處：前後者，謂前期及後期諸作之觀點未盡通貫也，由之亦得窺其學術思路之遷變。以外王學爲言，《讀經示要》言治，發以九義，以仁爲本，藉夫子之道，闡揚推擴，堪稱平允。至《原儒》、《乾坤衍》等則別儒爲二，一爲小康學派，此派以禮義爲綱紀，正上下之分、別尊卑之等，天子私有天下、諸侯私有其國、大夫私有其邑，三層世守其位，貴賤未可踰。一爲大道學派，力主消滅統治階層與富豪階級，復主廢除私有，提倡民主主義，同情天下勞苦小民，倡言天下爲公。至若孔子之思想，熊十力亦以孔子五十學《易》而分判爲前後二期，五十之前爲修明古聖王遺教而光大之，屬小康學派；五十之後，讀伏羲氏之易，神解煥發，思想起根本變化，乃首作《周易》、《春秋》二經，立內聖外王之宏規，復作《禮》、《樂》、《詩》、《書》以爲羽翼。若夫孔門之徒亦有篤志大道與執守小康之分。至若夫子所作六經，多經戰國時代小儒之改竄，及至漢，復遭僞修，因之漢以來所沿傳之五經，均屬小康思想，非孔子原經之眞貌，故須辨僞。此其後期思想巨變之大要也。

順此思想巨變之大要推衍，若專就易學思想言，則不乏其主觀臆斷處，如言漢人集竄亂之大成，《易》之改竄雖較他經爲少，然亦有之也。如舉〈繫辭上傳〉第一章：「天尊地卑，乾坤定矣！卑高以陳，貴賤位矣！動靜有常，剛柔斷矣！」謂此數語不合《易》義，定爲秦漢間人所竄亂，曰：

> 古之術數家以天、或君、皆爲乾之象。地、或臣民、皆爲坤之象。
> 其言天尊地卑者，即謂君居上位爲至尊，而臣民卑下也，此必非聖
> 人之言。《論語》〈里仁篇〉，定公問君使臣、臣事君，如之何？孔子
> 對曰：君使臣以禮，臣事君以忠。詳玩孔子之意，則君與臣，在人
> 格與道義上純屬平等，君不以禮使臣，則臣當反抗無道之君，不以
> 奴顏婢膝爲忠也。何至以君尊臣卑爲一定之分乎？且〈革卦〉明明
> 主張革命，若尊卑有定分，臣民可行革命之事而弒其君乎？故知其
> 背叛《易》義也（《原儒》〈原學統〉，頁 115）。

天地本並存，唯一上一下，故藉尊卑之相對以爲言，「尊卑」者，唯指陳其位

之高低，非謂價值之貴賤好壞，熊十力異乎前人之說，必申言以君臣之尊卑，斥其爲擁護帝制之僞作，則恐有強己意爲經意之嫌也。另《乾坤衍》中亦多見揣臆之言，未足徵信，如曰：

> 「易之興也，其於中古乎？作《易》者，其有憂患乎？」云云。吾在前文曾言，傳稱易興中古者，是隱含文王有作易之事。吾斷定近處與下文，易興於殷之末世云云，同是六國時小儒所增入（《乾坤衍》〈辨僞〉，頁 188）。

另熊十力於《乾坤衍》〈廣義〉中論申〈乾〉、〈坤〉二〈象〉，以其判此二〈象〉乃原《易》之僅存未遽泯者。然於《讀經示要》詮釋諸卦，闡申〈繫辭傳〉諸章，則均無作僞之言，由是見其前後期著作於易學內涵之發論，已多有更易。

　　關乎易學之發論，其詞前後不一者，猶不止於上述所言，如《讀經示要》卷三論術數則謂晚周易學已濫于術數，復申孔子易學與術數之關係，及漢易多雜術數等。〔註 15〕至《乾坤衍》則申古術數易之迷謬以四：一曰術數易信有天帝。二曰術數之易，其言陰陽，則曰二氣。三曰古術數之易，以保守君主制度，擁護統治，爲萬古不易之常道。四曰古術數家爲占卜而取象，無可免於雜亂之失云云。〔註 16〕夫《易》者，理、象、數兼備之學，象數乃作《易》之本，根本既失則義理失所依憑，必流於空虛、氾濫。唯自漢以來，盛言象數，復雜以陰陽家之言，機祥術數，紛陳雜遝、穿鑿附會，反礙正道，此固可非之，然象數易學與易道並生，故當會通其宜，未得輕詆。而熊十力於《示要》多贊王弼掃象之功，凡所發言，亦以義理爲本、象數爲末，至《乾坤衍》復多牽合術數家之易與小儒思想，論語多失平正。又如其申《連山》、《歸藏》，《示要》中多引古籍以證古有其書，未得輕易言僞，〔註 17〕至《乾坤衍》則謂其乃六國時道家或陰陽家雜集而成之僞書。〔註 18〕另如《乾鑿度》：「夫有形生於無形，乾坤安從生？故曰有太易，有太初，有太始，有太素也。夫易者未見氣。」熊十力於《示要》屢謂太易即太極之異名，二者皆乃本體之名，未可以太極爲氣、太易爲體。又太易含三始，即具氣形質三者，然形質無實，渾然一氣而已，太易恆不改其沖寂，而氣者，乃太易之顯，由之則於變易而

〔註 15〕參稽《讀經示要》卷三，頁 538～548。
〔註 16〕參稽《乾坤衍》〈辨僞〉，頁 203～228。
〔註 17〕參稽《讀經示要》卷三，頁 530～533。
〔註 18〕參稽《乾坤衍》〈辨僞〉，頁 198～201。

見不易。〔註 19〕至《原儒》則謂太易爲寂然虛無之本體，氣且未現，則形質之俱未現，更不待言。如之則本體超脫乎三始之外而獨在，此與《易》體用不二義未契，故判上述《乾鑿度》之引言爲六國或漢初儒生雜於道家言或天帝之說者所增竄，非孔門之傳。〔註 20〕

其發論之前後殊異昔，復多見於論評昔賢，如《示要》於文王尙無貶辭，至《乾坤衍》〈辨僞〉則謂六國小儒，以竭力擁護君制，遂舉文王爲君主之模範，而造文王代伏羲重卦之謠。凡此推想，雖自謂頗切近事實，然實多乏確證。另如孟荀於前後期著作所呈顯之形象亦判然有別，《示要》中言孟子雖不明言《易》而實深於易理，而荀子《天論》與其倡言禮治，皆本《易》義以推闡，二氏皆得孔子易學之正傳。〔註 21〕至《原儒》則孟子一轉而爲擁帝制之孝治論者，而《乾坤衍》中於孟荀亦皆屬之爲小康派大師。要之，熊十力早期論著雖不無疏失，然其晚年謂六經皆僞，爲小儒所亂，而歷代學者，如孟荀、董仲舒、劉向、劉歆、程、朱、陸、王等均歸屬於小康學派，而多予詆斥，發論失卻平允。

若夫內聖學之前後殊異處，今人翟志成嘗發文〈論熊十力思想在一九四九年後的轉變〉以探，〔註 22〕其以民國 38 年爲界，別熊十力作品爲前後二期，前期以《新唯識論》爲主，思想綱領爲「體用不二而有分」，後期以《體用論》、《明心篇》、《乾坤衍》爲代表，義理綱領爲「體用不二」，不復持「體用有分」；前期之本體乃純粹至善者，後期之本體義，則含乾陽、坤陰二相反性質之複雜性；前期之本體爲圓滿、自足、備萬德、具萬理，後期則僅涵此一無限可能。復言內聖爲體，外王爲用，內聖學既變，必引發外王學之改變。翟文既經刊載，林家民隨即發表〈熊十力內聖學後期轉變說之商榷——敬質翟志成先生〉〔註 23〕以論駁之，二文得並參稽。要之，《新唯識論》由文言本至語體本至《體用論》，數度改易，而熊十力亦每欲廢棄前期之作，則其內聖學之前後期思想確有分判處，然其思想體系中所持之「體用不二」、「即體即用」、「即用即體」、「即用顯體」等基本原則則前後一致。

〔註 19〕參稽《讀經示要》卷三，頁 609、617、620、622、623 等。
〔註 20〕參稽《原儒》〈原內聖〉，頁 467。
〔註 21〕參稽《讀經示要》卷三，頁 534、535。
〔註 22〕此文於民國 76 年「國際孔學會議」中發表，又載於《哲學與文化月刊》第十五卷第 3 期。
〔註 23〕此文刊載於《哲學與文化》，第十五卷第 12 期。

其二，凡所立論，有疏忽錯失處：如《史記》〈孔子世家〉：「孔子晚而喜《易》，序〈彖〉、〈繫〉、〈象〉、〈說卦〉、〈文言〉。」所云〈繫〉者，當謂〈繫辭傳〉也，熊十力於《示要》則誤釋爲卦辭、爻辭。〔註24〕又如〈乾〉、〈坤〉二卦各有「用九」、「用六」之文，熊十力於《示要》曰：「故用九用六云者，明乾坤皆用也。其體則太極也」云云。〔註25〕考今馬王堆出土之帛書本，「用」作「迵」，「迵」者「通」之借也，「用九」者，即「通九」之謂，明六爻皆九，故占用九，用六同此。

其三，凡所立論，有拖拉冗複處：其前期著作，大抵辭清理明，兼擅義理辭章之美，然後期作品之著筆行文，則有反覆述意，而見拖拉雜沓者，如《乾坤衍》屢陳五經之僞、小儒之改竄，於〈乾〉、〈坤〉二〈象〉文句之闡釋，尤多冗複、混亂、支離，未若《示要》詮解易理之精簡。

凡上簡述熊十力易學論點之前後殊異處，而後期則多有主觀臆論，詆斥昔賢者；另有疏忽錯失及拖拉冗複之弊，若其論著及哲學思想，今人未得首肯而發言以評者亦有之。〔註26〕考熊十力思想固不免有考據不精、主觀發論、穿鑿附會者，然其發論多具原創性；其發語多本諸生命眞實之領悟；其批判社會政治亦多本於眞誠之關懷。又其後期思想之若干遷變，或本於生命轉折之必然、或植因於外在思想環境改易之故、或基於用心別具之故。〔註27〕其易學論點或有若干待商者，然其辭理之粹美精妙，體系之圓融通貫，焉得以小瑕掩其大瑜哉！

第三節 熊十力學術之迴響

熊十力凡所論著，無不以光大聖學爲念；以力闢唯物爲旨；以敦仁日新爲本；以抉發傳統學術之奧義爲職；以挺顯內聖外王之宏規爲務。心智弘深，故能自鑄偉辭；識見通闊，故能融攝道釋；學思精敏，故能衍展眾學。若其

〔註24〕參稽《讀經示要》卷三，頁521。
〔註25〕參稽《讀經示要》卷三，頁651、652。
〔註26〕如梁漱溟著《憶熊十力先生》，就其思想論著行全面批評，指責或嘆服者兼而備之；如劉述先《文化與哲學的探索》〈當代新儒家的探索〉一文於熊十力晚期之思想，亦發論評；另如羅光〈熊十力的哲學思想〉；朱世龍〈評熊十力哲學〉皆發異論，至若未得首肯其佛學思想者尤夥，姑略之。
〔註27〕如蔡仁厚〈熊十力先生的生命格範〉一文謂：「在《原儒》書中，他把曾子孟子貶爲小康、孝治派，則是一番『歷貶羣儒，保住孔子』的用心。」

論《易》，不固守原經本義；不拘滯前人舊說，擷要捨繁，自為關創，廣為申引。窮極根源則以體用不二為宏歸；以翕闢成變、生生不息、健動大有、率性盡性為綱領；以開物成務、自強不息為要目，通會宇宙人生。其易學即由其哲學中呈顯；其哲學即在其易學義蘊中彰顯。其學問即其全幅生命之所在；其生命即其一生學問之代言。熊十力畢生盡瘁文化、究心學術，雖非聲光四溢，然其學術地位之要、回應之廣、影響之大，於當代學界實少堪與較論者。茲就其學之回應與影響分言之：

一、熊十力學術之回應

西元 1968 年出版之《大英百科全書》中，Clarence Herbert Hamilton 嘗撰文贊熊十力為「儒學、佛學和西方哲學三者的調和中，最具獨創性的綜合者。」熊十力學深而宏、思精而微，躋身世界學術之林，乃實至名歸。近數十年，因閱熊十力鉅構有得、因涉熊十力學術有感而撰文以應者，為數夥矣！專就易學以言，如李煥明之〈熊十力先生的易學〉、蕭春溥〈我對熊十力先生「群龍无首」解的一點淺見——易義辨一則〉、項退結〈闡發易經生命觀的熊十力〉、另馮炳奎〈易傳的重要性及其全貌〉一文則據《原儒》、《讀經示要》而推演之，另大陸學者，如唐明邦〈熊十力先生易學思想管窺——讀《乾坤衍》〉及〈熊十力論船山易學〉等均屬之矣！以熊十力之別於一般易家，其融渾易學、哲學為一體，故凡探究熊十力學術者，亦多融攝二者以論談之，如：

> 熊先生即融攝孟子陸王與《易經》而為一，以《易經》開擴孟子，復以孟子陸王之心學收攝《易經》。直探造化之本，露無我無人之法德（牟宗三〈現時中國之宗教趨勢〉）。

> 《大易》的生生之德和孔孟的仁與本心，是他思想系統中的中心骨幹。……他論「仁」，則特重「生生、剛進、炤明、通暢」之德，以期「敦仁」而「日新」。他不贊成佛老偏於虛寂處以顯道體，而鄭重於講天道生生，剛健不息。他更不贊成消極守故，而要求革故取新，繁興大用。所以常提「富有之謂大業，日新之謂盛德。」以及「開物成務」、「利用厚生」的話（蔡仁厚〈熊十力先生的生命格範〉）。

> 熊十力的哲學思想，大體而言是融佛入儒而歸宗《大易》，充份發揮了其中「體用不二，翕闢成變」的原理，直探心體創生妙化的功能，以說明主客內外的契合關鍵（姜允明《心學的現代詮釋》〈熊十力哲

　　學思想中「本心」概念初探〉)。

凡上引列，均明熊十力哲學思想實歸本《大易》，而其他未專以其易學思想爲
題者，亦多隨文論及其乾元創造之德、宇宙本體之生化不已、剛健不息、翕
闢開闔、乾陽坤陰、開物成務、利用厚生、裁成天地，參贊化育等易學精義。
本文於此以「熊十力學術之回應」爲題，實綜賅易學思想之回應也。

　　近人以熊十力學術爲題，發文以論者，就單篇之文言，其範疇得約之以
四：其一，關乎其生平事蹟者：凡其志事、智慧方向、生命格範、生卒年代
之考察、象贊、悼念、略記、墨蹟等均屬之。其二，關乎其著作之論評者：
此中含括《熊子眞心書》、《尊聞錄》、《新唯識論》、《十力語要》、《佛家名相
通釋》、《讀經示要》、《摧惑顯宗記》、《與友人論張江陵》、《原儒》、《體用論》、
《明心篇》、《乾坤衍》、《熊十力與劉靜窗論學書簡等》。其三，關乎其哲學思
想之研究者：如其哲學之述要、哲學基本命題、思想之闡微、佛學思想、內
聖之學、體用觀、天人不二觀、本心概念、思想變遷、傳統文化觀、歷史文
化觀、政治思想等均屬之。其四，關乎其著述目錄及學行年表之彙整及研究
者。綜上四類，凡近二百篇。此外，更有發爲專論而成著者，如郭齊勇之《熊
十力與中國傳統文化》、潘世卿《熊十力先生學記》、劉祥光《熊十力與新儒
學》、藍日昌《熊十力「內聖外王」思想之研究》、張月琴《熊十力的新唯識
論發凡》、黃惠雅《熊十力先生的體用論研究》等。至若專爲熊十力學術而舉
辦之會議，亦有之矣！如民國 74 年，台灣師大、鵝湖月刊社、智仁出版社聯
合舉行「熊十力先生誕生百周年紀念會」；新加坡東亞哲學研究所舉行「熊十
力百周歲紀念座談會」；大陸則於湖北黃岡舉行「熊十力百歲紀念學術會議」。
綜上所述，則近數十載學界於熊十力學術回應之盛，略得窺矣！〔註28〕

二、熊十力學術之影響

　　熊十力於學術界之影響，顯見於其與時人、師友及門下論學之諸作，如
《十力語要》中輯相與論學而知其名姓者有：張季同、張申府、敖均生、湯
錫予、雲頌天、謝石麟、賴振聲、燕大明、王維誠、張東蓀、李華德、高碉
莊、鄧念觀、袁道沖、薛星奎、劉公純、韓裕文、周開慶、朱進之、唐君毅、
滿莘畲、馬格里尼、劉樹鵬、李景賢、張德鈞、賀昌群、劉冰若、任繼愈、

〔註28〕熊十力學術之回應，另可參閱郭齊勇著《熊十力與中國傳統文化》第九章〈熊
　　　　十力學術思想研究綜述〉。

鄭子琴、牟宗三、張默生、薛偉猷、酈衡叔、蒙文通、梅居士、謝幼偉、周通旦、陳亞三、張君勱、謝子厚、沈有鼎、胡世華、林同濟、陳從之、謝隨知、陶闓士、鄧子琴、江易鏵、賀自昭、孫穎川、李四光、高贊非、林宰平、梁漱溟、嚴立三、彭雲谷、陶開士、曹慕樊、黎滌玄、劉晦九、王準、梁任公、陳眞如、張俶知、馬乾符、張立民、黃存之、王平叔、黃艮庸、郝心亮、李敬持、高佩經、宋華耕、張諄言、文德揚、胡炯、余越園、胡展堂、韓侘生⋯⋯，凡近百人，另《十力語要初續》、《熊十力與劉靜窗論學書簡》等亦皆其論學要著，藉此而其精神志業、人格型範、哲學思想默運其間而影響於與論者，猶多也。況彼嘗執教北庠，論講各處，聆其訓、會其心者猶不知凡幾，若其《新唯識論》、《讀經示要》諸要著影響於後學者，猶不待言矣！

　　熊十力於學術界地位之凸顯，尤在其爲當代新儒家之中心開啓人物。〔註29〕其原創性之哲學思想已爲當代新儒家樹立典範，並倍受肯定及推崇。何謂當代新儒家？其定義、特徵、範疇、方向爲何？說者多端，如李澤厚述其特徵爲「在辛亥、五四以來的二十世紀的中國現實和學術土壤上，強調繼承發揚孔孟程朱陸王，以之爲中國哲學或中國思想的根本精神，並以它爲主體來吸收、接受和改造西方近代思想和西方哲學，以尋求當代中國社會、政治、文化等方面的現實出路者。」〔註30〕如蔡仁厚言其精神方向以三：其一，道統的光大──重開生命的學問。其二政統的繼續──完成民主建國。其三學統的開出──轉出知識之學。〔註31〕雖諸說不一，然自民國47年元旦，牟宗三、徐復觀、張君勱、唐君毅四先生共發表〈爲中國文化敬告世界人士宣言──我們對中國學術研究及中國文化與世界文化前途之共同認識〉一文後，當代新儒家於中國人文之重建非徒不遺餘力，且其地位亦益形重要。若由當代新儒家之思想背景及發展線索以言，熊十力實序列前端，影響匪淺。其門人如牟宗三、唐君毅、徐復觀諸先生，曾受其啓迪、繼其衣鉢、紹述其志，於中國哲學思想領域中克盡心力，弘發光大。至若天下契知其學而能承風接響、繩繩相繼者，更是所在多有。茲以熊十力之影響牟、唐、徐諸先生爲言：

〔註29〕 如民國71年10月台灣《中國論壇》曾以「當代新儒家與中國現代化」爲題，舉行座談會並出版專刊，即列熊十力爲當代新儒家之一。另李澤厚《中國現代思想史論》〈略論現代新儒家〉亦列之，劉述先《文化與哲學的探索》〈當代新儒家的探索〉亦首列熊十力，凡論及當代新儒者無不引列其爲開啓人物。

〔註30〕 語出李澤厚《中國現代思想史論》〈略論現代新儒家〉。

〔註31〕 參稽蔡仁厚《新儒家的精神方向》，頁19～28。

　　熊十力於牟宗三先生之影響，直接而鮮明，牟嘗撰文自謂「我之得遇熊先生，是我生命中一件大事」、「我由世俗的外在涉獵追逐而得解放，是由于熊先生的教訓」、「熊師的那原始生命之光輝與風姿，家國天下族類之感之強烈，實開吾生命之源而永有所嚮往而不至退墜之重大緣會。」〔註32〕牟復憶及馮友蘭之訪熊十力，二人討論良知問題，熊十力語馮曰：「你說良知是個假定，這怎麼可以說是假定，良知是眞眞實實的，而且是個呈現，這須要直下自覺，直下肯定。」良知是眞實、是呈現，於其時從所未聞，故牟曰「這霹靂一聲，直是振聾發瞶，把人的覺悟，提升到宋明儒的層次。」〔註33〕牟聞熊十力之語，耳目一新，大爲震動，其後亦未嘗稍忘熊十力所倡陽明認心爲體之路線，且更予闡揚。至若《新唯識論》中言及性智、量智之區分，則引成牟先生所構造之「兩層存有論」，〔註34〕而牟所建構之「唯心論的本體——現象論的形上學」則可補熊十力《量論》未及完成之缺憾。〔註35〕至若牟亦自謂其寫《佛性與般若》，乃踵繼其師學問之精神也。〔註36〕

　　唐君毅先生於南京中央大學就讀時，嘗受學於熊十力，其後二者曾就心與性、思辨及體認、科學眞理暨玄學眞理諸問題展開討論。〔註37〕唐之學術思想，由思辨之了解與自然宇宙之觀點轉爲以道德自我爲中心觀念，熊十力之影響實未可輕忽，唐嘗自謂「論文化最重要者，在所持以論文化之中心觀念。如中心觀念不清或錯誤，則全盤皆錯。余在當時，雖已汜濫於中西哲學之著作，然於中西思想之大本大源，未能清楚。當時余所謂天人合一之天，

〔註32〕語出牟宗三〈我與熊十力先生〉。

〔註33〕同註31。

〔註34〕熊十力先生百年誕辰紀念座談會中，林安梧曰：「熊先生《新唯識論》〈明宗〉所說性智與量智的區分，……後來便引成了牟先生所構造的『兩層存有論』，……牟先生用了『良知的自我坎陷以開出知性主體』這樣的方式來說中國文化如何面對現代化開出民主與科學，我以爲這個思想可以溯自熊先生『性智』與『量智』的區分。……」座談會發言內容載見《鵝湖》月刊第十一卷11期。

〔註35〕參稽陳榮捷原著、陳瑞深譯註之〈當代唯心論新儒學——熊十力〉，文曰：「……其中，尤以牟宗三先生所建構的『唯心論的本體（物自身）——現象論的形上學』，最能把握中國哲學唯心論系統的主流，並扣緊現代中國特殊處境——「現代化」問題，而彌補了熊先生的《量論》未及完成之缺憾，可說是善於紹述乃師之志的當代唯心論新儒家代表人物。」

〔註36〕參《鵝湖》月刊，第十一卷11期「熊十力先生百年誕辰紀念座談會」牟先生語。

〔註37〕參稽《十力語要》卷二〈與周開慶〉、〈答均毅〉、〈答唐君毅〉。

唯是指自然生命現象之全，或一切變化流行之現象之全。……對一切所謂形而上之本體，皆視爲一種抽象之執著。故余於〈中國文化精神〉一文，開始即借用《易經》所謂「神無方而易無體」一語，以論中國先哲之宇宙觀爲無體觀。此文初出，師友皆相稱美，獨熊先生見之，函謂開始一點即錯了，然余當時並不心服。……唯繼後因個人生活之種種煩惱，而於人生道德問題，有所用心。……遂知人之有其內在而超越的心之本體或道德自我，乃有《人生之體驗》（中華出版）、《道德自我之建立》（商務出版）二書之作。同時對熊先生之形上學，亦略相契會。」〔註38〕唐所謂「內在而復超越的心之本體」、「道德自我」，即熊十力之「本心本性」、「仁體」、心靈生命之「自我主宰」也。而「在文化哲學的架構上，唐先生的『性道一元』與熊先生的『體用不二』極其相近，在玄學方法上和思考模式上，熊唐二先生所持的反實證論的、超越理性思維的直覺體悟方法，則更加一致。」〔註39〕熊唐二者於哲學之主要架構、基本範疇、中心觀念，致思趨向均見其一致性，唐實受熊十力思想之影響且更予推進、發展、光大。

就學術研究之主要趨向言，牟著力於哲學及道德理性之探究，唐側重文化意識之探研，而徐復觀先生則專探歷史文化，企圖釐清中國思想史發展之脈絡、遞變之軌跡。其於抗戰末期始遊於熊十力，因受熊十力人格之感召，乃由五四反傳統心態，進而爲中國文化之存亡絕續而致力，徐於熊十力後期之作品雖嘗發疵議，〔註40〕然於熊十力之啓悟則銘感終生。要之、牟、唐、徐三先生，被推譽爲當代新儒學之三大師，均嘗親炙熊十力教誨，乃能終生確立定向、矢志不移。循此推移，近數十載儒學勃興、新秀輩出，讀其書、仰其德、承其學、弘其道者，猶不知凡幾矣！

若專以熊十力易學影響爲言，如張廷榮於《易經講義》再版自序中詳申熊十力述易於己啓益之深：

> 我一接觸熊氏述易，就是一個偉大的啓導，即首先接觸熊十力先生的《讀經示要》、《十力語要》、《新唯識論》和《十力語要初續》，熊先生的述易，又一再尊王船山，甚至說王船山是「明聖挺生」。因此，由熊先生的述易，而又進入船山易學。由這樣一個深根的、偉大的、

〔註38〕 語出唐君毅《中國文化之精神價值》自序。
〔註39〕 語出郭齊勇所撰之〈唐君毅與熊十力〉。
〔註40〕 參稽《無慚尺布裹頭歸──徐復觀最後日記》，頁59。

又極高明而大中至正的易教開始，也可以說是先入爲主，也可以說
從自本自根的大者，先予建立，則其他易學的見地，就難以搖撼了。
〔註41〕

張廷榮自民國73年於北市社教館開講「易經與現代文化講座」，已授徒數百人，
且匯集聽講者作品而出版《學易文集百篇》，此中亦屢崇熊十力易學，〔註42〕
則熊十力易學之影響殆未可忽也。而黃師慶萱先生作《周易讀本》，亦時引《讀
經示要》語以詮解〈乾〉、〈坤〉、〈屯〉諸卦。〔註43〕因個人聞見所限，故惟舉
此二家以略窺其易學現有之影響。熊十力辭世僅二十餘載，其學術之廣泛影響
已見端倪，則其影響終必因時而愈益光顯。

結　語

綜結本章所論，其要有三：

（一）關乎熊十力易學之要目：一曰尊生而不可溺寂，《易》云「生生之
謂易」，易道尊生，熊十力汲之以爲鴻歸。凡其言太極本體，言陰陽、乾坤、
翕闢、心物諸大用、均繫乎生生之義以發論。復通貫天人以爲言，蓋吾人即
稟宇宙生生不息之眞幾而生，故當善體天道大生廣生之德，行人道以契天道，
充擴吾好生之德，返識吾固有之仁體，觀我生以進退，存誠積健以行事，未
可耽空滯寂，談體遺用。二曰彰有而不可耽空，體至寂而善動、至無而妙有，
寂無者，謂體之無聲無臭、無方所、無時分、無形跡，而非空無之謂也。由
《易》〈大有卦〉明宇宙萬事萬物萬變萬化皆乃眞眞實實、活活躍躍、富有無
竭。三曰健動而不可頹廢，熊十力名本體爲「恆轉」、「能變」，而功用即依實
體之變動不居言。復引《易》〈无妄卦〉以明天道之剛健流行、於穆不已。動
而健者，此天之化道也，而人當體之以自強，使人生不致陷於迷亂、流於頹
廢。四曰率性而無事絕欲，人稟性以成形，形生而交於物，欲因之生。然欲

〔註41〕語出張廷榮《易經講義》再版自序，頁8，另熊十力易學予其之影響，詳參頁
　　　　7～10。

〔註42〕《學易文集百篇》：頁356～363爲〈讀熊十力先生易乾大象辭分錄〉；頁485、
　　　　486爲〈熊十力研易切要法〉；頁490、491爲〈熊十力述大易要義〉；頁492、
　　　　493、494依次爲〈熊十力述易經與論語孟子〉、〈熊十力述清代學者重程子易
　　　　傳〉、〈熊十力述孔子實作易〉。

〔註43〕黃師慶萱《周易讀本》引熊十力《讀經示要》語以闡易義者，參頁30、31、
　　　　32、34、36、39、41～44、47～52、54、56、60、67～70、73～75、86。

未可氾濫之、阻絕之，期欲之當理，必率性而行，如是則飲食男女皆有則而不亂。復謂當本性以帥情、奉性以治情，使之順性而不淫。凡上四目，均有通會於船山之易說者。

（二）關乎熊十力易學之商榷：其所立論，有前後期著作之觀點未盡通貫者，如後期諸作別儒為大道，小康二派，臆斷〈繫辭傳〉「天尊地卑」、「易之興也，其於中古乎！」諸語為秦漢六國時人所纂亂，又申《連山》、《歸藏》、《易緯》及論評昔賢，亦見前後發語之不一。至若內聖學之前後期思想，雖亦有不一之處，然其體用不二、即體即用、即用顯體等原則則大抵一致。熊十力論《易》，另有疏忽錯失處、拖拉冗複處。綜其易學固不乏考據不精、主觀發論之疵，然其發語多具原創力，闡義亦自有精闢處，故未可因之輕泯其價值也。

（三）關乎熊十力學術之迴響：其一為其學術之回應：因閱其鉅構有得，而撰文探其易學者有之，然以其多融易學、哲學為一體，故凡論究其學者，亦多融攝以為言。又今人發言以論熊十力學行者，可約以四類，即關乎其生平事蹟之考察、著作之論評、哲學思想之研究及著述目錄、學行年表之彙整等。至於為熊十力學行而發之專論及會議，亦有之矣！其二為其學術之影響：其於學術界之影響，得由其與時人師友門生論學諸作，如《十力語要》等窺見一斑。又其乃當代新儒家之開宗，於牟宗三、唐君毅、徐復觀及後學，均影響匪淺，而其易學之影響則由張廷榮及黃師慶萱二家得窺見一斑。

第八章　結　論

　　《易》明天人分際，通古今之義，源起甚古，義旨宏富，含藏萬理，深具探研之價值。歷代易家，如王弼之得言而忘象；李鼎祚之集解漢易象數；邵堯夫之發先後天數理；程子之詳人生至理；朱子之本占卜以通義理；來知德之發明圖象錯綜之理；王船山之占學並重而特詳義理；李光地之折中諸家要義而歸本程朱，各依所趣而深入易道，闡幽抉微，故乃蔚爲易學大宗。熊十力躋身民國學術界，其治學立言，堂廡其廣，不以易學一門爲囿；以其處身當代，研其易學者尚稀，故於易雖未如上述諸家之譽享盛名，然其學確以《易》爲樞機根本，恢弘易教大義，創明體用之學，自立權衡，不囿陳說，以儒爲宗，密契諸子，渾融道釋，通貫古今，衡論中西，故其易學可謂六通四闢，具原創之大慧。今用心措意於其易學，蓋非無故也。觀其易學固不免偶有疏失，然其深造自得之功，則未嘗因之稍減也！本文前七章於其易學嘗反覆言之，今更發五論以匯其要：

　　其一，宗本船山，取益昔賢：船山守身廉正、志節皎然。其學無所不窺，於六經皆有發明，而其易學諸作，遠祧文周孔子、近承橫渠，聖賢學脈，在此一線。王學尚經驗、重實用；其人遯跡自甘、立心恆苦，最爲熊十力所崇，而《讀經示要》詮解易義，多宗船山《周易內傳》，或明引或暗用、或句義同似、或句異而義近同、或就船山之釋詳爲闡揚。若其根柢《大易》而發「尊生而不可溺寂，彰有而不可耽空，健動而不可頹廢，率性而無事絕欲」諸要旨，則多契合船山《周易外傳》之發論。又熊十力哲學思想歸本於《易》，而其論易亦時渾融其哲學思想，故其易學雖宗本船山，然所資取者實爲多端。如托諸孔子以闡其體用不二與乾元本體之思想，力倡孔門踐仁返本之學；復

近契陽明，闡明良知奧義，敦倡致知實功，而凡言心物、體用、率性、立志等亦承本陽明。他如孟子發心性之微、探天人之奧；明道〈識仁〉、〈定性〉之旨；伊川《易傳》詳言人事；朱子一物一太極之論；陸象山發明本心仁體；陳白沙〈禽獸說〉……，亦無不為熊十力所取益參資。另於佛學空、有二宗及老莊之學，亦時予斟酌損益，融會通貫；至若近人如嚴復、康有為、譚嗣同、章炳麟之學說則間或啓迪之；而其師友如歐陽漸、馬一浮、梁漱溟、林宰平等時相論學通函，裨益匪淺；他若西方諸家學說，亦不無衝激、開廣之功。

其二，易學史觀，洞見樞要：熊十力於上古聖王，言伏羲畫八卦復自重為六十四卦；復同清今文學家如廖平、康有為、皮錫瑞等，主卦爻辭均孔子作。考卦畫、卦爻辭、十翼作者之歸屬本即多端而難以論定，故熊十力之說亦不必強其異同。若於《連山》、《歸藏》首艮首坤之故及真偽問題亦嘗勘探；另漢易傳承、雜於術數之因及其蔽象之失，時揭櫫之；復謂費直為傳經之正軌、贊揚雄《太玄》為「超然獨步」；至若《乾鑿度》則詳闡其「易」有三義說、三始說，義蘊精妙。又熊十力於王弼得言忘象、闡明義理，則時發褒辭；至若品論濂溪〈太極圖說〉、《通書》則褒貶互見；而橫渠《正蒙》雖為船山易之所本，然熊十力猶謂船山宏闊，非橫渠堪比。另清代易家，焦循為雄，發明旁通、相錯、時行、比例之理，參伍錯綜而莫不通達，熊十力詳為論申，而於焦易入門之法及其「以例論易」之失，多予客觀評騭。另胡煦《周易函書》許以頗具新義，民國易家尚秉和等，則略及之耳！綜上所述，或述諸家易學之要，或評諸家易說之良窳，則其易學史觀，可匯而得見！若其述評則多能洞窺樞要，且發語簡當，不輕溢美，此其特色。

其三，通會諸作，詮解多方：歷來易家，每以專著發《大易》之一體，如李鼎祚《周易集解》、李道平《周易集解纂疏》，此象數易之翹楚；王弼《周易注》、孔穎達《周易正義》，則道家易之大家；程頤《伊川易傳》、朱熹《周易本義》，挑儒家易之大樑。而熊十力論學，雖通會諸作，暢發易旨，然實無專著行世，即如《乾坤衍》之論究乾坤，而衍言者多，必非囿限於《易》。要之，熊十力易論多見諸《讀經示要》、《原儒》、《乾坤衍》三書，旨趣雖異，然實相融互通；至若《新唯識論》、《體用論》、《明心篇》之申發體用，亦無不歸結於《易》；而《十力語要》、《十力語要初續》中亦多與友朋門生語及易旨。若其釋《易》方式，則因書而異，如《讀經示要》或援引經傳以釋之；

或徵群經以爲言；或廣徵歷代易家以詮說；而更有參以佛法、證諸史事、佐以切身經歷、驗諸科學新知、採行譬喻、融通己著、歸本人事者。其他著作，則不依經傳之序詳爲詮解，惟多因宜引論，以發要義。其學閎識精，故廣稽旁徵，論解多方。

其四，體用兼備，系統完整：中學歸極見體。熊十力之學，即以窮究宇宙根源爲本務。平生談體，持守體用不二之論，此乃觸發於《易》。《易》建太極爲體，而熊十力更即用顯體，拈出「乾元」以明萬化之宗。體具根源性及化生性，實體之動而化生爲功用，此功用乃二相反勢力之消長，曰乾曰坤，曰翕曰闢。乾坤者，易之門戶也，乾爲乾元流行之主力，故乾主坤承；乾象徵生命心靈，坤象徵物質形體；乾性剛健，坤性柔順；乾坤相對而互含、相反而相成；吾人即稟乾以成性，資坤以成形。翕爲攝聚而成形向之勢用；闢爲剛健而不物化之勢用，有翕即有闢，有闢即有翕，雖對立而又互相融和，雖相反而終歸統一，乃一體二面，彼此相須、同時俱存者。翕闢成變，生化不已，遂成就宇宙之燦然大有。熊十力之宇宙論，主體用不二，乃遠取諸物，近取諸身，積漸啓悟，終復歸於《大易》矣！若其內涵，則即用顯體，於用識體；攝體歸用；即用即體，即體即用；即工夫即本體；證體知用；體用可分而實不可分……。體用乃中國哲學中重要課題，熊十力綜結儒釋道各家之體用觀，而提出此精心獨到、周密完備之體用不二論，此實其一生學術之最大成就。

其五，內涵宏富，闡義精微：熊十力易學之內涵，含攝深廣，除上述所陳，另如天人、知識、治化諸問題，亦無不窮究。以天人言，乾元即產生健動妙用之本體，亦即天道之謂也。天道具剛健、生生、恆常、誠信諸德。人本天而生，則人性之內涵，即由天道所全幅規定，故天有元亨利貞諸德，人亦有仁義禮智諸善；天具生生之理，人亦有好生之德。人之所以生、所以立者，固得諸天，然天亦恃人以成其道，故天人相反而相成。吾當體天德以成人能，即人能以實現天德，由即人即天，進而盡人合天。盡人合天之要，在乎知天、順天、象天、法天；在乎持畏事天、希聖盡能、立志反己、敦仁修德，其重人之人天觀，凸顯人生之意義與價值。若其知識觀則區別中西學術之異、經學科學之別、智與知識之分，而於《易》格物之學則引〈繫辭傳〉之「知周萬物」、「範圍天地」、「曲成萬物」、「富有之謂大業」、「制器尚象」、「備物致用」、「開物成務」、「彰往察來」、「財成萬物」等詳爲申闡，欲藉格

物之學以開物、裁物、備物、成物，以利用安身而福利萬民。其治化論強調本仁心、發仁政。細言之，則當本誠恕、行均平；重禮樂、權儀則；行人治、輔刑法；隨時宜、興變革；重需養、厚民生，以臻群龍無首、萬國咸寧之境，此亦即《春秋》之太平治世也。此外，熊十力神會船山易旨，發爲尊生、彰有、健動、率性諸說，融會體用、天人以爲言，闡義閎遠而精微。

　　熊十力著述，體系圓融、見解卓特，故回應者多，影響者大。今持嚮往之心，以淺薄學力，擇其易學爲題，撰成斯篇，而力多不殆也。然猶勉力爲之，乃以《易》之爲書，廣大悉備，而熊十力則能識其精蘊、握其樞要，且融攝諸學，而發精心獨到之論，蔚爲一家之言。則來茲爲學，寧舍此而勿論乎？

主要參考書目

一、熊十力著作

1. 《十力語要初續》，洪氏出版社，民國 71 年 10 月 10 日初版。
2. 《中國歷史講話》，明文書局，民國 73 年 12 月初版。
3. 《先世述要》（未完稿），《香港明報月刊》第 176 期，1980 年 8 月。
4. 《因明大疏刪注》，廣文書局，民國 75 年元月再版。
5. 《佛家名相通釋》，中國大百科全國出版社，民國 74 年 7 月第一版。
6. 《明心篇》，臺灣學生書局，民國 73 年 3 月景印四版。
7. 《原儒》，明文書局，民國 77 年 12 月 10 日初版。
8. 《乾坤衍》，臺灣學生書局，民國 76 年 2 月第五次印刷。
9. 《尊聞錄》，時報出版公司，民國 72 年 7 月 1 日初版。
10. 《新唯識論》，文津出版社，民國 75 年 10 月出版。（內收錄心書、新唯識論文言文本、破破新唯識論、新唯識論語體文本、另附劉定權破新唯識論。）
11. 《摧惑顯宗記》，臺灣學生書局，民國 77 年 6 月初版。
12. 《熊十力與劉靜窗論學書簡》，時報出版公司、劉述先編，民國 73 年 6 月 25 日初版。
13. 《論六經》，明文書局，民國 77 年 3 月 31 日初版。
14. 《論張江陵》，明文書局，民國 77 年 3 月 31 日初版。
15. 《韓非子評論》，臺灣學生書局，民國 67 年 10 月初版。
16. 《讀經示要》，明文書局，民國 76 年 9 月 30 日再版。
17. 《體用論》，臺灣學生書局，民國 76 年 2 月第四次印刷。

二、經　部

1. 孔安國撰、孔穎達等正義，《尚書正義》，藝文印書館十三經注疏本，民國
　 78 年 1 月十一版。

2. 毛公傳、鄭玄箋、孔穎達等正義，《毛詩正義》，藝文印書館十三經注疏本，
　 民國 78 年 1 月十一版。

3. 王夫之撰，《船山易學》，廣文書局，民國 70 年 2 月三版。

4. 王夫之撰，《讀四書大全說》，河洛圖書出版社，民國 63 年 5 月臺景印初
　 版。

5. 王弼、韓康伯注、孔穎達正義，《周易正義》，藝文印書館十三經注疏本，
　 民國 78 年 1 月十一版。

6. 王弼撰，《周易注・周易略例》，成文書局無求備齋易經集成第一九五冊，
　 民國 65 年出版。

7. 皮錫瑞撰，《經學歷史》，河洛圖書出版社，民國 63 年 9 月臺景印初版。

8. 朱伯崑撰，《易學哲學史》上冊，北京大學出版社，1989 年 11 月第二次印
　 刷。

9. 朱伯崑撰，《易學哲學史》中冊，北京大學出版社，1988 年 1 月第一版。

10. 朱維煥撰，《周易經傳象義闡釋》，臺灣學生書局，民國 75 年 10 月二版。

11. 朱震撰，《漢上易傳》，臺灣商務印書館四庫全書本第十一冊。

12. 朱熹集註，《四書集注》，學海出版社，民國 71 年 3 月五版。

13. 朱彝尊撰，《經義考》，中文出版社，民國 67 年 8 月出版。

14. 牟宗三撰，《周易的自然哲學與道德函義》，文津出版社，民國 77 年 4 月
　 出版。

15. 何休注、徐彥疏，《春秋公羊傳注疏》，藝文印書館十三經注疏本，民國
　 78 年 1 月十一版。

16. 何晏等注、邢昺疏，《論語注疏》，藝文印書館十三經注疏本，民國 78 年
　 1 月十一版。

17. 李光地撰，《周易折中》，眞善美出版社，民國 70 年 7 月再版。

18. 李鼎祚集解、李道平纂疏，《周易集解纂疏》，廣文書局，民國 78 年 6 月
　 再版。

19. 杜預注、孔穎達等正義，《春秋左傳正義》，藝文印書館十三經注疏本，民
　 國 78 年 1 月十一版。

20. 來知德撰，《易經來註圖解》，惠文出版社，民國 61 年 6 月出版。

21. 尚秉和撰，《集氏易詁》，台灣中華書局，民國 60 年 10 月臺一版。

22. 尚秉和撰，《周易尚氏學》，北京中華書局，1988 年 3 月第四次印刷。

23. 林尹等撰，《易經研究論集》，黎明文化事業公司，民國 71 年 10 月再版。

24. 武梅邨等撰，《學易文集百篇》，易學研究雜誌社，民國 77 年 3 月初版。

25. 胡炳文撰，《周易本義通釋》，大通書局通志堂經解本第八冊，民國 61 年 9 月再版。

26. 胡煦撰，《周易函書約存、約注、別集》，臺灣商務印書館四庫全書本第四十八冊。

27. 徐芹庭撰，《易學源流》，國立編譯館，民國 76 年 8 月初版。

28. 高師明撰，《高明經學論叢》，黎明文化事業公司，民國 67 年 7 月初版。

29. 高懷民撰，《大易哲學論》，成文出版社，民國 67 年 6 月初版。

30. 高懷民撰，《先秦易學史》，中國學術著作獎助委員會，民國 75 年 8 月再版。

31. 高懷民撰，《兩漢易學史》，中國學術著作獎助委員會，民國 72 年 2 月再版。

32. 康有為撰，《新學偽經考》，世界書局，民國 51 年 12 月初版。

33. 康有為撰，《春秋董氏學》，臺灣商務印書館，民國 58 年 1 月初版。

34. 張廷榮撰，《易經講義》，易學研究雜誌社，民國 73 年 10 月三版。

35. 張載撰，《橫渠易說》，臺灣商務印書館四庫全書本第八冊。

36. 郭璞注、邢昺疏，《爾雅注疏》，藝文印書館十三經注疏本，民國 78 年 1 月十一版。

37. 陸德明撰，《經典釋文》，世界書局四庫全書薈要第七十七冊，民國 77 年 2 月初版。

38. 傅隸樸撰，《周易理解》，臺灣商務印書館，民國 74 年 2 月二版。

39. 焦循撰，《易學三書》，廣文書局，民國 59 年 10 月初版。

40. 焦循撰，《周易補疏》，新文豐出版公司大易類聚初集第二十冊，民國 72 年 10 月初版。

41. 程石泉撰，《雕菰樓易義》，臺灣商務印書館，民國 64 年 12 月臺二版。

42. 程石泉撰，《易學新探》，文行出版社，民國 68 年 7 月臺一版。

43. 程頤、朱熹撰，《易程傳·易本義》，世界書局，民國 74 年 10 月八版。

44. 黃師沛榮編，《易學論著選集》，長安出版社，民國 77 年元月再版。

45. 黃師慶萱撰，《周易讀本》，三民書局，民國 73 年 8 月再版。

46. 黃壽祺、張善文編，《周易研究論文集》（第一輯），北京師範大學出版社 1988 年 10 月一版第二次印刷。

47. 戴師璉璋撰，《易傳之形成及其思想》，文津出版社，民國 78 年 6 月台灣初版。

48. 倉頡、鄭康成注,《易緯八種》,新興書局,民國52年3月初版。

49. 趙岐注、孫奭疏,《孟子注疏》,藝文印書館十三經注疏本,民國78年1月十一版。

50. 鄭玄注、孔穎達等正義,《禮記正義》,藝文印書館十三經注疏本,民國78年1月十一版。

51. 鄭玄注、賈公彥疏,《周禮注疏》,藝文印書館十三經注疏本,民國78年1月十一版。

52. 鄭玄撰,《周易鄭康成注》,新文豐出版公司大易類聚初集第一冊,民國72年10月初版。

53. 簡博賢撰,《魏晉四家易研究》,文史哲出版社,民國75年元月初版。

三、史　部

1. 司馬遷撰,《史記》,鼎文書局,民國75年3月三版。

2. 李延壽撰,《北史》,鼎文書局,民國65年11月初版。

3. 班固撰,《漢書》,鼎文書局,民國75年3月三版。

4. 張廷玉等撰,《明史》,鼎文書局,民國64年6月臺一版。

5. 梁廷燦編,《歷代名人生卒年表》,臺灣商務印書館,民國68年11月臺二版。

6. 脫脫等撰《宋史》,鼎文書局,民國75年3月三版。

7. 麥仲貴撰,《宋元理學家著述生卒年表》,香港新亞研究所,民國57年9月初版。

8. 趙爾巽、柯劭忞等撰,《清史稿》,新文豐出版公司,民國70年5月出版。

9. 劉昫等撰,《舊唐書》,鼎文書局,民國65年10月初版。

10. 歐陽修、宋祁撰,《新唐書》,鼎文書局,民國65年10月初版。

11. 蔡仁厚撰,《熊十力先生學行年表》,明文書局,民國76年8月初版。

12. 魏收等撰,《魏書》,鼎文書局,民國64年10月臺初版。

13. 魏徵等撰,《隋書》,鼎文書局,民國68年2月二版。

四、子　部

1. 王夫之撰,《思問錄》,世界書局,民國48年9月初版。

2. 王夫之撰,《張子正蒙注》,廣文書局,民國59年12月初版。

3. 王夫之撰,《船山遺書全集》,中國船山學會、自由出版社聯合印行,民國61年11月重編初版。

4. 王先謙撰,《莊子集解》,世界書局,民國 72 年 4 月新四版。

5. 王師熙元撰,《中國歷代思想家（三四）——王守仁》,臺灣商務印書館,民國 71 年 6 月三版。

6. 王陽明撰、徐愛輯,《王文成公全書》,臺灣商務印書館四部叢刊本第七十五冊。

7. 王樹槐撰,《中國歷代思想家（四七）——康有為》,臺灣商務印書館,民國 76 年 8 月三版。

8. 朱熹撰、李光地、熊賜履等纂,《御纂朱子全書》,臺灣商務印書館四庫全書本第七二〇、七二一冊。

9. 朱熹撰、黎靖德編,《朱子語類》,臺灣商務印書館四庫全書本第七〇〇至七〇二冊。

10. 朱熹纂集、江永集註,《近思錄》,廣文書局,民國 70 年 7 月再版。

11. 牟宗三撰,《中國哲學的特質》,臺灣學生書局,民國 71 年 5 月六版。

12. 牟宗三撰,《心體與性體》,正中書局,民國 76 年 5 月初版第七次印刷。

13. 老子撰,《老子》,台灣中華書局,民國 73 年 10 月臺十版。

14. 李澤厚撰,《中國近代思想史論》,風雲時代出版公司,民國 79 年 8 月初版。

15. 李澤厚撰,《中國現代思想史論》,風雲時代出版公司,民國 79 年初版。

16. 周振甫撰,《嚴復思想述評》,臺灣中華書局,民國 53 年 9 月臺一版。

17. 周敦頤等撰,《周子全書》,廣學社印書館,民國 64 年 6 月初版。

18. 林載爵撰,《中國歷代思想家（四八）——譚嗣同》,臺灣商務印書館,民國 76 年 8 月三版。

19. 姜允明撰,《心學的現代詮釋》,東大圖書公司,民國 77 年 12 月初版。

20. 柏格森著、張東蓀譯,《創化論》,先知出版社,民國 65 年 5 月臺一版。

21. 胡平生、李霜青撰,《中國歷代思想家（五二）——梁啟超、熊十力》,臺灣商務印書館,民國 76 年 8 月四版。

22. 唐君毅撰,《中國文化之精神價值》,正中書局,民國 71 年 12 月臺修訂四版。

23. 唐君毅撰,《病裡乾坤》,鵝湖出版社,民國 73 年 5 月再版。

24. 孫奇逢撰,《理學宗傳》,藝文印書館,民國 58 年 5 月初版。

25. 桓譚撰、孫馮翼輯,《桓子新論》,新文豐出版公司叢書集成新編第二十一冊,民國 74 年元月初版。

26. 荀子撰、楊倞注,《荀子》,臺灣商務印書館四庫全書本第六九五冊。

27. 馬浮撰,《爾雅臺答問》,廣文書局,民國 52 年 11 月初版。

28. 馬浮撰，《復性書院講錄》，廣文書局，民國 68 年 6 月再版。

29. 馬浮撰，《泰和宜山會語合刻》，廣文書局，民國 69 年 12 月初版。

30. 馬國翰輯，《玉函山房輯佚書》，文海出版社，民國 56 年 6 月臺初版。

31. 康有爲撰，《大同書》，世界書局，民國 47 年 7 月初版。

32. 康有爲撰，《孔子改制考》，臺灣商務印書館，民國 57 年 4 月初版。

33. 張東蓀撰，《新哲學論叢》，天華出版社，民國 68 年 11 月初版。

34. 張載撰，《張子全書》，臺灣商務印書館四庫全書本第六九七冊。

35. 曹端撰，《太極圖說述解、西銘述解、通書述解》，臺灣商務印書館四庫全書本第六九七冊。

36. 梁啓超撰，《清代學術概論》，臺灣商務印書館人人文庫，民國 55 年 8 月臺一版。

37. 梁漱溟撰，《東西文化及其哲學》，問學出版社，民國 66 年 11 月初版。

38. 梁漱溟撰，《憶熊十力先生》，明文書局，民國 78 年 12 月初版。

39. 郭正昭撰，《中國歷代思想家（四六）──嚴復》，臺灣商務印書館，民國 76 年 8 月三版。

40. 郭齊勇撰，《熊十力與中國傳統文化》，未撰出版者、出版年月。

41. 陳師郁夫、董師俊彥撰，《中國歷代思想家（二五）──邵雍、周敦頤》，臺灣商務印書館，民國 76 年 8 月三版。

42. 陸九淵撰，《象山先生全集》，臺灣商務印書館，民國 68 年 4 月臺一版。

43. 陶英惠、張玉法撰，《中國歷代思想家（五一）──蔡元培、章炳麟》，臺灣商務印書館，民國 71 年 6 月三版。

44. 章炳麟撰，《章氏叢書》，世界書局，民國 47 年 7 月初版。

45. 勞思光撰，《中國哲學史》，友聯出版社，民國 69 年 12 月再版。

46. 揚雄撰、李軌、柳宗元註、宋咸、吳秘、司馬光重添註，《揚子法言》，臺灣商務印書館四庫全書本第六九六冊。

47. 揚雄撰、范望注，《太玄經》，臺灣商務印書館四庫全書本第八〇三冊。

48. 曾春海撰，《儒家哲學論集》，文津出版社，民國 78 年 5 月出版。

49. 曾昭旭撰，《王船山哲學》，遠景出版事業公司，民國 72 年 2 月初版。

50. 程顥、程頤撰，《二程集》，里仁書局，民國 71 年 3 月影印本。

51. 程顥、程頤撰、朱熹編，《二程遺書》，臺灣商務印書館四庫全書本第六九八冊。

52. 黃宗羲撰，《明儒學案》，華世出版社 1987 年 2 月臺一版。

53. 黃宗羲撰、全祖望補修，《宋元學案》，華世出版社 1987 年 9 月臺一版。

54. 瑞典學院編纂，《諾貝爾文學獎全集（十五）──柏格森》，書華出版事業

有限公司，民國 70 年 7 月初版。

55. 馮炳奎等撰，《宋明理學研究論集》，黎明文化事業公司，民國 72 年 7 月初版。

56. 熊十力、唐君毅等著、項維新、劉福增主編，《中國哲學思想論集》第八冊，水牛出版社，民國 77 年 1 月再版。

57. 熊十力等撰、林安梧輯，《現代儒佛之爭》，明文書局，民國 79 年 6 月初版。

58. 赫胥黎撰、嚴復譯，《天演論》，臺灣商務印書館人人文庫，民國 58 年臺一版。

59. 劉述先撰，《文化與哲學的探索》，臺灣學生書局，民國 75 年 7 月初版。

60. 劉紹唐主編，《民國人物小傳》，傳記文學出版社，民國 77 年 11 月初版。

61. 蔡仁厚撰，《新儒家的精神方向》，臺灣學生書局，民國 78 年 8 月初版第三次印刷。

62. 錢穆撰，《中國近三百年學術史》，臺灣商務印書館，民國 69 年 1 月臺七版。

63. 簡師明勇、黃懿梅撰，《中國歷代思想家（三八）——顧炎武、王夫之》，臺灣商務印書館，民國 71 年 6 月三版。

64. 譚嗣同撰，《仁學》，大中書局，民國 47 年 4 月臺初版。

五、集　部

1. 馬一浮撰，《蠲戲齋詩全集》，自由出版社，民國 54 年 7 月初版。

2. 徐復觀撰，《徐復觀雜文 4——憶往事》，時報出版公司，民國 69 年 4 月初版。

3. 徐復觀撰、翟志成、馮耀明校注，《無慚尺布裹頭歸——徐復觀最後日記》，允晨文化實業股份有限公司，民國 76 年 1 月初版。

4. 章學誠撰，《文史通義》，廣文書局，民國 56 年 11 月初版。

5. 陳獻章撰，《白沙子全集》，臺灣商務印書館，民國 62 年 12 月初版。

6. 焦循撰，《雕菰集》，鼎文書局，民國 66 年 9 月初版。

六、學位論文

1. 江弘毅撰，《朱子易學研究》，師大國研所，民國 74 年碩論。

2. 江超平撰，《伊川易學研究》，師大國研所，民國 75 年碩論。

3. 吳盛林撰，《陸象山心學之研究》，師大國研所，民國 71 年碩論。

4. 林月惠撰，《陽明內聖之學研究》，師大國研所，民國 77 年碩論。

5. 邱素雲撰，《陳白沙思想研究》，師大國研所，民國71年碩論。

6. 張月琴撰，《熊十力的新唯識論發凡》，文史哲研所，民國63年碩論。

7. 陳正榮撰，《張載易學之研究》，師大國研所，民國68年碩論。

8. 黃忠天撰，《楊萬里易學之研究》，高雄師院國研所，民國77年碩論。

9. 劉又銘撰，《馬浮研究》，政大中研所，民國73年碩論。

10. 劉祥光撰，《熊十力與新儒學》，政大史研所，民國74年碩論。

11. 黃惠雅撰，《熊十力先生的體用論研究》，臺大哲研所，民國69年碩論。

12. 潘世卿撰，《熊十力先生學記》，輔大中研所，民國68年碩論。

13. 賴貴三撰，《項安世周易玩辭研究》，師大國研所，民國79年碩論。

14. 藍日昌撰，《熊十力內聖外王思想之研究》，政大中研所，民國76年碩論。

15. 龔鵬程撰，《孔穎達周易正義研究》，師大國研所，民國68年碩論。

七、期刊論文

1. 朱世龍撰，〈評熊十力哲學〉，《獅子吼》八卷1期。

2. 朱淵明撰，〈憶馬一浮先生〉，《中國學人》3期。

3. 牟宗三主講、邱財貴記錄，〈熊十力先生的智慧方向——熊十力先生百年誕辰紀念會專題演講〉，《鵝湖》十一卷5期。

4. 牟宗三撰，〈我與熊十力先生〉，《中國學人》（創刊號）。

5. 牟宗三講、楊祖漢整理，〈熊十力先生追念會講話〉，《鵝湖》五卷2期。

6. 何澤恆撰，〈焦循易學三書探析〉，《國立編譯館館刊》十三卷2期。

7. 呂希晨撰，〈評熊十力的新唯識論〉，《世界宗教研究》1983年3期。

8. 宋志明撰，〈新唯識論的倫理思想〉，《中國哲學史研究》1987年1期。

9. 宋志明撰，〈體用不二論鈎玄〉，《社會科學戰線》1987年1期。

10. 宋志明撰，〈試論熊十力新唯識論思想的形成〉，《學術月刊》1987年8期。

11. 李煥明撰，〈易緯乾鑿度初探〉，《中華易學》四卷7期。

12. 李煥明撰，〈易義新詮〉，《中華易學》六卷9期。

13. 李煥明撰，〈熊十力先生的易學〉，《中華易學》九卷1、2期。

14. 李維武撰，〈紀念熊十力先生誕生一百周年學術討論會記略〉，《中國哲學史研究》1986年3期。

15. 李霜青撰，〈一代大儒黃岡熊十力思想研究〉，《湖北文獻》3期。

16. 李霜青撰，〈熊十力先生論治學方法〉，《鵝湖》一卷7期。

17. 李霜青撰，〈熊十力對民國思想的批判〉，《法商學報》11期。

18. 杜維明撰、林鎮國譯，〈論熊十力〉，《鵝湖》五卷1期。

19. 周伯達撰，〈熊十力原儒述評〉，《中華雜誌》七卷 10 期。

20. 周伯達撰，〈熊著新唯識論讀後〉，《學宗》三卷 1 期。

21. 周景勳撰，〈易傳繫辭中生生之謂易的研究〉，《哲學論集》22 期。

22. 林弓義撰，〈原儒原內聖之試探與省察〉，《鵝湖》十三卷 9 期。

23. 林安梧撰，〈馬一浮心性論初探〉，《鵝湖》十卷 8 期。

24. 林安梧撰，〈熊十力先生的孤懷弘毅及其原儒的義理規模〉，《鵝湖》十四卷 16 期。

25. 林家民撰，〈熊十力內聖學後期轉變之商榷——敬質翟志成先生〉，《哲學與文化》十五卷 12 期。

26. 林家民撰，〈體用論初探——熊十力體用哲學的義蘊與關懷〉，《鵝湖》十三卷 9 期。

27. 哈米頓撰、陳文華譯，〈熊十力哲學述要〉，《中華雜誌》七卷 10 期。

28. 姜允明撰，〈明儒陳白沙對熊十力的影響〉，《哲學與文化》十三卷 3 期。

29. 唐文權撰，〈熊十力乾坤衍探微〉，《江漢論壇》1985 年 11 期。

30. 唐明邦撰，〈熊十力易學思想管窺——讀乾坤衍〉，武漢大學學報哲學社會（科學版）1986 年 1 期。

31. 唐明邦撰，〈熊十力論船山易學〉，《船山學報》1988 年 1 期。

32. 孫智燊撰，〈從大易生生之理看中西印思想在形上宗教與哲學人性論上之高峰統會〉，《孔孟學報》43 期。

33. 徐復觀撰，〈有關熊十力先生的隻鱗片爪〉，《中華雜誌》八卷 1 期。

34. 徐復觀撰，〈悼念熊十力先生〉，《陽明》33 期。

35. 高永霄撰，〈歐陽竟無年譜初稿〉，《內明》38 期。

36. 曹志成撰，〈熊十力的社會存有論思想初探〉，79 年台中當代儒學與社會實踐研討會論文。

37. 盛成撰，〈歐陽竟無大師漸傳〉，《中國學人》3 期。

38. 郭湛波撰，〈熊十力思想闡微〉，《哲學論集》8 期。

39. 郭齊勇、李明華撰，〈試論熊十力哲學的性質〉，《江漢論壇》1983 年 12 期。

40. 郭齊勇撰，〈唐君毅與熊十力〉，《鵝湖》十四卷 8 期。

41. 郭齊勇撰，〈熊十力及其哲學基本命題〉，《光明日報》1985 年 12 月 23 日。

42. 郭齊勇撰，〈論熊十力的中國文化觀——讀經示要、原儒讀後〉，《孔子研究》1987 年 3 期。

43. 陳來撰，〈熊十力哲學的體用論〉，《哲學研究》1986 年 1 期。

44. 陳彩玲撰，〈熊十力先生讀經示要讀後〉，《孔孟月刊》二十一卷 3 期。

45. 陳榮捷原著、陳瑞深譯註，〈當代唯心論新儒學——熊十力〉，《中華文化復興月刊》十八卷 11、12 期。

46. 陳德和撰，〈體用論與明心篇管窺〉，《鵝湖》十一卷 5 期。

47. 景海峰撰，〈試論熊十力的體用觀〉，《深圳大學學報》(社會科學版)，1985 年 3 期。

48. 景海峰、王守常撰，〈熊十力先生論著考略〉，《中國哲學史研究》1986 年 2 期。

49. 景海峰撰，〈熊十力早期著作心書研究〉，《晉陽學刊》1988 年 2 期。

50. 曾春海撰，〈易經哲學的時中理念〉，台北國際孔學會議 1987 年論文。

51. 華勇撰，〈熊十力哲學研究〉，《國內哲學動態》1984 年 8 期。

52. 馮炳奎撰，〈易傳的重要性及其全貌〉，《孔孟月刊》二十三卷 1 期。

53. 黃克劍、周勤撰，〈返本體仁的玄覽之路〉，《哲學研究》1988 年 5 期。

54. 敬園撰，〈談熊十力與馬一浮〉，《暢流半月刊》二十一卷 10 期。

55. 楊祖漢撰，〈紀念熊十力先生百年誕辰之意義〉，《鵝湖》十一卷 5 期。

56. 楊國榮撰，〈熊十力與王學〉，《天津社會科學》1989 年 2 期。

57. 廖鍾慶撰，〈黃岡內聖學述〉，《鵝湖》四卷 6、7、8 期。

58. 翟志成撰，〈論熊十力思想在一九四九年後的轉變〉，台北國際孔學會議 1987 年論文。

59. 劉莞莞撰，〈從讀經示要看熊十力對治經的態度〉，《孔孟月刊》二十一卷 4 期。

60. 劉湘王撰，〈熊十力的政治思想〉，《中華文化復興月刊》二十一卷 5 期。

61. 蔡仁厚彙編，〈熊十力關係書目〉，未發表。

62. 蔡仁厚撰，〈周子太極圖說的形上思想〉，《華學月刊》18 期。

63. 蔡仁厚撰，〈黃岡熊先生誕生百周年〉，《鵝湖》十一卷 5 期。

64. 蔡仁厚撰，〈懷念熊十力先生〉，《華學月刊》7 期。

65. 蔡仁厚撰，〈讀經示要隨感錄——羣經言治之九義〉，《中國文化月刊》74 期。

66. 蔡仁厚撰，〈熊十力先生的生命格範〉，《中國文化月刊》78 期。

67. 蔡詩萍撰，〈認識當代新儒家〉，《中國論壇》十五卷 1 期。

68. 談壯飛輯錄，〈熊十力先生與呂澂先生論學函稿〉，《鵝湖》十二卷 2 期。

69. 鄭家棟撰，〈評熊十力的體用觀〉，《吉林大學社會科學公報》1985 年 6 期。

70. 鄭家棟撰，〈熊十力哲學的邏輯發展〉，《求是學刊》1988 年 2 期。

71. 鄭家棟撰，〈熊十力對中西哲學觀的比較研究〉，《學習與探索》1988 年 2 期。